明清俗語辭書集成研究

李登橋 著

巴蜀書社

图书在版编目(CIP)数据

《明清俗語辭書集成》研究/李登橋著.—成都：巴蜀書社,2022.10
ISBN 978-7-5531-1806-2

Ⅰ.①明… Ⅱ.①李… Ⅲ.①漢語-辭書學-研究-明清時代 Ⅳ.①H16

中國版本圖書館 CIP 數據核字(2022)第 184349 號

《明清俗語辭書集成》研究
MINGQING SUYU CISHU JICHENG YANJIU

李登橋　著

策劃編輯	張照華
責任編輯	童際鵬　張紅義
封面設計	木之雨
出　　版	巴蜀書社
	（成都市錦江區三色路239號新華之星A座36樓
	郵編610023）
	總編室電話：(028)86361843
網　　址	http://www.bsbook.com
發　　行	巴蜀書社
	發行科電話：(028)86361856
經　　銷	新華書店
照　　排	成都木之雨文化傳播有限公司
印　　刷	成都順印天下數字印刷有限公司
成品尺寸	160mm×235mm
印　　張	19
字　　數	400千
版　　次	2022年12月第1版
印　　次	2022年12月第1次印刷
書　　號	ISBN 978-7-5531-1806-2
定　　價	98.00元

本書若出現印裝品質問題，請與印刷廠聯繫

目　錄

第一章　緒論 / 1
　　第一節　"俗語"的界定 / 1
　　　　一、古代俗語與俗語著作 / 1
　　　　二、當前學術界對俗語定義的討論 / 3
　　　　三、本書中俗語的指稱範圍 / 7
　　第二節　《明清俗語辭書集成》的研究價值與相關研究的現狀 / 9
　　　　一、《明清俗語辭書集成》的研究價值 / 9
　　　　二、與《明清俗語辭書集成》相關的研究現狀 / 11
　　第三節　本書所采用的研究方法 / 19
　　　　一、科學分類，合理取捨 / 19
　　　　二、縱衡離析，表裏兼顧 / 20
　　　　三、本體爲主，注重對照 / 21

第二章　《明清俗語辭書集成》概述 / 23
　　第一節　《明清俗語辭書集成》的編者與版本 / 23
　　　　一、《明清俗語辭書集成》的編者 / 23

二、《明清俗語辭書集成》諸書的版本情況
／ 24
第二節　《明清俗語辭書集成》諸書的内容 ／ 27
　　一、對語言文字成分的訓釋與考證 ／ 28
　　二、語言文字成分以外的考證 ／ 70
第三節　《明清俗語辭書集成》所收諸書的體例 ／ 80
　　一、求義類辭書的體例 ／ 80
　　二、釋義類辭書的體例 ／ 88
　　三、溯源類辭書的體例 ／ 89
　　四、教讀類辭書的體例 ／ 92

第三章　《明清俗語辭書集成》的求義方法探析 ／ 95
第一節　《明清俗語辭書集成》的求義方法 ／ 95
　　一、據古求義 ／ 99
　　二、析形相證 ／ 103
　　三、因聲求義 ／ 107
　　四、析詞審義 ／ 121
　　五、比較互證 ／ 126
　　六、文化求義 ／ 129
　　七、方言求義 ／ 134
　　八、異文求證 ／ 135
第二節《明清俗語辭書集成》求義方式的不足 ／ 138
　　一、誤析聯綿詞 ／ 138
　　二、羅列衆説，不下己見 ／ 140
　　三、引例乖誤 ／ 140
　　四、望文生義 ／ 141

目　錄

第四章　《明清俗語辭書集成》對詞義的探析 / 143

　　第一節　《明清俗語辭書集成》中的樸素義素觀 / 143

　　　　　一、義素分析與傳統訓詁 / 143

　　　　　二、樸素的義素分析法在《明清俗語辭書集成》中的體現 / 145

　　第二節　《明清俗語辭書集成》對詞義演變方式的探討 / 149

　　　　　一、詞義引申 / 151

　　　　　二、詞義感染 / 158

　　第三節　《明清俗語辭書集成》對詞義演變結果的分析 / 159

　　　　　一、詞語義位的增減與更替 / 159

　　　　　二、詞義範圍的變化 / 167

　　　　　三、詞語情感義的變化 / 178

　　　　　四、詞義輕重變化 / 183

第五章　《明清俗語辭書集成》對詞源的探析 / 185

　　第一節　詞語歷史溯源 / 185

　　　　　一、探求詞語在文獻中的最早用例 / 186

　　　　　二、通過溯源繫聯異形同義詞語 / 189

　　　　　三、通過歷史溯源看詞語形成的途徑 / 192

　　第二節　《明清俗語辭書集成》對詞語理據的考察 / 207

　　　　　一、因事物自身特點而得名 / 209

　　　　　二、因相關事物得名 / 222

　　　　　三、因社會禮制得名 / 227

第三節　《明清俗語辭書集成》對流俗詞源的探索　/ 229

一、流俗詞源的提出與探討 / 229

二、《明清俗語辭書集成》中詞語流俗詞源的類型　/ 231

全書總結 / 263

附錄：本書所涉詞條索引 / 271

參考文獻 / 281

後　記 / 297

第一章 緒論

第一節 "俗語"的界定

一、古代俗語與俗語著作

漢語是一種古老的語言，漢語俗語的歷史也非常悠久。俗語作爲一種語言形式，早在先秦文獻中就已經出現。隨着時間的推移，秦漢以後俗語在文獻中出現得越來越頻繁，應用範圍也越來越廣泛，逐漸引起了文人學者的重視。在東漢時出現了專門收集整理俗語的著作《通俗文》，時至明清，對俗語的收集研究蔚然成風，俗語著作大量涌現。近年來，俗語研究已經引起廣泛的關注，有許多學者對古代俗語的研究狀況和俗語著作做了或詳或略的介紹，爲我們進行更爲深入的研究提供了很好的條件，比如：1983年，劉葉秋在《中國字典史略》一書中曾對《通俗文》《俚言解》《雅俗稽言》《世事通考》《常談考誤》《目前集》《通俗編》《直語補正》《恒言錄》《恒言廣證》《土風錄》《證俗文》《邇言》《談徵》《常譚搜》《常語尋源》《釋諺》《里語徵實》

《語竇》《俗説》《事物異名録》《稱謂録》《異號類編》等多部著作做了簡明扼要的介紹，他稱這些著作爲"通俗詞典"和"《方言》派方言俗語詞典"。① 1991 年，屈樸在《俗語古今》中列"俗語辭書簡史"一編（中編），他把兩漢至隋稱爲"中國俗語辭書的萌芽時期"，把明代稱爲"中國俗語辭書的迅速發展時期"，而把清代稱爲"中國俗語辭書史上的輝煌時期"。跟劉葉秋不同的是，屈樸没把《通俗文》當作我國第一部俗語著作，而是將揚雄的《方言》看作是"漢語俗語辭書的開山力作"。在屈氏從漢代直到現代的論述中，提及的古代俗語辭書數量繁多，除了劉葉秋論及的以外，還有《釋俗語》《俗語難字》《匡謬正俗》《雜纂》系列（包括《義山雜纂》《續纂》《雜纂二續》《雜纂三續》《雜纂新續》《廣雜纂》《纂得確》等七部）、《釋常談》系列（包括《釋常談》《續釋常談》《別釋常談》等三部）、周守忠《古今諺》、楊慎《古今諺》《蜀語》《俗言》《古謡諺》《鄉言解頤》《吴下諺聯》《俗語》《古諺閑譚》《古今諺箋》《越諺》《操風瑣録》《燕説》《小繁露》等，搜羅相當廣泛。② 當然，以上二位先生在介紹俗語著作的同時，還羅列了大量同時期的純方言著作，由於本書的研究對象主要是俗語辭書，儘管方言和俗語有着千絲萬縷的聯繫，很難分清彼此，但我們還是將純方言著作略去不説。此外在温端政、周薦的《二十世紀的漢語俗語研究》，温朔彬、温端政的《漢語語彙研究史》和蔣紹愚的《近代漢語研究概要》中，也對古代俗語研究概况作了介紹，所涉及的俗語辭書皆不出劉葉秋和屈樸的搜羅範圍。

---

① 劉葉秋：《中國字典史略》，中華書局，1983 年，第 51－54 頁和第 151－170 頁。

② 屈樸：《俗語古今》，河北人民出版社，1991 年，第 138－190 頁。

從以上介紹來看，古代俗語辭書收錄的内容有口語詞也有俗語，但以口語詞爲主。指稱俗語的稱謂也是五花八門、數量繁多，據屈樸在《俗語古今》中的統計，總共有以下二十五種：常言、俗言、恒言、俚言、里言、邇言、傳言、鄉言、直語、里語、俚語、古語、常語、諺語、鄙語、方言土語、街談巷語、俗談、常談、鄉諺、俗諺、古諺、里諺、野諺、俗話等。① 雖然古人在著述中運用俗語的手法已相當嫻熟，但他們對"詞"和"語"的劃分界綫并不是十分清晰，與當今學者相比，古人的俗語觀殊有不同。古人認定"俗語"祇是從"俗"這一性質出發，并不看重"詞"和"語"的外在形式。在這一點上，温端政、周薦的意見是值得我們藉鑒的。他們認爲："古人對俗語的理解，祇注意'俗'，而忽視'語'。祇要帶有'俗'的風格，不管是'詞'還是'語'，還是自由詞組，一律認爲是俗語。"② 而蔣紹愚乾脆將此類詞語稱爲"口語詞"，將收集"口語詞"的集子叫做"口語詮釋的專書"。③ 這實質上也是從詞語"俚俗"與否這一點上考慮的。也就是說，古代的俗語不但包括"語"，還包括句子、詞組和詞等形式。

二、當前學術界對俗語定義的討論

古代的俗語著作數量衆多，所收錄的内容也非常豐富，但與當今俗語辭書相比，古代的俗語辭書偏重收集考據，忽視理論研究和科學分類，往往是詞、語、句子兼收，相互雜厠。爲了便於開展更爲深入的俗語研究，當今學者在規範俗語定義和分類方面

---

① 屈樸：《俗語古今》，河北人民出版社，1991年，第6頁。
② 温端政、周薦：《二十世紀的漢語俗語研究》，書海出版社，2000年，第33頁。
③ 蔣紹愚：《近代漢語研究概要》，北京大學出版社，2005年，第274頁。

做了大量的工作，試圖從現代語言學的角度給出合理的解釋，曾一度出現了百家争鳴、衆説紛紜的局面。屈樸曾經在其著作中列舉了多家之説，并在俗語的界定上給出了自己的看法。他總結説："諸説比較一致的看法是，俗語具有口語性、通俗性，是一種定型化的慣用語式，大多數俗語都具有生動、形象或哲理性特點。其實，這正是俗語的基本特徵。"又説："漢語俗語是指包括口語性成語和諺語、格言、歇後語、慣用語、俚語等在内的定型化或趨於定型化的簡煉慣用語彙和短語。這種通常所謂廣義的俗語，纔是漢語俗語總體概念的基本要旨和語式形態的主體成分。這是漢族語言文化關於俗語傳統概念的必然的歷史總成。"[1] 徐宗才也對諸家的界定做了系統的分析："綜上所述，我們可以看出，在語言工作者的努力探討、深入研究的基礎上，俗語的範圍問題基本上得到了解決，特別是引入了'熟語'一詞後，'廣義俗語'就被'熟語'所代替，'狹義俗語'就成了隷屬於熟語之下的一個獨立的語類，這樣，熟語就包括了俗語、諺語、歇後語、慣用語、成語、方言俚語、格言、名言、警句、典故等，使這些熟語語類各有其名，各得其所，這就是目前大多數人對俗語範圍的劃分。"[2] 近年來，在温端政的大力倡導下，學者們在漢語界積極開展"語詞分立"工作，進一步把漢語俗語詞和俗語離析開來，并對歷代俗語進行了梳理分類，規範廣義俗語下的二級俗語名稱及其所指稱的内容，使它們之間的界限趨於分明。温端政先根據"叙述性特徵"將除去俗語詞後所剩下的"語"分成了三個大的類別，即：歇後語、諺語和慣用語。然後又從"語"的"形式結構層面"將成語從上述三類"語"中分離出來，再從雅俗的角

---

[1] 屈樸：《俗語古今》，河北人民出版社，1991年，第15-17頁。
[2] 徐宗才：《俗語》，商務印書館，1999年，第14頁。

度，將成語分爲"雅成語"和"俗成語"兩類，其中的"俗成語"屬於俗語的範疇。這樣共得到四類二級俗語名稱，即：歇後語、諺語、慣用語和俗成語。① 他還指出："我們可以把俗語定義爲：漢語語彙裏爲群衆所創造、并在群衆口語裏流傳，具有口語性和通俗性的語言單位。"② 這是我們目前看到的對俗語定義的最新總結。

溫端政的俗語定義措辭嚴謹、邏輯周密，無疑是比較科學的。但關於俗語，有兩個問題需要特別强調：

一是俗語的來源問題。

徐宗才認爲："關於俗語的來源問題，雖然其説法不一，但是分歧并不很大，絶大多數人認爲俗語來源於人民群衆口頭創作，也有人認爲俗語還來源於文人的創作，如歷史著作、小説、散文、詩、詞、典故、警句、名言等。"③ 他將"人民群衆口頭創作"以外的俗語來源歸納成了"歷史故事（特別是歷史小説）""歷代典故""神話傳説和寓言故事""宗教故事和釋氏語録""警句、名言"等幾大類，并舉出了大量例句。④ 這樣分類似乎有失苛細，我們認爲，除歷史故事以外，其他幾個來源實際上也屬於人民群衆的口頭創作的不同形式。歷代典故不外乎就是文獻記載下來的某些歷史人物的經典口語，如梁·蕭統《文選·陶淵明傳》所記陶潛口語"不爲五斗米折腰嚮鄉里小人"，是俗語"不爲五斗米折腰"的來源。神話傳説和寓言故事也都來源於民間，亦不能盡歸功於文人創作。來源於宗教故事和釋氏語録的俗語大都是宗教人士的經典口語。至於名言警句雖然大都出自經典名

---

① 溫端政：《漢語語彙學》，商務印書館，2005年，第60－76頁。
② 溫端政：《漢語語彙學》，商務印書館，2005年，第73頁。
③ 徐宗才：《俗語》，商務印書館，1999年，第20頁。
④ 徐宗才：《俗語》，商務印書館，1999年，第22－26頁。

篇，但實際上也是對當時人們的口語的記載，衹是因爲這些口語富含哲理，又都是出自名人之口，讓人們竟然忽略了其口語的本性。

徐宗才還説："俗語還來源於文人的創作，特別是詩、詞中俗語較多。明·郎瑛《七修類稿》卷二十一有'諺語出詩'條，《七修續稿》卷五有'俗語本詩句'條，分別列舉了一些俗語詩句，大部分俗語詩句出自唐宋詩詞。"① 對此説法也存在相反的意見。近人孫錦標在《通俗常言疏證·自序》中曾論及這個問題，他説："中國文字凡見於書籍中者，有典有則，不雜鄙俚之辭，此學士大夫之雅言也。若常言則《爾雅》《方言》所輯，皆是流傳迄今，口口常言，往往有出於經史子集而習焉不察者。當時引常言入雅言，後人即借雅言爲常言也。古書引諺，所在而是，不僅'有錢生，無錢死'二語漢諺至今存也。自魏晋以迄六朝，自隋唐以迄五代，文人記載務爲雅言，市語街談乃若懸禁。釋氏語録，宋人始沿之以講學。元人詞曲小説，則流傳俗語羼入尤多。"② 據雷漢卿考證，早在宋代就有人發現了詩詞創作採用俗語這一現象，如宋人王楙《野客叢書》卷一四"杜荀鶴羅隱詩"條："唐人詩句中用俗語者，惟杜荀鶴、羅隱爲多。"同書卷二四有"以鄙俗語入詩中用"條。另外宋釋惠洪《冷齋夜話》卷四也有"詩用方言"條。雷先生明確指出："與其説是俗語本自詩句，還不如説是俗語入詩，也就是説詩人在創作過程中創造性地利用了口頭流傳的俗語，這些俗語通過詩人的作品家喻户曉，廣爲流傳。"③ 這種看法無疑是非常中肯的。

---

① 徐宗才：《俗語》，商務印書館，1999年，第21頁。
② 孫錦標著；鄧宗禹標點：《通俗常言疏證》，中華書局，2000年，《自序》第1頁。
③ 雷漢卿：《禪籍方俗詞研究》，巴蜀書社，2009年，第142頁。

由此看來，絕大部分的俗語都是以歷代人民群衆的口語爲源頭的。

二是俗與雅的辯證關係。

前邊已經説過，古人認定俗語的主要依據就是"俗"這一特性，祇要通俗的，流行於口語當中的，無論是語、詞還是句子，他們都將其歸入俗語的行列。但用現代人的眼光來衡量，有許多俗語非但不具備通俗化、口語化的特徵，反而顯得過於雅緻，甚至有些古代俗語的含義已經古奥難解，比如出自《左傳·僖公五年》的"輔車相依，脣亡齒寒"，出自《史記·李將軍列傳》的"桃李不言，下自成蹊"等，跟當今口語都有一定差距，但我們不能因此就否定其俚俗的性質，因爲它們就是來源於當時的口語。故而，俗與雅是兩個相對的概念，隨着時代的變遷，二者之間會發生相互混淆或轉變，所以我們必須用歷史的眼光來看待俗與雅的辯證關係。温端政説："俗語是通過群衆口耳相傳而流行開的，所以口語性很强，總是離不開一個'俗'字。不過，對語體風格，要有歷史觀點。"①

三、本書中俗語的指稱範圍

辭書有廣義和狹義之分，廣義的辭書包括各種字典、詞典、類書和百科全書等工具書。狹義的辭書僅僅指收集與解説詞語的工具書，即語文工具書，包括各類詞典、字典和韻書。我們的研究對象是《明清俗語辭書集成》，此書所稱的辭書是從廣義上來説的，它是多部俗語類工具書的合集，囊括了二十部輯錄俗語或專科詞語的辭書。雖然冠以"明清"之名，但亦有成書於民國時期的《俗語考原》《通俗常言疏證》和《新名詞訓纂》雜入其

---

① 温端政：《漢語語彙學》，商務印書館，2005年，第73頁。

中，從編纂年代上來看，基本上屬於古代俗語辭書的範疇。這二十部俗語辭書收錄内容相當廣泛，既有語言文字類詞條，又有對民俗、名物制度起源與發展的考證，還有解讀校正經典文獻的筆記類條目。但從總體上看，仍以解釋考證通俗口語爲主，其中大部分是流行於當時的俗語詞，亦不乏成語、慣用語、諺語、歇後語等等的語言成分。雖將這些著作合并成集，但各書於編纂方式和釋義方式上却存在着很大差別，有的祇輯録詞條而不加釋義，有的祇簡單地注出詞語的意義而不列書證，有的祇羅列書證指明詞語的出處却不加釋義，有的則是對詞條進行全面詳細的考證，可謂形式各異，不能整齊劃一。但這二十部辭書在編排方式上有一個共同特點，就是都没有刻意區分語和詞，祇注重語義上的以類相從。由於本書研究的側重點不在詞語的外部結構，而是從傳統的詞義訓詁方面入手，考察各書的求義方式和詞語的歷時發展與共時語義特點，從而進一步揭示詞語的來源和流變，所以没必要特意用現代俗語理論對其中的條目進行語詞分立，祇要具備"俗"的特點，在意義和用法上有研究價值，無論是俗語詞，還是俗語，甚至是句子或其他語言形式，我們一律將其納入本書的研究範圍。也就是説，我們討論的"俗語"，是個廣義的概念，是現代學者進行"語詞分立"之前的説法。我們將這些形式各異的語言形式籠統地稱爲"俗語"，不但不會影響我們對詞語語義源流的考察，反而更能與《明清俗語辭書集成》内各書的編排方式相適應，免去許多不必要的麻煩，提高研究效率。

第二節 《明清俗語辭書集成》的研究價值與相關研究的現狀

一、《明清俗語辭書集成》的研究價值

《明清俗語辭書集成》收錄内容豐富，雖是一部收集考證俗語的辭書選集，但其收錄的俗語，來源於社會生活的方方面面，從這個意義上説，可稱之爲一部反映社會生活的小型百科全書。正因如此，《明清俗語辭書集成》的學術研究價值也是多方面的。

（一）《明清俗語辭書集成》是當代辭書編纂的重要參考材料。

作爲辭書集，《明清俗語辭書集成》收錄的詞語數量巨大，雖然在其體例和考證方式上有些闕失，但其中的詞語考釋與溯源還是藴含着大量的有效信息，例證也頗爲豐富，這爲後世的辭書編纂提供了很多高價值的藉鑒材料，有一部分已被當代大型辭書所吸收。另外它在補充訂正當代辭書的疏漏和訛誤方面也會起到很大的作用。曾昭聰曾專門討論到"明清俗語辭書的語料價值"，以《俚言解》爲例，詳細討論了明清俗語辭書對當代辭書的補正作用，具體有以下幾個方面："1. 記録了一大批俗語詞，所引多種俗語詞可供當代語文辭書有選擇性地收錄；2. 爲當代辭書增補義項；3. 修正辭書釋義；4. 補正辭書書證過晚或無書證之不足。"[①]

[①] 曾昭聰：《漢語詞彙訓詁專題研究導論》，暨南大學出版社，2009 年，第 136－150 頁。

（二）《明清俗語辭書集成》是漢語史研究的重要語料。

《明清俗語辭書集成》收錄範圍廣泛，所收詞語口語化程度極高，書中對許多詞語進行了源流并重的考證，其對詞語的解釋不單單停留在共時的平面描寫層面之上，而更多地關注了詞語的最早用例，溯其源頭，并且從歷時的角度考證了詞語在使用過程中發生的詞語結構、詞語意義以及字詞讀音變化的軌迹，這一切都給我們提供了詞彙形成和發展的綫索，使我們對詞彙的歷時研究變得更加方便。

（三）《明清俗語辭書集成》是漢語詞源學研究的重要參證。

古人對詞源的探討主要包括詞語的音義來源和造詞理據兩個大的方面，與當今辭書相比，《集成》中的"求義類辭書"（具體分類見下節）在探討詞源方面下的功夫更大。在釋義上，不但要讓讀者"知其然"，還力求說明其"所以然"，諸辭書除了從語音和義理的角度對詞源進行探求以外，還從流俗詞源的角度揭示了一大批詞語的產生途徑，雖然這些流俗詞源并不是建立在科學論證基礎之上的，其理據也未必可靠，但它爲探求詞語的蘖生方式提供了新的思路。流俗往往會影響詞語的語音和書寫形式，使其發生變化，形成新的詞語，這些詞語如果用傳統的求源方式進行分析，往往不能很好地解決問題，祇有從流俗詞源的角度去分析，纔能找到詞語形成的真正理據。可見，《集成》中探討詞源的方法更爲多樣化，材料也非常豐富，合理利用這些詞源探求的成果，可以爲漢語詞源學的研究提供更多有效的材料支撐。

（四）《明清俗語辭書集成》是研究明清時期民俗文化和民俗語言的可靠依據。

《明清俗語辭書集成》收錄了很多與明清民俗有關的詞語，雖是以詞條形式羅列，但其間不乏考證詳盡、分析可靠的記錄。

對民俗詞語或民俗典故考源溯流，求證其得名理據與歷史流變，忠實地記錄了當時的民俗民風及其歷史淵源。有的辭書中專設風俗掌故門類，有的以隨筆的形式，雜列於其他詞語之中，儘管編排形式各異，但每部辭書中都有與民俗有關的詞語。在歷代筆記中也有不少與民俗相關的記載，但材料分散，收集匯總難度較大。與筆記不同，作爲辭書的《明清俗語辭書集成》材料就相對集中，并且在書前或書後附有《索引》，易於查找，這給我們的研究帶來許多方便。

（五）《明清俗語辭書集成》是研究明清時期用字情况的重要材料。

《明清俗語辭書集成》所收辭書雖然成書年代不一，但流傳下來的皆爲明清或民國時期的刻本。後來日本汲古書院、臺北的宗青圖書公司和上海古籍出版社等出版機構都是采用影印的形式出版刊行，很好地保持了原書版面的本來面貌，使我們得以見到明清俗語辭書的真實用字情况。辭書中有的設立專門的文字門類，對俗字、異體字、難字進行分析，有的是在辭書的行文過程中，使用了與當今通用漢字不同的字體，這些都是我們研究明清兩代文字問題的不可多得的資料。

二、與《明清俗語辭書集成》相關的研究現狀

對《明清俗語辭書集成》的研究肇始於 20 世紀 80 年代，研究内容涉及文獻語料、辭書學、語言學等多個方面。但是到目前爲止，出現的研究成果并不太多，研究深度也有待深入，大多衹停留在文獻介紹的初級層面上。究其原因，可能有以下兩點：一是《明清俗語辭書集成》早期出版於日本，國内學者不易見到，後雖由上海古籍出版社再次影印出版，但印刷數量衹有一千套，

《明清俗語辭書集成》研究

流布不廣，還沒有引起學者們的足够重視。雖然最近幾年能在網上找到電子版本，但大家還祇是把它當作工具書來利用，而對其進行本體研究的人還相對較少；二是該書篇幅巨大，收錄內容龐雜，至今沒有可供電子檢索的版本出現，加之文本原本字迹模糊，影印以後更加難以辨認，致使其閱讀難度增大，所以少有人涉足。但最近我們驚喜地發現，曾昭聰正在向我們大力推介《明清俗語辭書集成》在語言研究和辭書研究方面的巨大價值，并呼吁學者們對其進行更加深入的研究。與此同時，曾教授身體力行，積極地對該辭書集展開了多角度的研究，現已取得了不少成果，這不能不說是個良好的開端。

從總體上看，對於《明清俗語辭書集成》所收諸書的相關研究主要體現於以下幾個方面：

（一）文獻介紹與整理方面：

1. 文獻介紹

劉葉秋早在 1983 年出版的《中國字典史略》中就對《明清俗語辭書集成》所收的部分辭書作了言簡意賅的介紹和評價。他從辭書史的研究角度，把《俚言解》《雅俗稽言》《證俗文》《世事通考》《常談考誤》《目前集》之類歸入"考證一般的常言俗語"①的詞典之屬，而將考釋語詞名物的《異號類編》和《稱謂錄》和記錄明代風土人情、社會風氣的《土風錄》劃入"通俗詞典的一體"②，清代出現的《談徵》《常譚搜》（亦作《常談搜》《常談叟》）、《常語尋源》《里語徵實》被其説成"清人所撰方言俗語詞典"③，1925 年石印刊行的《通俗常言疏證》則被列入

---

① 劉葉秋：《中國字典史略》，中華書局，1983 年，第 151–152 頁。
② 劉葉秋：《中國字典史略》，中華書局，1983 年，第 157 頁。
③ 劉葉秋：《中國字典史略》，中華書局，1983 年，第 166 頁。

第一章　緒論

"近人著作"①。劉先生分別對上述詞典從著者、體例、收錄內容等方面作了詳略不一的介紹，并對各書優點和不足作了簡要評價。這些介紹和評價爲《明清俗語辭書集成》所收諸書的研究開了先河，可謂功不可没。

姜聿華《中國傳統語言學要籍述論》也對《俚言解》《雅俗稽言》《常談考誤》《直語補正》《土風錄》《證俗文》《邇言等五種》（含《常語尋源》）等部分明清俗語辭書作了簡要評介。②温端政、周薦《二十世紀的漢語俗語研究》的"緒論"部分也介紹了《俚言解》《目前集》《直語補正》《談徵》《常談搜》《常語尋源》《里語徵實》等辭書，另外還提及了《（增訂）雅俗稽言》《常談考誤》《（新刻徽郡原板諸書直音）世事通考》。③温朔彬、温端政《漢語語彙研究史》在第一章"我國古代語彙研究概况"中也有類似内容。④蔣紹愚的《近代漢語研究概要》則作爲"口語詮釋的專書"列舉了《俚言解》《雅俗稽言》《目前集》《常談考誤》《土風錄》《直語補正》《談徵》《里語徵實》《常語尋源》《證俗文》等的作者和書目，⑤但未一一加以介紹。方一新在《訓詁學概論》第五章"解釋俚言俗語的著作"一節中也對《俚言解》《證俗文》等書作了總體介紹。⑥

在文獻介紹方面，還有一些單篇論文，最早的一篇是曲彦斌

---

① 劉葉秋：《中國字典史略》，中華書局，1983年，第167頁。
② 姜聿華：《中國傳統語言學要籍述論》，書目文獻出版社，1992年，第160－171頁。
③ 温端政、周薦：《二十世紀的漢語俗語研究》，書海出版社，2000年，第8－31頁。
④ 温朔彬、温端政：《漢語語彙研究史》，商務印書館2009年，第5－16頁。
⑤ 蔣紹愚：《近代漢語研究概要》，北京大學出版社，2005年，第275頁。
⑥ 方一新：《訓詁學概論》，江蘇教育出版社，2008年，第139、142頁。

的《日本出版的〈明清俗語辭書集成〉》。[①] 在文中，作者摘録出原書中的部分詞語考釋内容作爲例證，從體例和内容上對辭書集所收辭書進行了介紹。董曉萍《俗語辭書〈土風録〉》[②] 一文，對《土風録》的編排體例和考釋内容方面的得失作出了評價。儲玲玲《〈雅俗稽言〉芻議》[③] 對《雅俗稽言》的成書過程、版本情況、編排體例等方面進行了説明。萬久富還有《孫錦標與〈通俗常言疏證〉》。[④] 曾昭聰、李進敏的論文《〈談徵〉的作者》考證了原署名西厓的《談徵》的作者應該是伊秉綬。[⑤] 曾昭聰的《論明清俗語辭書的編纂目的》也是對明清俗語辭書的總括介紹。[⑥] 另外陳東輝《長澤規矩也在編纂、刊刻漢文叢書方面的貢獻》[⑦] 和《中日學術交流與漢語訓詁學研究》[⑧] 兩篇文章也論及了《明清俗語辭書集成》。

2. 文獻整理

在國内，俗語著作整理輯録工作啓動遠遠早於長澤規矩也。1959 年商務印書館就整理出版了排印標點本的《邇言等五種》，這本書囊括了錢大昭的《邇言》、平步青的《釋諺》、胡式鈺的《語竇》、鄭志鴻的《常語尋源》和羅振玉的《俗説》等五部清人俗語著作，爲了方便讀者檢索，還於書後添加了四角號碼《綜合索引》。

在上海古籍出版社影印出版《明清俗語辭書集成》之前，

---

① 載於《辭書研究》1984 年第 3 期。
② 載於《浙江學刊》1985 年第 2 期。
③ 載於《上海師範大學學報》1997 年第 3 期。
④ 載於《南通大學學報（社會科學版）》2009 年第 4 期。
⑤ 載於《辭書研究》2011 年第 3 期。
⑥ 載於《合肥師範學院學報》2011 年第 5 期。
⑦ 載於《史學史研究》2002 年第 1 期。
⑧ 載於《古籍整理研究學刊》2006 年第 1 期。

1985 年，蔣致遠主編的中國民俗叢書《中國方言謠諺全集》由臺北的宗青圖書公司影印出版。此書與《明清俗語辭書集成》所收錄的書目版本完全一致，祇是所收各書的排列順序略有不同，書前沒作題解，也未附索引，全書共分二十四冊，大三十二開本，將原本的每一頁縱嚮拆分成兩個頁面進行印刷，故而字體較大，也更爲清晰，編者還對原本中大部分模糊不清的文字進行了手工描修，所描修的文字基本正確，復原結果可靠，大大方便了閱讀。《中國方言謠諺全集》雖然與《明清俗語辭書集成》名稱不同，但前者在所收錄書目的選擇上明顯承襲了後者，可以看作是後者的另外一個較清晰的版本，在閱讀研究時可以互相參照。

2003 年，張智主編的《中國風土志叢刊》（共 62 冊）由廣陵書社出版。這套書共收集我國歷代風土志書籍一百餘種，影印爲煌煌六十二冊，其中不乏珍本、善本。每種書籍前均作了簡要的解題，介紹書籍的作者、內容和版本等信息。內容涉及郡縣沿革、山川改易、古迹存亡、風俗演變、氣候變遷、鄙事俚語、人情掌故、城坊舊聞等等。其中收錄了《土風錄》《里語徵實》《直語補正》《稱謂錄》《證俗文》等，其所據版本均與《明清俗語辭書集成》相同，由於影印版式跟《中國方言謠諺全集》一樣，將原版的每一頁拆分成兩個頁面進行印刷，所以字迹比上海古籍出版社影印的《明清俗語辭書集成》清晰很多。之後，該社又陸續出版了張智主編的《中國風土志叢刊續編》（2015；共 30 冊）和劉雲、徐大軍主編的《歷代方言俗語謠諺文獻輯刊》（2020；共 40 冊），搜羅更廣。

另外，《明清俗語辭書集成》所收俗語辭書的整理排印本也不斷出現。除了上述《邇言等五種》所錄的《常語尋源》外，中華書局出版了馮惠民、李肇翔、楊夢東點校的《稱謂錄　親屬記》（1996；2018），鄧宗禹標點的《通俗常言疏證》（2000），顏春峰、葉書奇點校的《邇言等五種》（2019）和曾昭聰點校的《談徵》（2020）；福建人民出版社出版了由王釋非、許振軒點校的《稱謂錄》（2003）；齊魯書社排印出版了安作璋主編的《郝懿行集》七冊（2010），其中的第三冊收錄了由李念孔等五人聯合點校、管謹訒通校的《證俗文》；上海古籍出版社排印出版了由曾昭聰、劉玉紅校點的《土風錄》（2015）。這些點校整理本的出現，爲我們的研究提供了不少方便。

（二）語言學研究方面

截止目前，從事《明清俗語辭書集成》語言學研究的學者，主要分布在一南一北兩大陣營：南方是曾昭聰爲主的暨南大學團隊；北方則有曲彥斌帶領的遼寧團隊（團隊成員主要分布於遼寧省社會科學院、遼寧大學和遼寧師範大學）。

曾昭聰主要從傳統語言學角度入手，并緊密結合辭書學進行研究，取得了一系列優秀的成果。他曾討論了"明清俗語辭書的語料價值"，同時他還指出了《俚言解》一書在編排和考釋方面的缺失，分析相當透徹全面，很有藉鑒價值。[1] 2015 年，他的國家社科基金項目成果《明清俗語辭書及其所錄俗語詞研究》[2] 一書出版，該書主要從漢語詞彙史角度入手，并緊密結合辭書學，對明清俗語辭書進行了較爲深入的研究，內容涉及明清俗語辭書與方言詞、外來詞、異形詞、詞的理據、同義詞等多個方面。另外他還撰寫了多篇論文，有的從總體上推介、研究，如《談明清俗語辭書在當代大型語文辭書編纂方面的作用》[3]《當代權威詞典

---

[1] 曾昭聰：《漢語詞彙訓詁專題研究導論》，暨南大學出版社，2009 年，第 136 - 150 頁。
[2] 曾昭聰：《明清俗語辭書及其所錄俗語詞研究》，上海辭書出版社，2015 年。
[3] 載於《貴州文史叢刊》2003 年第 01 期。

應重視明清俗語辭書》①《讀明清俗語辭書劄記》②《明清俗語辭書研究的現狀與展望》③ 《明清俗語辭書研究的回顧與展望》④等；有的是對《明清俗語辭書集成》所收辭書進行的逐部分別研究，如曾昭聰、劉玉紅《明清俗語辭書的語料價值與闕失——以〈俚言解〉爲例》⑤《明代俗語辭書〈世事通考〉研究》⑥ 等。曾昭聰的研究生劉慧、李瑩瑩分別以《〈土風錄〉研究》（暨南大學，2010年）和《〈證俗文〉研究》（暨南大學，2011年）爲題目撰寫了碩士學位論文，對《土風錄》和《證俗文》進行了較全面的研究。劉玉紅還從民俗角度寫了《〈俚言解〉中的民俗》（《文史雜誌》2010年第3期）一文。

　　曲彦斌主要是從民俗語言學角度對《明清俗語辭書集成》進行研究。除了前文提到的論文《日本出版的〈明清俗語辭書集成〉》外，他還在其代表性著作《民俗語言學》（增訂版）⑦ 中，將《明清俗語辭書集成》所收的多部辭書列入參考書目并引用了許多相關資料。在他的倡導下，有一系列以明清俗語辭書爲研究對象的民俗語言學論文陸續發表，如李陽《〈常談考誤〉芻議——明代民俗語彙正本清源的一部重要專著》（《文化學刊》2006年第2期—2007年第1期）、張殿典《〈里語徵實〉的民俗語彙研究》（《文化學刊》2008年第5期）、韓佳琦《〈俚言解〉

---

　　① 載於《語文建設通訊》2003年第76期。
　　② 載於《古籍整理研究學刊》2003年第5期。
　　③ 載於項楚主編《中國俗文化研究》（第五輯），巴蜀書社，2009年，第181-187頁。
　　④ 載於《辭書研究》2009年第4期。
　　⑤ 載於四川大學漢語史研究所、中國俗文化研究所主辦：《漢語史研究集刊》（第十三輯），巴蜀書社，2010年，第307-318頁。
　　⑥ 載於《第十四屆全國近代漢語學術研討會會議論文集》，成都，2010年，第513-554頁。
　　⑦ 曲彦斌：《民俗語言學》（增訂版），遼寧教育出版社，2004年。

研究》(《文化學刊》2008年第4期)、袁耀輝《〈通俗常言疏證〉民俗語彙簡論》(《文化學刊》2009年第1期)、李明佳《〈增訂雅俗稽言〉民俗語彙概論》(《文化學刊》2010年第2期)、劉家佶《關於〈目前集〉的民俗語言學研究》(《文化學刊》2008年第4期)等。另外還有多篇碩士論文從民俗語言學角度對明清俗語辭書進行了研究，如李陽的《〈常談考誤〉中的民俗語彙研究》[①]、解曉旭的《〈常談叟〉及其民俗語彙和俗語詞研究》[②]、陳穎的《〈常語尋源〉及其所輯釋民俗語彙和俗語詞研究》[③] 等。

除了以上兩大陣營外，還有少數相關論文散見於各期刊，如盧東琴《〈通俗常言疏證〉中如皋方言俗語詞拾詁》(《語文學刊》2010年第2期)、儲玲玲的《〈諸書直音〉摭言》(《辭書研究》2001年第5期) 是從方言的角度所做的嘗試。儲玲玲的研究生廖宏艷也以《俗語辭書〈證俗文〉研究》[④] 爲題目撰寫了其碩士學位論文，她主要是從訓詁角度考查《證俗文》的體例和釋詞方式等内容，正好與李瑩瑩的《〈證俗文〉研究》相互補充。周薦《詞語雅俗論——兼談易本烺〈常譚搜〉的收條、分類等問題》[⑤] 主要是從辭書研究角度進行的分析。另外還有多篇論文以明清俗語辭書爲工具書，引用其中的材料進行漢語詞彙史的研究，或用於詞語考釋的書證，在此不一一列出。

---

① 李陽:《〈常談考誤〉中的民俗語彙研究》，遼寧師範大學碩士論文，2007年。
② 解曉旭:《〈常談叟〉及其民俗語彙和俗語詞研究》，遼寧師範大學碩士論文，2010年。
③ 陳穎:《〈常語尋源〉及其所輯釋民俗語彙和俗語詞研究》，遼寧師範大學碩士論文，2010年。
④ 廖宏艷:《俗語辭書〈證俗文〉研究》，上海師範大學碩士論文，2011年。
⑤ 載於《詞彙學詞典學研究》，商務印書館，2004年。

第三節　本書所采用的研究方法

如前所述，學術界在《明清俗語辭書集成》研究方面已經取得了一定的成績，有很多研究結論和研究方法值得藉鑒。本書在合理吸收已有研究成果的基礎上，將采用以下具體方法進行研究：

一、科學分類，合理取捨

《明清俗語辭書集成》所收的二十種俗語辭書出於衆人之手，由於諸作者所處的歷史時代和文化環境各不相同，各自的學術修養又參差不齊，加之各書的編纂目的也互有差異，致使各書所收錄的内容各有側重，編排體例也不盡相同，如果將其放在同一個平面上進行分析說明，存在諸多困難，加之各書所收詞語衆多，類別龐雜，如果對其語言材料進行全面窮盡式的分析研究，在有限的時間內恐難以完成，甚至也没有必要，故而我們將這二十種俗語辭書進行科學的分類，并做出合理的取捨。陸忠發在討論訓詁的分類時把訓詁分爲釋義之訓詁和求義之訓詁。他說："總觀訓詁發展歷史，可以明顯地看出，以唐宋爲界，訓詁發生了巨大的變革。唐以前的訓詁皆直接釋義，訓釋者不說出釋義的依據，這樣的訓詁，我們名之曰'釋義之訓詁'。唐宋以來，訓釋者釋義，必作考求，無徵不信，釋義皆以考據爲依據，這樣的訓詁，我們可以稱之爲'求義之訓詁'。"[1] 若從收錄內容和釋義方式上來看，俗語辭書的分類與訓詁的分類有許多相似之處，我們參照

---

[1] 陸忠發：《現代訓詁學探論》，浙江大學出版社，2008年，第10頁。

此種分類方法，把《集成》所録的二十種辭書共分爲四個類別，即：

1. 求義類辭書：在考據的基礎上釋義的辭書。此類辭書包括《常談考誤》《稱謂録》《里語徵實》《俚言解》《目前集》《談徵》《土風録》《（增訂）雅俗稽言》《證俗文》《直語補證》等十種。

2. 釋義類辭書：祇釋義而不做考證又不列書證的辭書。此類辭書包括《軍語》和《（新刻徽郡原板諸書直音）世事通考》兩種。

3. 溯源類辭書：祇對詞語進行歷史溯源的辭書。這種辭書祇搜求詞語的文獻出處，對其意義不加解釋，更不做考證。此類辭書包括《常談搜》《常語尋源》《俗語考原》《通俗常言疏證》《新名詞訓纂》《異號類編》等六種。

4. 教讀類辭書：這類辭書祇收録通語常用口語詞彙，標明正確讀音，偶爾也加些釋義，實質上是被用作教授外國人或方言區的人們漢語通語的教科書，從嚴格意義來說不應算作辭書，但爲了叙述方便，我們還是稱其爲辭書，稱作教讀類辭書。此類辭書包括《官話匯解便覽》和《正音撮要》兩種。

由於我們主要是從漢語詞彙史和訓詁角度進行研究，這種研究是以歷時性研究爲主，在以上四類辭書當中，"求義類辭書"和"溯源類辭書"反映語言的起源和歷史流變的内容居多，所以我們的語料主要采自這兩類辭書之中，其他兩類辭書所收内容祇作參考材料。

二、縱嚮離析，表裏兼顧

《明清俗語辭書集成》所收二十種辭書都獨立成書，各自有特定的收詞原則和收錄範圍，編排體例也并不嚴謹，有的全然沒有對詞語進行分類，有的即使是分類編排，分類也不盡合理，類別界限不够分明，致使諸類詞語各有混雜。鑒於這種情况，我們將《集成》作爲一個整體，打破這二十種辭書之間的界限，依照研究需要，從各種辭書中挑選出有用的材料，分別重新歸類，以便爲我們的論證提供支撑。作爲辭書集，《集成》與其他文獻資料有明顯的不同。因爲辭書有自己的編排體例和求義方法等屬於外部形式的諸多成分，這是其他文獻資料所没有的，因此在對《集成》的研究中，我們不僅僅要關注各書所收錄分析的内容，還要對諸辭書的編排方式以及求義方法進行歸納分析，這樣表裏兼顧更能彰顯《集成》的特點。

三、本體爲主，注重對照

本書從《明清俗語辭書集成》本體出發，但不拘泥於本體的研究，依研究對象的性質，積極與辭書集以外的同類語料加以對比，從而歸納規律，達到相互參證、相互補充的目的。另外還大力吸收前人的研究成果，如古代的各類辭書、經典文獻的注解以及歷代筆記小説等，都是我們的重點參考資料。總之，研究《集成》的詞語狀况，要將其放到與詞條同時代詞彙研究的大環境中去比較求證，并且注重共時與歷時相結合的方法，努力做到源流兼考，總結詞語的演變規律，爲漢語史的研究增磚添瓦。

第二章　《明清俗語辭書集成》概述

第一節　《明清俗語辭書集成》的編者與版本

一、《明清俗語辭書集成》的編者

《明清俗語辭書集成》是由日本漢學家長澤規矩也集輯而成。長澤規矩也（1902—1980），字士倫，號静庵。日本著名漢學家、文獻學家。神奈川人，生於小田原市。李慶對其生平與成就考之甚詳：1925年長澤規矩也畢業于東京帝國大學中國哲學文學科，1926年起任静嘉堂文庫幹事，主要從事目錄編排工作，從此，他的研究領域從哲學轉到了文獻學。1927—1932年間，他受静嘉堂文庫的派遣到中國進行書業行情調查，在這幾年中，他的足迹遍布北京、上海、杭州、南京、蘇州、揚州等各個城市，搜羅到了大量的中國珍籍善本，陸續運回日本。抗日戰爭期間，日軍又從中國劫掠大量的善本古籍帶回日本，由帝國圖書館收藏。長澤規矩也應該館館長松本喜之邀整理這些善本，對所整理的每種古籍都做了詳細的著錄，并逐一加了《解題》。1970年這項工作最終得以完成，其整理成果《静庵漢籍解題長篇》出版。長澤規矩也一生學術成果豐厚，主要著作有：《書目學論考》（1937）、《中國版本目錄學書籍解題》（1940）、《日漢書的印刷及其歷史》（其博士論文，1961）、《静庵漢籍解題長篇》（1970）、《漢籍整理法》（1974）、《古書目錄法解説》（1976）等。除了《明清俗語辭書集成》外，他還主持編輯了《日刻本漢詩集成》（一百一十四輯）、《和刻本文選》（三卷）、《和刻本諸子大成》（五卷），參與編寫了《亞洲歷史事典》《世界文學小辭典》《大現代世界百科事典》等多部大型工具書。①

二、《明清俗語辭書集成》諸書的版本情況

《明清俗語辭書集成》是一部俗語辭書的選集，由長澤規矩也從日本公私庋藏的中國古籍中精選而出，一九七四年由日本汲古書院分爲五輯影印出版，其版式爲十六開頁面，每頁四面合一。該辭書集共收入明、清、民國俗語辭書二十部，其中出自明代人之手的有五部：陳士元《俚言解》、陸嘘雲《（新刻徽郡原板諸書直音）世事通考》、張存紳《（增訂）雅俗稽言》、趙南星《目前集》、周夢暘《常談考誤》等；清代辭書十二種：顧張思《土風錄》、梁同書《直語補正》、易本烺《常談搜》、史夢蘭《異號類編》、梁章鉅《稱謂錄》、西厓《談徵》、高静亭《正音撮要》、唐訓方《里語徵實》、蔡奭《（新刻）官話匯解便覽》、北洋陸軍督練處《軍語》、鄭志鴻《常語尋源》、郝懿行《證俗文》等；另有三部成書於民國：孫錦標《通俗常言疏證》、周起予《新名詞訓纂》和李鑒堂《俗語考原》。長澤規矩也在每部書

---

① 詳參李慶《日本漢學史・第3部・轉折和發展 1945—1971》，上海外語教育出版社，2004年，第325－329頁。

第二章 《明清俗語辭書集成》概述

前都加了《題解》，説明所收著作的内容、作者、版本等情況。1992年日本學者佐藤晴彦等人編的《〈明清俗語辭書集成〉總索引》發行，該《索引》按四角號碼順序排列，以手寫體漢字印刷，爲後續研究者檢索詞條提供了很大的便利。

日本汲古書院初版《明清俗語辭書集成》中各書的版本情況如下表所示：

書名（卷數）	編校者	版本情況	所屬輯數
《俚言解》（二卷）	（明）陳士元著	明萬曆中刊《歸雲外集》（卷五十六、五十七）本	第一輯
《(新刻徽郡原板諸書直音)世事通考》（二卷）	（明）陸噓雲輯	明萬曆中潭城書林余雲坡刊本	第一輯
《土風録》（十八卷）	（清）顧張思編	清嘉慶三年（1798）序刊本	第一輯
《直語補證》（一卷）	（清）梁同書撰	清嘉慶二十二年（1817）仁和陸氏刊《頻羅庵遺集》（卷十四）本	第一輯
《常談搜》（四卷）	（清）易本烺輯；（清）易崇垚等校	清同治三年（1864）京山易氏刊本	第一輯
《異號類編》（二十卷）	（清）史夢蘭輯	清同治四年（1865）止園刊本	第一輯
《稱謂録》（三十二卷）	（清）梁章鉅撰；（清）梁恭辰校刊	清光緒十年（1884）刊本	第二輯
《通俗常言疏證》（四卷）	（民國）孫錦標編輯；（民國）張孝若校字	民國十四年（1925）南通孫氏石印本	第二輯
《談徵》（四卷）	（清）外方山人輯①	清嘉慶二十年（1815）柯古堂刊本	第三輯

---

① 據曾昭聰、李進敏考證，《談徵》的作者是伊秉綬，外方山人、西厓先生皆爲其號。見《〈談徵〉的作者》，《辭書研究》2011年第3期。

25

《明清俗語辭書集成》研究

書名（卷數）	編校者	版本情况	所屬輯數
《正音撮要》（四卷）	（清）高静亭撰	清道光十四年（1834）學華齋刊本	第三輯
《里語徵實》（三卷）	（清）唐訓方撰	清光緒十七年（1891）常甯唐氏歸吾廬刊本	第三輯
《（新刻）官話匯解便覽》（二卷）	（清）蔡奭纂著；（清）蔡本桐校；（清）蔡觀瀾訂	清末霞漳顏錦華刊本	第三輯
《軍語》	北洋陸軍督練處編	清光緒三十二年（1906）北洋陸軍編譯局排印本	第三輯
《新名詞訓纂》（四卷）	（民國）周起予編	民國七年（1918）上海掃葉山房石印本	第三輯
《俗語考原》（一卷）	（民國）李鑒堂輯	民國二十六年（1937）漵浦杜元清排印本	第三輯
《（增訂）雅俗稽言》（四十卷）	（明）張存紳編著；（明）吴炳選；（明）張希台正	明天啓三年（1623）序刊本	第四輯
《目前集》（二卷）	佚名撰	明刊本（具體信息不詳）	第五輯
《常談考誤》（四卷）	（明）周夢暘著；（明）何躍龍校證	明萬曆中刊《青溪山人文集》（卷一至卷四）本	第五輯
《常語尋源》（二卷）	（清）鄭志鴻緝著	清光緒二年（1876）涇縣鄭氏家刊本	第五輯
《證俗文》（十九卷）	（清）郝懿行著	清光緒十年（1884）東路廳署刊本	第五輯
《〈明清俗語辭書集成〉總索引》	（日）佐藤晴彦等編	日本汲古書院1992年2月出版	單獨發行

　　初版在我國存量不多，上海古籍出版社於一九八七年以日本汲古書院版爲底本再次影印出版。與初版相比，上海古籍出版社影印版有以下幾點改進：

　　一是重新分册。新版分爲三册，即原一、二輯爲第一册，三四輯爲第二册，將原來單獨發行的《總索引》也合并進來，與原第五輯合爲第三册。開本也改爲大三十二開，每頁兩面合一。

二是考證出所收《目前集》的作者爲明人趙南星。

三是對其中的殘頁和模糊不清頁面進行了修補和替换。如據上海圖書館所藏趙南星的《味檗齋遺書》中的《目前集》補齊汲古書院本《目前集》的《題詞》和殘頁，并更换了部分不清晰的頁面；據較清晰版本對《通俗常言疏證》《里語徵實》《直語補正》等書的部分頁面也作了修補或替换。

雖然這樣，由於原本頁面模糊，加之影印字體較小，《常談搜》《通俗常言疏證》等書中的部分文字仍然難以辨認。長澤規矩也在《常談搜》的《題解》中説：“原本多爲湖南刊本，用粗劣紙印刷。字面多有不清之處，亦不敢描修。”① 可見他對原本的處理是抱謹慎態度的。上海古籍出版社影印本祇印行了一千套，似乎仍未達到"以廣流傳"的目的。

第二節　《明清俗語辭書集成》諸書的内容

因爲《集成》所收諸書是廣義上的辭書，所以諸書除收集訓釋字詞語句等語言成分以外，還對并不屬於語言範疇的政治、經濟、歷史、民俗、名物、典章制度、歷史人物、著作篇章等進行了收集與考證，從這個意義上看，《集成》可算得上一部小型百科全書。《集成》諸書所録内容雖然各有側重，分類也五花八門，但總體上看，各作者所做的輯録、訓釋、考證和校勘都屬於廣義訓詁的範圍，如將諸書内容縱嚮離析，可以將其所訓釋考證的内容分爲以下幾個方面：

---

① 見《明清俗語辭書集成》，上海古籍出版社，第424頁。

《明清俗語辭書集成》研究

一、對語言文字成分的訓釋與考證

1. 解釋詞語（包括詞組和句子）。

漢語詞彙系統龐大而複雜，對詞語的分類也是一項複雜艱巨的工作，所依據的分類原則不同，分類結果也就不會相同，張永言曾經總結説：

> 大致來説，詞的分類原則有如下幾種：主要按照語法特點劃分爲詞類（名詞、動詞、形容詞等）；按照詞彙意義和語法意義的相互關係分爲實詞和虛詞；按照形態結構分爲單純詞、派生詞、複合詞和複合-派生詞；按照通行地域或應用場合的不同分爲全民詞彙和地域方言詞語或社會方言（社會習慣語）詞語；按照詞源特徵分爲固有詞和外來詞；按照歷史屬性分爲新詞語、古詞語和歷史詞語；按照全民性、穩固性和構詞能力分爲屬於基本詞彙的詞和詞彙的外圍部分；按照表情能力分爲中性詞語和表情詞語；按照文體風格分爲書本詞和口語詞。[①]

以上這些分法都是從宏觀上着眼的，每種分類基本上都是將全部詞語一分爲二地分爲兩個對立的部分，或是分爲少數的幾個并列的類別，從具體詞語研究來看，無論依據哪種單一標準來劃分，所分出的類別似乎都無法滿足多角度詞彙研究的需要。所以我們在前人宏觀詞彙分類的基礎上，對《集成》諸書所收詞語重新分類，我們不再祇依據單一的標準，而是從詞語的諸多特徵中挑出

---

① 張永言：《詞彙學簡論》，華中工學院出版社，1982年，第64頁。

其最主要的特徵，并以它們共有的主要特徵作爲標準進行歸類，將《集成》諸書的詞語分爲通語常用詞語、方言詞語、外來詞語和行業詞語等幾類。

（1）通語常用詞語

《集成》諸書多以收錄解釋通俗常言爲己任，所以在其所收錄的内容當中，通語常用詞語占的比重最大，這些詞語中不但有單音詞、複音詞、各類熟語，甚至還包含少量句子。比如：

單音詞：

醬、菹、茇、飧、袍、衫、酪、餅、兄、弟、父、母、釺、剪、環、臁、粉、鈸、耬、耙、犂、箸、壺、炭、燭、床、碾（碓）、綾、絹、囊、布、韈（襪）、帶、河、巾、嚏、樓、宫、烏、撩、賭、涮、掉、揪、扮、曬、跑、喊、扭、啡、箍、艄、匾、釾、篁、劙、戉、領、溺、契、乾、曾、佳、御、淀、橄、爹、老、爺、妓、觀、寺、塔、郵、舍、箇、郎、騰、皴、熏、惡、顆、夠、阿、倩、幺、所、騎、廟、傘、腰、夾、豬、魚、姐、叔、印、龍、蛇、瑟、琴、鎗、刀、弓、菊、君、頓、你、笨、嚇、嚨、來、眨、搯、彈、憨、何、鞋、廳、罌、霾、潭、途、崗、樗、汞、膾、蜚、鳶、庥、大、材、罿、簀、沙、眯、都、崴、庚、斛、抇、抗、刷、槁、搭、騷、門、公、儉、尊、官、喬、爸、娘、主、堂、妣、社、媽、婆、葆、伯、妗、甥、姨、嫂、姒、姪、子、膝、相。

另：《里語徵實》卷上《一字徵實》收錄的皆爲單音詞。

單音詞在《集成》收錄的詞條中所占比重很低，祇是很少的一部分，從詞性看，絕大部分爲名詞（包括稱謂詞）和動詞，偶爾也有形容詞和擬音詞。這中間有些字并不常見，但它們皆爲日常用語的本字，所以亦應算作常用單音詞。

複音詞：

梅雨、日子、律令、楊溝、嫦娥、老兄、丈人、丫頭、水角、汗衫、探花郎、玉人、呆子、王八、豆豉、天師、羽化、炎涼、黎明、雜種、仵作、迷惑、白地、等子、眼鏡、養母、先生、家族、性情、把戲、左右、爆竹、耳暖、脫略、乖覺、硬綳綳。

詞組：

七尺之軀、三姑六婆、黑芝麻、金釵（釵）十二行、有腳陽春、糖心雞卵、嚐新、相親、文房四寶、比肩人、憨老漢、羞死。

熟語：

酒囊飯袋、殘盃冷炙、強將手中無弱兵、愛屋及烏、求忠臣必於孝子之門、勝負兵家之常、三十六計走是上計、千里不同風、百里不同俗、抱佛腳、耳邊風、指鹿爲馬、謾上不謾下、向火乞兒、遠水不救近火、海水不可斗量、一竅不通、聰明誤、癡人說夢、一人有福（拖帶滿屋）、沒巴鼻、有天無日頭、千里送鵝毛、依樣畫葫蘆、情人眼裏出西施、好事不出門，惡事傳千里。

常用句子：

這類句子一般比較簡潔，純口語化，結構鬆散不固定，故而不屬於熟語的範疇，祇用於日常交談，主要出現在"教讀類辭書"辭書當中。如：

天要起風了、曬得迷迷糊糊的、天色朦朧、眉頭不伸、各有主意、欠我錢、一日三頓、講北京話。

（2）方言詞語

郭在貽認爲："方言詞有時也就是口頭詞語，二者不能截然分開。"① 確實這樣，方言是通語的地方變種，方言詞是帶有地域色彩的口語詞。《集成》諸書以收錄通俗常言爲主，收錄方言詞自然非常普遍。從考釋角度看，《集成》諸書對所收錄的方言祇注重歷史溯源，即考證其出處，但很少論及方言詞語音義結合的理據，對記録方言詞語的用字情況考查也不夠。現略錄幾例，加以説明：

【臧獲】《俚》16②

《前漢書·司馬相如傳》應劭注："《方言》：'荊淮海岱之間罵奴曰臧，罵婢曰獲。'……又服虔《通俗文》：'古無奴婢，即犯事者或原之。臧者，被臧罪没入爲官奴婢，古字臧與贓同；獲者，逃亡獲得爲奴婢也。'"

按：稱臧爲奴，乃其本義。《說文·臣部》："臧，善也。從臣戕聲。"《爾雅·釋詁》："善也。"其實"善"非其本義，祇是當時的常用義而已。其字甲骨文作"�"，楊樹達《積微居小學述林全編》"釋臧"條曰："按此皆臧之初字也。蓋臧本從臣從戈會意，後乃加爿聲……甲骨臧字皆象以戈刺臣之形，據形求義，初義蓋不得爲善。以愚考之，臧當以臧獲爲本義也。"③ 後人因"善"義常用，誤爲本義，而其本義祇保留於方言中。獲，甲骨文作"𢩁"，羅振玉《增訂殷虚書契考釋》曰："從隹，從又，象捕鳥在手之形。"其本義爲獵得禽獸。《風俗通》："獲者，逃亡獲得爲奴婢也。"婢女稱獲爲其引申義。

---

① 郭在貽：《訓詁學》，中華書局，2005年，第109頁。
② 標明詞條出處時，各辭書書名首字無相重者，一律以書名首字簡稱，書名首字相同的幾種辭書則用全稱。書名後標注的數字爲上海古籍出版社《明清俗語辭書集成》的頁碼。下同。
③ 楊樹達：《積微居小學述林全編》，上海古籍出版社，2007年，第92頁。

【老傖】《俚》26

俗罵高年形貌衰頹曰老傖。《廣韻》"傖"注："楚人別種。"《晉書·周玘傳》："殺我者諸傖子。"師古注："吳人呼楚人爲傖。"《晉陽秋》又謂："吳人呼中州人爲傖。"《城南聯句》"無端逐饑傖"是也。

按：《正字通·人部》："傖，鄙賤之稱也。"傖，本義爲鄙陋、粗俗。南人稱中原人爲傖，是蔑視北人爲邊鄙粗俗之人。傖，本無"高年形貌衰頹"之義，應爲"蒼"的借字。《説文·艸部》："蒼，艸色也。从艸，倉聲。"引申爲老，《康熙字典·艸部》："蒼，又老也。《詩·秦風》：'蒹葭蒼蒼。'《釋文》：'物老之狀。'"故老人又稱老蒼，如杜甫《壯遊》詩："脱落小時輩，結交皆老蒼。"

【翻子手】《俚》51

京衛校尉緝捕姦盜及一切非常之變謂之翻子手，即古之迹射士也。《漢書·王尊傳》："山南群盜偘宗等（數百人）[①]爲吏民害，將迹射士千人逐捕。"注："迹射，言尋迹而射取之也。"京都稱翻子手，外縣謂之應捕。

按：翻子手，又作番子手、番子、番手，非京都特稱，明清時期稱緝捕盜賊的便衣捕快在北方一帶皆用此名，《警世通言·金令史美婢酬秀童》："江南人説陰捕，就是北方叫番子手一般。"陰捕，即便衣捕快。又如：《金瓶梅詞話》第九五回："説平安兒小廝，偷了印子鋪内人家當的金頭面，還有一把鍍金鈎子，在外面養老婆，吃番子拏在巡檢司拶打。"《醒世姻緣傳》第八八回："地方巡視人役傳布了，本處的番手走來店内，見淮安差人將吕祥捆綁，問道：'你二位是何衙門的差役，緝到這裏？'"

[①] 《俚言解》原文此處脱"數百人"三字，當據《漢書·王尊傳》補。

【冷澤】音零鐸《土》233

屋木懸冰如箸曰冷澤。案：《五音集韻》"冷"字注："又音零。吴人謂結冰曰冷澤。"亦見黄氏《韻會》。

按：冷澤，《康熙字典·冫部》："冷，《集韻》《韻會》夶'郎丁切'，音靈。冷澤。吴人謂冰曰冷澤。"又"澤，《唐韻》'徒洛切'，《集韻》《韻會》《正韻》'達各切'，夶音鐸。冰結。"《説文·仌部》："冷，寒也。从仌令聲。"本無冰義。凌，《説文》作"夌"，曰："仌出也。从仌朕聲。《詩》曰：'納於夌陰。'夌，朕或从夊。"《廣韻》："冰凌。"可見，冷爲凌之借字。

【搇水】《土》241

《南史》："何遠爲武昌太守，以錢買井，不受者搇水還之。"《儂渠録》云："吴語有'搬湯搇水'。"陸璣《詩疏》："螺蠃以蟲入穴，搇泥封之。"《祥符圖經》云："搇泥作窠，或雙或隻。"

按：本條《土風録》無釋義，今補。搇，《玉篇·手部》："運也。"《字彙》："搇，力展切，連上聲，般運也，負擔也。"《正字通·手部》："力丹切，音輦，運也，負擔也。《正韻》搇通作輦，音義同。"《説文·車部》"輦，挽車也。从車，从㚘在車前引之。力展切。"可見，搇爲輦的借字，"搬運""負擔"義是從"挽車"義引申而來。吴方言常見，如《乾隆蘇州府志》二卷："謂般運曰搇，力展切。"《光緒常昭合志稿》六卷："舉碗曰搇。"

【侅事】侅，音該《土》252

揚子《方言》："非常曰侅事。"今吾俗猶然。《説文》："奇侅，非常也。"

按：《説文·人部》："侅，从人亥聲。古哀切。"《正字通·人部》："侅與賅、晐、賮通，皆以兼該立義。"侅與賅、晐、賮實屬同源，音義皆從"亥"來。《淮南子·兵略訓》："明於日月星辰之運，刑德奇賌之數。"高誘注："奇賌，陰陽奇秘之要，非常之術。"此"陰陽奇秘之要"，是指亥於地支中處最末一位，章季濤認爲："亥在十二支裏處於'原始要終''終而復始'的樞紐位置。它在三代哲學家眼裏是一個終中有始、死中有生、陰中有陽的奇異特殊的位數，故亥字具有兼備義。"① 正是因爲亥所處的位置"奇異特殊"，又引申出"非常"之義。

【姐姐 㜺㜺】《土》356

父之姊妹呼曰㜺㜺。案：《漢書·西域叙傳》："㜺㜺公主，乃女烏孫。"注："㜺，音題，好女也。"郭璞《方言》注音"多"，今俗從此音。《方言》："南楚謂婦考曰父㜺，婦妣曰母㜺。"

按：以上諸例皆於"父之姊妹"不合。《説文·女部》："㜺，美女也。从女多聲。"朱駿聲《説文通訓定聲·隨部》："㜺，按：與姑壻同。……俗字作爹。《廣雅·釋親》：'爹，父也。'"㜺本義爲"美女"，方言以㜺稱姑，應爲同形詞，从女从多會意。《稱謂録》卷一"方言稱父"條："《隋書·回紇傳》：'呼父爲多'。"因此，多有父義，父之姊妹爲女父，正可寫作㜺。

【泡】《直》398

凡物虛大謂之泡。《方言》："泡，音庖，盛也。江淮之間曰泡。"注："肥洪張貌。"至今猶然。俗音如抛，庖之訛耳。

【鱟】《直》410

俗言虹曰鱟，《餘冬序録》引《雲間志》，方言亦然。北方呼岡去聲，見《菽園雜記》。《魏志》："汝陰縣郡十縣有虹縣。虹，音絳，則岡去聲者，絳之訛也。"

---

① 章季濤：《實用同源字典》，湖北人民出版社，2000年，第227頁。

按：《康熙字典·魚部》："鱟，《廣韻》'胡遘切'，《集韻》'下遘切'，达音候。魚名。"虹，上古爲匣母東韻，音［ɣoŋ］。《廣韻》"户公切"，音［ɣuŋ］。又"虹，古巷切，音絳。"《説文·虫部》："虹，蠕蝀也。狀似蟲。从虫工聲。"甲骨文作"𧌫"，字形可證《説文》。楊樹達"釋虹"條："凡从工聲之字，皆有橫而長之義，虹之受名蓋以其形橫而長也。"又列舉與虹同源的"杠""扛""釭"等字相證，説："物形同，故字之音義同矣。"① "虹"在《廣韻》中有兩讀，至明代時，"虹"的第二種讀音（音絳）僅存於方言中，至今中原方音猶然。鱟、虹音近，故借鱟爲虹。

【爹】《稱》624

《廣雅》："爹，父也。"曹憲音②："大可反。"《南史·梁始興王憺傳》："始興王，人之爹，赴人急，如水火。"爹與火爲韻。《廣韻》"爹"字在三十三哿，注云："北方人呼父，徒可切。"古音皆同。林暢園師曰："爹有二音。《南史》始興王，人呼之曰爹，音霸；又婆上聲。"劉應李《翰墨全書·稱呼門》："父稱爹爹。媽媽，荆土方言曰爹。"案：爹，實音舵，似不得混爹字爲一也。

又【波】《稱》1017

《吴船録》："發嘉州，行二十里，至王波。波，蜀中稱尊老爲波，又有所謂天波、日波、月波、雷波者，皆尊之稱。此王波，蓋王老或王翁也。"

按：《説文》無"爹"字。以爹稱父來源於北方少數民族。《稱謂録》卷一"方言稱父"條："《隋書·回紇傳》：'呼父爲

---

① 楊樹達：《積微居小學述林全編》，上海古籍出版社，2007年，第46頁。
② 即《廣雅》曹憲音釋。

多'。"胡士雲認爲"爹"這一稱謂即來源於"多",他說:"這個'多'字顯然與爹同出一源,讀作 da 或 ta。"① 但由"多"到"爹"中間還有一個環節,陳鱣《恒言廣證》卷三"稱父曰爹"條:"《廣雅》:'爹、奢,父也。'爹奢本爲夌奢,實一字。《説文》'奢'籀文作'夌'。後人稱父夌,或爲奢,故變文从父耳。"《南史》"音霸"與"爹"音不合。稱父爲爸另有來源,王念孫《廣雅疏證·釋親》:"爸者,父聲之轉。"甚確。《南史》之"婆上聲","婆"應爲"波"之音轉。宋佚名《愛日齋叢抄》對"蜀中稱尊老爲波"有所探討,曰:"宋景文嘗辨之,謂當作'皤'字。"又"按景文所記,云蜀人謂老爲皤,音波,取'皤皤黃髮'義。"《説文·白部》:"皤,老人白也。"是以白髮借指尊老或者父親。

【矗磋】矗,音喇;磋,音鲊。《目》2142

《山谷集》:"矗苴,泥不熟也。中州人謂蜀人放誕不遵軌轍曰川矗苴。矗,郎假切;苴,音鲊。"考韻書無矗苴,有矗磋。矗,盧下切,讀若喇;磋,除瓦切,讀若鲊。當作矗磋爲是。山谷亦未深考也。

按:矗,亦作矗,"放誕不遵軌轍"即不從禮法,放蕩不羈,此義由"泥不熟"引申而來,皆從生硬意。此詞常見於禪宗文獻中,多寫爲"矗苴",或稱"川矗苴",巋稱蜀人之意甚明,如:《雲臥紀談》卷上:"黃龍死心禪師,因蜀僧泉法湧入室次,死心曰:'聞汝解吟詩,試吟一篇。'泉曰:'請師題目。'死心豎起拂子,泉曰:'一句坐中得,片心天外來。'死心曰:'川矗苴落韻了也。'"又《叢林公論》卷下:"最庵印,川人,初依寂室,後參大慧,出世京口鶴林。自贊曰:'充體委贏,當行矗苴。袖手

---

① 胡士雲:《説"爺"和"爹"》,《語言研究》1994年第1期。

儼然，可知禮也。美惡猶來不自裁，参方分付俯觀也。'"

【葆】【旅】《證》"齊人謂穅爲桕"條2476

關中謂桑榆蘖生爲葆，禾野生曰旅。《漢書·天文志》："参主葆旅事。"如淳及晉灼説。案：旅與穭、稆并通。

按：《説文·子部》："孽，庶子也。"段注曰："凡木萌旁出皆曰櫱，人之支子曰孽，其義略同。"櫱、孽同源，孽生即旁出。葆，王念孫《廣雅疏證·釋詁三下》："葆、科爲本尊叢生之本。"《集韻·晧韻》："葆，椁上苗也。"椁，同孽。稆爲穭的俗體字，常借爲旅。《廣韻·語韻》："穭，自生稻也。"《埤蒼》："穭，自生也。"今不專指植物不種自生，也作爲詈言稱人，如山東一帶罵私生子爲穭生子。

（3）外來詞語

史有爲認爲："在漢語中，一般來説，外來詞是指在詞義源自外族語中某詞的前提下，語音形式上全部或部分借自相對應的該外族詞語、并在不同程度上漢語化了的漢語詞；嚴格地説，還應具備在漢語中使用較長時間的條件，纔能作爲真正意義上的外來詞。"[①] 他點明了判定漢語外來詞的兩個條件：一是詞義和語音源自外族；二是在漢語中要長時間使用。按照這個標準衡量，《集成》所收外來詞語爲數不少，但主要是稱謂詞語和名物詞語兩種，從音義類型來分，主要有"音譯"和"音譯兼意譯"兩種。如：

音譯詞語：

【拔都】《稱》942

《説鈴》："《池北偶談》：元時漢人賜號拔都，惟史天澤、張宏範。見《輟耕録》。漢言勇也，亦曰拔都魯。"案：

---

① 史有爲：《漢語外來詞》，商務印書館，2000年，第4頁。

此拔都其即今之巴圖魯乎？

按：此詞來源於蒙古語 bagatur，口語作 baatur，義爲英雄、勇士。因爲是音譯詞，譯成漢語後字無定寫，除以上兩種詞形外，又作把都兒、巴都兒、把都、拔都兒、拔都魯、八都兒、八都、波豆兒等等。《元史》與元明戲曲中常見。

【闍黎】《里》"和尚曰闍黎"條 1472

和尚曰闍黎。王播客揚州木蘭寺，僧厭苦之，飯後擊鐘。播題詩壁上曰："上堂已了各西東，慚愧闍黎飯後鐘。"遂去。

按："闍黎"一詞來自梵文 Ācārya，爲阿闍黎的省語，又作闍梨、阿舍梨、阿祇利、阿闍梨、阿遮梨耶、阿遮梨夜，在古印度，此詞本義并非和尚的代稱，而是教授、傳授之義，也代指軌範師、導師。後爲佛教所用，作爲出家人對師長的尊稱，義同漢語中的"高僧"，也泛指和尚。《字彙補·門部》："闍，釋典：'僧曰闍黎。'"

【刹】《常談考誤》"古刹"條 2219

今人謂前朝舊寺爲古刹，非也。按：《文選》王巾《頭陀寺碑》"列刹相望"李周翰注："列刹，佛塔也。"又"崇基表刹"劉良注："刹，塔也。"《南史·虞愿傳》："以孝武莊嚴刹七層，帝欲起十層，不可立，分爲兩刹，各立五層。"……觀此可信《韻會》以爲佛寺、《説文》以爲柱、《釋氏要覽》以爲幡竿，皆非。

按："刹"，《廣韻》："初鎋切。"今讀爲 chà。來自梵語，爲"刹多羅（Ksetra）"的省語。進入漢語以來，成了多義詞，據《大字典》"刹"有四義：一指土田、國土；二指幡柱；三指佛塔；四指寺廟。可見《常談考誤》對此詞缺乏全面考查而以爲誤。

【菩提薩】《證》2497

　　華言"覺有情"也，從簡稱菩薩。柳子厚《無姓和尚碑》注：佛書云。菩，普也；薩，濟也，能普濟衆生。釋典。《綱目集覽》："菩之爲言了也；薩之爲言見也，謂智慧了見也。"

按：菩提薩來自梵語，爲菩提薩埵（bodhi-sattva）的省語。漢語文獻中多作菩薩或菩提薩埵，菩提（Bodhi）義爲覺悟，薩埵（sattva）義爲有情，故合稱"覺有情"，本爲使有情衆生覺悟之義。《證俗文》不解音譯之道，析字而釋，欠妥。

【震旦】《證》2498

　　蔥河以東名震旦。《樓炭經》。案：震旦，西域稱中國之名。

按：丁福保《佛學大詞典》："震旦，（地名）Cīna，又作振旦，真丹，神丹。《翻譯名義集》曰：'東方屬震，是日出之方，故云震旦。'近人或云：震即秦，乃一聲之轉。旦，若所謂斯坦，於義爲地。蓋言秦地耳。"Cīna 又譯爲"支那"。鄭張尚芳對此有不同看法，他説："幾種古印度語文獻早於秦代就稱中國爲 Cina 了。"又"H. 裕爾《東域紀程録叢》第一章討論 Cina 名稱的起源，指出'支那'Cina 自古就爲印度人所知，并據德經等人所説，已提出'支那'可與'秦'有關，也可與某個具有類似稱號的國家有關，其中即有晉 Tsin 和鄭 Ching。"他主要認爲支那（震旦）一詞來源於古印度對"晉"的稱呼。①

---

① 鄭張尚芳：《"支那"的真正來源》，《胭脂與焉支——鄭張尚芳博客選》，上海教育出版社，2019年，第1-2頁。

音譯兼意譯詞語：

【佛郎機】《土》207

　　礮大者曰發郎機。案：《事物紺珠》：〝佛郎機銃，銅爲管，大者千餘觔，小者百餘觔。〞佛郎本海外國名，嘉靖二十八年入寇，敗之，得其礮，即以爲名。俗以佛爲發，聲轉也。

　　按：佛郎機是法蘭克（Frank）的音譯，爲阿拉伯人對歐洲人的泛稱。楊泓、李力曾考證了佛郎機的傳入過程，説：〝明朝人鄭若曾在他所著的《籌海圖編》中記述了這一史實，并把葡萄牙稱作'佛郎機國'，'佛郎機'是當時土耳其、阿拉伯人對歐洲人的泛稱，中國明代也這樣稱呼歐洲人。〞① 將大礮稱爲佛郎機，是以來源地名借稱。〝機〞又能對應漢語的機械義，故亦可看作有意譯成分。

【菠菜】《土》221

　　《嘉話録》：〝菠薐種自西國，有僧將其子來，云是頗陵國之種。〞《張文潛集》作〝坡陵國〞。語訛爲菠薐。《玉篇》：〝菠薐，菜名。〞按：《唐會要》：〝太宗時，尼波維獻菠薐菜，類紅藍。〞《唐·西域傳》：〝婆羅獻波稜。〞即今之菠菜也。

　　按：頗陵、坡陵、尼波維、婆羅皆來源於尼伯爾（Nepal），除尼波維外，其他三個都是省語。菠菜一名正是來源地名的音譯加〝菜〞的意譯組合而成的。

（4）行業詞語

　　除《軍語》一書專門收録軍事用語外，《集成》所收其他行業用語較少，且所收的行業詞語大都已進入大衆俗語，不再爲行

---

① 楊泓、李力：《〝佛郎機〞的引進》，《文武之道——中國古代戰争、戰略思想和兵器發展》，中華書局（香港）有限公司，1991年，第181頁。

業內所獨用。如：

【掃興】【扯淡】《俚》20

有謀未成曰掃興。胡說曰扯淡，又轉曰牽冷，皆宋時黎園市語。

按：宋時黎園用語，明代已轉爲大衆俗語。如：明田汝成《西湖遊覽志餘·委巷叢談五》："又有諱本語而巧爲俏語者，如垢人嘲我曰淄牙，有謀未成曰掃興。"又："言胡説曰扯淡，或轉曰牽冷。"《紅樓夢》第九一回："後來見薛蝌吹燈自睡，大覺掃興。"

【心花】《土》273

小兒作事耐久曰有心花。案：心花見《圓覺經》："世尊告普賢菩薩云：'心花發明，照十方刹。'"東坡偈"心花發明照十方"用此。梁簡文《請御講啓》："心花成樹，共轉六塵。"太白《登開元寺閣》詩："心花期啓發。"

按：本爲佛教用語，義爲"慧心"。明代已轉爲大衆俗語，并且詞義也有所變化。如：明王徵《〈遠西奇器圖説〉序》："種種巧用，令人心花開爽。"此心花指心情。

【版版六十四】《土》320

古執、不活動呵爲版版六十四，此錢局中語也。局中鑄錢，範土爲模，每模三十二錢眼爲一版，兩版對合則六十四矣。

按：本爲鑄幣用語，清代已轉爲大衆俗語。清范寅《越諺·數目之諺》："版版六十四，鑄錢定例也，喻不活。"

2. 分析文字

《集成》中"求義類辭書"非常注重對詞語用字的考證，依照考證內容的性質來分，共有以下幾類：

（1）辨形誤字

這類誤字主要是指因字形或讀音相近，在文獻中應用甲字，却用了乙字，造成的混同或誤用。如：（正—誤）

臘—蜡《俚》"臘月"條6

《月令》："孟冬臘先祖。"羅壁《識遺》云："鄭玄謂臘即《周禮》'蜡祭'。"非也。《玉燭寶典》謂"臘祭先祖""蜡祭百神"，則蜡與臘異。

按：《說文·肉部》："臘，冬至後三戌，臘祭百神。从肉巤聲。"又虫部："蜡，蠅胆也。"段注："蜡字，《禮記·郊特牲》借爲八蜡字，尋八蜡本當作昔。昔，老也，息老物也。"孫楷《秦會要》"臘蜡"條引《玉燭寶典》曰："蜡祭因饗農，以終歲勤動而息之也。臘者，獵也，獵取禽獸以祭先祖，重本始也。二祭寓意不同，所以臘於廟，蜡於郊。"① 分別甚明。

另—另—令《俚》"另日"條7

俗謂異日爲另日。另音令。楊升菴《丹鉛續録》："另字《說文》無有也，另日當作令日。《戰國策》趙燕拜武靈王胡服之賜，曰'敬循衣服，以待令日'，令日即異日也。注謂令爲善。非。"余謂楊說迂矣。《五音集韻》："另，郎定切。"何謂韻書無此字也？《戰國策》"令日"注謂"擇善日以從事"，即異日之義，何謂非乎？又《字學集要》"另"注："分居也，割開也。"本於《集韻》注耳。按：《五音篇海》："另，別也。"此乃分居之義。又："另，古瓦切，與剮同，剔人肉置其骨也。"此乃割開之義。一從力，一從刀，而《集韻》《集要》以"另"爲"另"，誤矣。

---

① （清）孫楷著；楊善群校補：《秦會要》，上海古籍出版社，2004年，第48頁。

又《土》"另日"條295

《正字通》："俗謂他日、異日曰另日。"案：另字不見經傳，或云當作令。令，善也。徐陵《太極殿銘》："嘉哉，令日！"

按：《説文》無"另"字，《五音集韻》："另，郎定切。音令。分居也，割開也。"另不從刀而從力，故其釋義有誤。另應爲令的假借字，由"善"義引申出"別異"之義。叧，從刀，古爲"剮"的異體字，表分割之義應寫爲叧，而非另字。

餳—餲《俚》"餳糖"條30

餳音情。《韻府》注："滑糖也。"《類聚音韻》注："清糖也。"《集韻》注："飴也。"飴，亦作飴，以米蘗煎汁成糖。《漢書》"含飴弄孫"是也。餳與餲字不同，餳從昜，餲從易，音唐，即古糖字。如晹、暘二字不同，暘音釋；埸、場二字不同，場音奕也。范至能詩："鳧子描丹筆，鵝毛剪雪英。寶糖珍粔籹，烏膩美飴餳。"英、餳皆庚韻。

按：《康熙字典・食部》"餳"字釋："按餳餲二字今混爲一。《重編廣韻》：'餳，徐盈切。''餲，徒郎切。'各不相蒙。《正字通》：'槑云餳字之譌。'亦非。"《説文・食部》"餳"字段注："淺人乃易其䭎聲之偏旁。《玉篇》《廣韻》皆誤从昜。然《玉篇》曰：'餳，徒當切。'《廣韻・十一唐》曰：'餳，飴也。'十四清曰：'餳，飴也。'皆可使學者知餳糖一字，不當从昜。至於《集韻》始以餲入唐韻、餳入清韻，畫分二字，使人真贋不分，其誤更甚。"蔣冀騁贊成此說，並作了進一步的說明："段氏論說甚辯，證據確鑿，可從。餳，《釋文》以洋爲訓。古音當在陽部，而易聲在錫部，不能作爲陽部字的聲符，而昜與易形相似，轉寫

《明清俗語辭書集成》研究

易訛,故昜當是易之誤。"① 可見,餳字應爲"餳"在流傳過程中的誤寫。

修—脩《目》"束脩"條2134

《曲禮》:"童子委贄而退。"婦人之贄,脯脩棗栗,古者見師以菜爲贄,束脩,非童子所得行也。《漢·和帝紀》:"束脩良吏。"《伏湛傳》:"自行束脩,訖無毀玷。"二"束脩"皆謂"撿束脩飭"。《檀弓》"古之大夫束脩之問不出境"與《論語》"束脩"二"脩"字當从肉。《史》"束脩"之"脩"當从彡,今亦从肉。《易》"脩辭立誠"、《書》"慎厥身脩"皆从肉,亂已久矣,不獨《史》也。彡,音衫。

按:《説文·肉部》:"脩,脯也。从肉攸聲。"又彡部:"修,飾也。从彡攸聲。"經傳多不辨字形,兩字互有錯用。

(2) 明俗寫字

張涌泉認爲:"所謂俗字,是區別於正字而言的一種通俗字體。……俗字是一種不合法、其造字方法未必合於六書標準的淺近字體,它適用於民間的通俗文書,適宜於平民百姓使用。"② 正字的形義之間往往有理據可循,但字體較繁,不易書寫,於是人們往往簡省、變更文字筆畫,在原正字的基礎上,形成新的字形,這便是俗字。另外還有一種情況,就是以音同或音近、字形較簡的字來替代正字,最終正字却被廢而不用,替代字占據了正字的位置,這種替代字也可以看作是被替代字的俗寫字。這種俗字與假借字和古今字不同,它往往與其正字并行一段時間纔能完成更替。《集成》中分析的俗字屬於第二種情況的居多。比如:
(正—俗)

---

① 蔣冀騁:《説文段注改篆評議》,湖南教育出版社,1993年,第49頁。
② 張涌泉:《漢語俗字研究》,商務印書館,2010年,第1頁。

第二章 《明清俗語辭書集成》概述

歡—衝《俚》"歡席"條 30

歡音銃。《字學集要》："飲酒不請自來曰歡席。俗作衝席。"

按：《類篇·支部》："歡，敎歡，不迎自來也。"歡，《廣韻·東韻》："徂送切，音銃。"衝席，亦作撞席、闖席，皆與歡席同義，近代文學作品中常見，如：《牡丹亭》第五十齣："是早上嫡親女婿叫做没奈何的，破衣、破帽、破褡袱、破雨傘，手裏拿一幅破畫兒，説他餓的荒了，要來衝席。"《醒世姻緣傳》第六十二回："門子道：'師爺的席面是看得見的東西，再要來一個撞席的，便就僧多粥薄，相公就吃不夠了。'"《野叟曝言》第一二四回："素臣隨去闖席，首公等俱大喜道：'快著人去請了古兄來，則家鄉親友畢集矣！'"章季濤認爲"沖""撞""闖"同源，皆從"衝擊"得義，① 在此同作"歡"的俗寫字。

罍—攂—擂《俚》"擂鼓"條 36

譙樓啟明、定昏或祭祀，椎鼓三通，俗呼發攂。唐岑參《凱歌》"鳴笳攂鼓擁回軍"是也。攂，俗作擂，古作罍。古樂府："官家出遊罍大鼓。"罍，去聲，見隊韻。

按：《正字通·雨部》："擊鼓曰罍。"《廣韻·灰韻》："攂，攂鼓。"《玉篇·手部》："擂，力堆切，音雷，研物也。"罍，甲骨文作"𤴐"，《説文·雨部》作"䨢"，古文亦作"𤴐"，本爲雷電之雷名，後作動詞表打雷，因加手旁并省形作攂，罍、攂爲古今字，擂初無擊鼓義，因形音相近，成爲攂的俗寫字。

莊—庄《土》"田莊"條 225

佃人所居曰田莊屋。按：《通鑑》："唐置莊宅使。"史炤

---

① 章季濤：《實用同源字典》，湖北人民出版社，2000 年，第 460－461 頁。

45

《釋文》:"田舍也。"胡三省注:"蓋田屋外舍之事。"今俗作庄。玫《五音集韻》:"庄,音彭,平也。"

按:《說文·艸部》:"莊,上諱。"段注:"莊,其說解當曰艸大也,从艸壯聲。其次當在茢蘄二字之閒。此形聲兼會意字,壯訓大,故莊訓艸大。"又《爾雅·釋宫》:"六達謂之莊。"又如上《通鑑·釋文》所載作"田舍"義,《干禄字書》以庄爲莊的俗寫字。

儳伆—尷尬《土》"尷尬"條 251

事可疑曰尷尬。按:當作儳伆。《説文》"伆"注:"儳伆,行不正也。"从允音汪,曲脛也。《廣韻》:"尷同儳。"《正字通》以"尷"爲俗"儳"字。

櫺—櫳—閂《土》"以木横門曰閂"條 331

范石湖《桂海虞衡志》載:"土俗書有閂字。"注:"門横關也,音櫳。"案:《通俗文》作"櫺",音環。《廣韻》引之。焦竑《俗用雜字》作"櫳",云:"通作扊。"今俗用閂,呼如搧。

按:《集韻·删部》:"櫺,閉門機。"清·翟灏《通俗編》:"櫺,閉門機也。……《韻會小補》:'通栓,今俗作閂。'"① 蔣冀騁曾論及此字:"此字本字當作'關'。《説文》:'關,以木横持門户也。'以木横持門户,當然是'閂'。由於某些方言叫'關'爲 shuān,故又造'櫳'字,段玉裁云:'《通俗文》作'櫺'。'後來通語專用'關'作'關閉''機關''關係'用,故吸收方言的'櫳'字代替'關'。"② 而"櫺"則爲

---

① (清)翟灏撰;顔春峰點校:《通俗編:附直語補正》,中華書局,第506頁。
② 蔣冀騁:《近代漢語詞彙研究》(增訂本),商務印書館,2019年,第575頁。

"櫺"的異體字。宋劉克莊《解連環·又乙丑生日》："把柴門櫺定，梢無人到。"從范成大所載可知，"閂"作"櫺"之俗寫字宋時已然。

鱻—鮮《目》"鮮魚"條2146

鮮魚乃魚名，出貉國。新鱻字同音，三魚，眾也，眾而不變，是鱻也。久之遂以爲通用之字。今且不知有鱻字矣。

按：《説文·魚部》："鮮，鮮魚也。出貉國。从魚，羴省聲。"段注："按，此乃魚名。經傳乃叚爲新鱻字。又叚爲尠少字，而本義廢矣。从魚，羴省聲。""鮮"其實是作爲"鱻"字的俗寫體通行於世，漸漸代替了鱻的位置。

某—厶　鄰—厸　參—厽《證》"厶厸"條2455

《玉篇》："厶，亡后切，音某。厶，甲也。"《篇海》："義同某。"陸游《老學庵筆記》："今人書厶以爲俗。《穀梁·桓二年》：'蔡侯、鄭伯會于鄧。'范寧注云：'鄧，厶地。'陸德明《釋文》：'不知其國，故云厶地。'"厸，《集韻》："鄰，古作厸。"《漢書·叙傳》："亦厸惠而助信。"劉德曰："厸，近也。"師古曰："厸，古鄰字。"案：……蓋鄰曰比鄰，至爲親近，故古文作厸。……《玉篇》："厽，七貪切，《尚書》以爲參字。"然則參古文省作厽也，與厶、厸同意。一厶爲某，二厶爲鄰，三厶爲參，所謂"字者，孳乳而浸多"，此類是也。

按：陸游明確指出"厶"爲"某"之俗字，而"厸"爲"鄰"之初文，"厽"則爲"參"的省寫字，亦可歸入俗字之列。

（3）明通假字

在"本有其字"的情況下而臨時借用音同或音近的字來代替本字，即爲通假用字之法。這種借用發生在同一歷史平面上，不

《明清俗語辭書集成》研究

存在時間先後問題，也不會久假不還而產生替代。《集成》諸書的作者們對通假現象已有了非常清晰的認識，雖然當時尚無"通假字"之名，但在考證中有諸多的相關分析，常用術語有"通"和"讀如"等。如：（本—假）

寑—侵《俚》"矮矬"條 18

《唐書·王伾傳》："遜陋，謂伾身遜短貌，醜陋也。"《綱目》作"王伾寑陋"。寑，讀如侵。《漢書》："田蚡貌侵。"注："侵，短小也。"

按："讀如"這個術語有兩種用途，一是注音，一是指明假借。"讀如"之後的字如與語句有語義關涉則為假借字之正字。此例"寑，讀如侵。"後《漢書》注："侵，短小也。"《史記·魏其武安侯列傳》："武安者，貌侵，生貴甚。"《集解》："韋昭曰：'侵音寑，短小也。又云醜惡也，刻確也。音核。'"《索隱》："案：服虔云'侵，短小也'。韋昭云'刻確也'。按：確音刻。又孔文祥'侵，醜惡也。音寑。'"顯然《綱目》"王伾寑陋"之"寑"即為"短小"義，"寑"為"侵"之假借字明。

牙—衙《俚》"牙門"條 34

公門謂之牙門。《唐書》"薛士幹竟不得入牙門"是也。今作衙門。唐制：天子居曰衙，行曰駕。今官府稱衙矣。一云：將軍之旗曰牙，立於帳前曰牙帳，門曰牙門，即《周禮》"旌門"也。《韻府》："軍行有牙。"後人因以所治為衙，有報衙、放衙、排衙、押衙、正衙、南北衙之名。德宗欲復用盧杞，給事中袁高於正牙論奏。《集覽》注："牙與衙通。"

按：衙，《說文·行部》："行貌，从行吾聲。"《康熙字典·行部》："《唐韻》五加切，《集韻》《韻會》牛加切，并音牙。"

"又《唐韻》語居切,音魚。""又《集韻》偶舉切,音語。""又《正字通》入禡韻,音迓,與迓同。"[1] 可見,唐宋已有"牙"音,爲何會出現這一讀音,曾一度衆説紛紜。沈小仙就此所作的考證比較令人信服,她認爲"上古文獻中'禦'通常寫作'衙'","又,古禦、御同,而御則有[ya]音","御,音迓,義爲迎。禦、御與'迓'聲相近, '衙'也因之有了'迓'音。"[2] 故"牙門"可寫作"衙門"。

浦—步—埠《里》"碼頭曰步頭"條1480

韓文"步有新船",不知者解爲涉。朱子《考異》已著其謬,蓋南方謂水際曰步,音義與浦通。《孔戣墓誌》:"蕃舶至步,有下碇税。"即以韓文證韓文,可也。柳子厚《鐵鑪步》注云:"江之滸,凡舟可糜而上下曰步。"《水經》:"贛水西岸有盤石曰石頭津,步之處也。"《青箱雜記》:"嶺南謂村市曰墟,水津曰步。"張勃《吳録》:"地名有龜步、魚步,揚州有瓜步。"羅含《湘中記》有"靈妃步"。《金陵圖志》有"邀笛步",王徽之邀桓伊吹笛處。步,又作埠,今人呼船儈曰埠頭。律文:"私充牙行、埠頭。"《湧幢小品》

按:《説文·水部》:"浦,瀕也,從水甫聲,滂古切。"義爲水濱。又止部:"步,行也。從止、少相背。凡步之屬皆从步。薄故切。"二字本義無涉,"南方謂水際曰步"祗因音近而假借。《説文》無"埠"字,爲後起字,《正字通·土部》:"埠,舶船埠頭。"《通雅》:"埠頭,水瀕也。"後埠興而步廢。

---

[1] (清)張玉書等編;漢語大詞典編纂處整理:《康熙字典》,漢語大詞典出版社,2002年,第1084頁。
[2] 沈小仙:《"衙門"考辨》,黃金貴主編:《解物釋名》,上海辭書出版社,2008年,第182頁。

喫—吃《里》"喫酒非吃酒"條1480

焦弱侯曰:"《漢書》'攻苦嗀淡',俗作喫。杜詩:樓頭喫酒樓頭臥。"①《説文》已有"喫"字。"吃"乃口吃吃也,古通用食。今閩中呼即甲切,廣東呼亦甲切,江右呼怯甲切。《通雅》。

按:《説文·口部》:"喫,食也。从口契聲。苦擊切。"又"吃,言蹇難也。从口气聲。居乙切。"《玉篇·口部》:"唊,喫也。"二字義本不同,古用食亦寫作"吃",屬於音近假借。

(4) 理古今字

古今字屬於用字歷時流變的研究範疇,反映的是表同一個意義的字在不同歷史階段發生的變化。今字的產生一般有兩種途徑,一是用全新的字形來替換古字,二是在古字字形的基礎上增減或改換部件而形成新的字形。這兩種情況在《集成》中都有分析。

第一種情況:字形替換。如:(古—今)

茵—屎《土》"屎 惡"條253

《漢書·昌邑王傳》:"夢青蠅矢積西階東,以問龔遂,遂曰:'陛下左側讒人衆多,如是青蠅惡矣。'"師古注:"惡,即矢也。"矢古與屎同,本作茵。

按:《説文·艸部》:"茵,糞也。从艸,胃省。"《玉篇·艸部》:"茵,舒理切,糞也。亦作矢,俗爲屎。"《廣韻·脂韻》:"《説文》曰糞也。本亦作矢。俗作屎。"《集韻》作"屎"。而早在甲骨文中就有屎字,作𡲴,《説文》未收。先秦亦有用例,《莊子·知北遊》:"東郭子問於莊子曰:'所謂道,惡乎在?'……

---

① 應爲"樓頭喫酒樓下臥",《里語徵實》引文有誤。

50

曰：'在屎溺。'東郭子不應。"《説文·矢部》："矢，弓弩矢也。从入，象鏑栝羽之形。"本無糞便義，文獻中常借以表屎，如《左傳·文公十八年》："殺而埋之馬矢之中。"《荀子·榮辱》："是人也，所謂以孤父之戈钃牛矢也。"《史記·廉頗藺相如傳》："廉將軍雖老，尚善飯，然與臣坐，頃之，三遺矢矣。"今菡廢而屎行。

倍—背《土》"背書"條291

塾童師前背立，諷所誦書，曰背書。按：《周官·大司樂》："以樂語教國子，興道諷誦。"鄭注："倍文曰諷，以聲節之曰誦。"昌黎《韓滂墓誌》"滂讀書倍文"注："謂背本暗記也。"則當爲倍書，背與倍通。今呼背作如字，以其背轉書也。

按：《説文·人部》："倍，反也。从人音聲。薄亥切。"段注："此倍之本義。《中庸》：'爲下不倍。'《緇衣》：'信以結之，則民不倍。'《論語》：'斯遠鄙倍。'皆是也。引伸之爲倍文之倍。《大司樂注》曰：'倍文曰諷，不面其文而讀之也。'"可見背書之背原作倍，今用背字，亦取其反背之義，理據亦通。

第二種情況：古字變形。即在原字形上添加偏旁，形成新字。相對來説，這種情況更爲普遍。如：

責—債《俚》"放債"條42

出錢以規利謂之放債，又曰生放。生，息也；放，發也。古字債作責，《周禮》："稱責。"《吕覽》："分財棄責。"《漢書·高祖紀》："折券棄責。"《谷永傳》："爲人起責，分利受謝。"師古注："放與他人，取利息而共分之。爲人起責猶今保人也。"《史記》："孟嘗君出錢於薛，貸錢者多不與其息，乃使馮驩收債。"《漢書·食貨志》："取倍稱之息。"師古注："稱，舉也。"

按：先秦典籍債皆作責，如《周禮·天官·小宰》："以官府之八成經邦治……四曰聽稱責以傅別。"《戰國策·齊策》："誰習計會，能爲文收責于薛者乎？"上述《呂覽》亦然。時至漢代，責與債字并行。《史記》始用債字，而《漢書·高祖紀》《漢書·谷永傳》則皆用責字。《說文·人部》亦收"債"字，釋爲"負也"，即爲欠負錢財之義。此後債字通行。

景—影《常談考誤》"倒景"條 2171

景，音影，古無影字，後人俗書爲影也。

又《雅》"倒景"條 1725

古之陰影字用景字，葛洪撰《字苑》始加彡爲影。

按：《說文·日部》："景，日光也，从日京聲。"段注："日字各本無，依《文選》張孟陽《七哀詩》注訂。火部曰：'光者，明也。'《左傳》曰：'光者遠而自他有耀者也。'日月皆外光，而光所在處物皆有陰，光如鏡，故謂之景。車輦箋云：'景，明也。'後人名陽曰光，名光中之陰曰影，別製一字，異義異音，斯爲過矣。"顔之推《顔氏家訓·書證篇》："《尚書》曰：'惟影響。'《周禮》云：'土圭測影，影朝影夕。'《孟子》曰：'圖影失形。'《莊子》云：'罔兩問影。'如此等字，皆當爲光景之'景'。凡陰景者，因光而生，故即謂爲'景'。《淮南子》呼爲景柱，《廣雅》云：'晷柱掛景。'并是也。至晉世葛洪《字苑》，傍始加'彡'，音于景反。而世間輒改，治《尚書》《周禮》《莊》《孟》從葛洪字，甚爲失矣。"① 顔氏解説甚明，可見，晉代之前，"影"皆書作"景"。

---

① （北齊）顔之推著；莊輝明、章義和譯注：《顔氏家訓譯注》，上海古籍出版社，2016 年，第 274 頁。

第二章　《明清俗語辭書集成》概述

（5）明異體字

異體字是在同一歷史時期記錄同一詞語的一組字。這些字是在用字過程中逐漸產生的，從漢字三要素上說，互爲異體的字除了字形不同以外，音義完全相同，并且可以相互替換。在明清俗語辭書中多有對異體字分析的例證，如：

衖—巷《土》"衖"條　216

呼巷爲弄，書作衖。按：衖，即巷字，見《爾雅·釋宮》。《廣韻》作"㴇"。《離騷》"五子用失乎家衖"，與"縱"字爲韻，俗蓋以此沿譌。

按：《廣韻·東韻》："巷，街巷……胡絳切。"又："衖，上同，亦作㴇。"《廣雅疏證·釋宮》："衖與巷同。"衖、巷、㴇皆爲異體字。

鞴—犕《直》"鞴馬"條414

杜詩："我曹鞴馬聽晨雞。"作鼓鞴之鞴。按：《說文》"犕"字注引"犕牛乘馬"。《玉篇》亦云："犕，服也。""革"旁與"牛"旁當是古通用耳。《南渡錄》作"備馬"，非。又《說文》"鞁"字注："車駕具也。"徐鍇《繫傳》："猶今人言鞁馬也。平義反。"

按：《說文》未收鞴和犕字。糸部："紼，車紼也。从糸伏聲。茯，紼或从艸。鞴，紼或从革葡聲，平祕切。"牛部："犕，《易》曰：'犕牛乘馬。'"段注："《易》曰：'犕牛乘馬。'此蓋與革部之鞁同義。鞁，車駕具也，故《玉篇》云：'犕，服也。以鞁裝馬也。'""鞴"同"鞴"，"犕"同"犕"。辭書編者梁同書已經認識到革旁與牛旁古通用的規律，即"鞴"與"犕"爲異體字。

聟—聓—壻—壻—婿《稱》703

案：此皆壻之異文也。……據顏光禄《干禄字書》云："聟、聓、壻三字，上俗、中通、下正。"則壻、壻、婿亦在通俗之例矣。

按：《説文·士部》："壻，夫也。从士胥聲。《詩》曰：'女也不爽，士貳其行。'士者，夫也，讀與細同。婿，壻或从女，穌計切。"段注："壻或从女，以女配有才知者，爲會意。"王羲之《女聟帖》："取卿爲女聟。"《九經考異》："《昏義》①：'壻執雁入。'陸云：'壻，一作聟。'"《五音類聚》："聟，俗壻字。"焦竑《焦氏筆乘·卷六·古字有通用假借用》："《風俗通》：'怪神女新從聓家來'，聓讀爲壻，即古壻字。"《字彙》："聓，思計切，胥去聲。與壻同。"《方言》："東齊間聓謂之倩。"倩亦婿義。《篇海類編》："壻，同壻。"可知以上皆婿之異體字。

（6）揭示書寫省形

通過文例法來排比歸納漢字省形現象，揭示本字，已經上升到總結用字規律的層面。如：

佳可《證》2455

《石鼓文》："其魚佳可。"《風雅廣逸》注："'佳可'讀作'惟何'，古省文也。"案：古書此類非一。《禹貢》"濰淄"，《漢書》作"惟甾"。《地理志》注："惟字今作濰，甾字或作淄，古字通用也。"案："濰"字又省作"淮"，今其土人不識字，呼爲江淮之"淮"。

按：通過異文對比，郝氏推理出了古之省文文例。但這種文例不衹是簡單地省去偏旁，有些省文還要變換成相近字形，在不同的文獻中，省形也不一定一致。如："惟何"省爲"佳可"，不

---

① 《昏義》爲《禮記》第四十四篇。

但省去了偏旁"忄"和"亻","隹"還變爲了"佳";"濰緇"寫作"惟甾",不但省去了"氵""糹"旁,"隹"又加"忄"作"惟";"濰"既可省作"惟",又可省作"淮"。這給古籍閱讀帶來了諸多不便,如果不解此文例,很可能會誤讀文意。因此,郝氏對這一規律的揭示具有一定的現實指導意義。

3. 標注讀音

漢字形音義之間的關係非常密切,正確把握其讀音,往往對詞義的理解和詞語在文句中用法的考察很有幫助。周祖謨曾經説過:"古人一字每有數音,或聲韻有別,或音調有殊,莫不與意義有關。蓋聲與韻有別者,由於一字所代表之語詞有不同,故音讀隨之而異。……至若音調有殊者,則多爲一義之轉變引申,因語詞之虛實動静,及含義廣狹之有不同,而分作兩讀。"[①] 唐作藩也説:"詞義的分化和詞性的轉化引起了聲調的變化。"[②] 也就是説,在長期的應用過程中,有些詞語的詞義和詞性發生變化,進而引起讀音也隨之改變,這種改變主要表現爲聲調的變化。當今學者往往將這種現象看作是一種造詞方式,稱爲"音變構詞"。因此,在我們研讀古代文獻時,區別字詞的讀音非常重要,文獻中相同詞形的詞語,由於意義和用法不同,其讀音也會有所不同。黄焯在《經典釋文彙校·前言》中説:"因古代文字多以聲寄義,注音即等於注義。"[③] 所以,注釋字詞的讀音也是傳統訓詁學的一項重要内容。在早期的訓詁中常使用的注音方式主要有三種,即:直音、譬况和讀若。漢末興起了藉鑒梵文注音方法而創

---

① 周祖謨:《四聲別義釋例》,《漢語音韻論文集》,商務印書館,1957年,第51頁。
② 唐作藩:《破讀音的處理問題》,《辭書研究》1979年第2輯。
③ 黄焯:《經典釋文彙校》,中華書局,1980年,《前言》第1頁。

製的反切注音法。① 在《集成》中出現了兩大類釋音方式：一類是標注字詞讀音，一類是分析字詞讀音。前者祇對字詞作簡單的注音，不分析音義聯繫；後者則是結合詞義、用法考證字詞正確的讀法。

標注字詞讀音類包括直音、讀若和反切注音法，未見譬況法的使用。

（1）直音法

直音法就是利用同音來注音，這種方法非常嚴格，就是被注音字與注音字的讀音必須完全相同，而不能選取近音字來注音，所以存在很大的局限性，但它也有優點，就是比較直觀。其標注方式一般有"甲，音乙""呼甲作乙音""甲讀作乙""甲，音與乙同"等。如：

俗呼正音政月爲正音征月。（《俚》"初月　端月　一月"條5）

俗謂異日爲另日。另，音令。（《俚》"另日"條7）

言語煩瑣謂之呶諸，音兜答。（《俚》"呶諸"條22）

《錢塘遺事》："高宗宴大臣，見張循王持一扇，有玉孩兒扇墜。"今呼墜作滯音。（《土》"扇墜"條230）

《廣韻》"臉"注："面，臉，音檢。"今俗讀作斂音，而呼面臉骨則從兼上聲，爲得其正。（《土》"面臉骨"條255）

壻從胥、士，儒者之稱。《說文》或作婿，音與細同，

---

① 關於反切注音法的產生年代存在多種說法，今從何九盈的觀點。他在《中國古代語言學史（新增訂本）》中說："比較而言，我們還是相信顏之推的話：'漢末人獨知反語。'"北京大學出版社，2006年，第82頁。

俗多誤呼絮。(《稱》"堉"條702)

(2) 讀若法

讀若注音法是選取讀音近似的字來比擬描繪被注音字的讀音，與直音法不同，讀若法祇取其讀音近似，而未必精確。常用標注方式有"甲讀如乙"和"甲讀若乙"兩個。需要特別說明的是，在古代的訓詁中，讀若、讀如兩個術語即可用來標音，又可用來指明假借字，這就需要我們結合具體語境從讀音和詞義兩方面加以判斷，如果注釋字與語義無涉，祇是利用其讀音，則讀若、讀如為注音術語。在此祇舉標注讀音的用例。如：

燊矗讀如列挈，言人胸次不坦夷，逞獨見以忤人也。(《俚》"燊矗"條20)

《方言》："凡物盡生者曰攃生。"今俗以器盛物盈滿曰攃滿，讀如怕字入聲。(《直》"攃滿"條398)

斫，之若切，今人讀若坎。(《談》"斫"條1243)

讀如有時也變作"呼甲如乙"，如：

《正字通》"鰷"注云："小白魚，俗稱鰵魚。鰵，音參。亦曰參鰷魚，小而長，時浮水面，性好游，故名鰷。又音條。"今俗呼參如擓。(《土》"參鰷魚"235)

(3) 反切法

反切法起於漢末，到魏晉時期風行於世，至明清依然是標注字音的最主要的方法，因而在《集成》應用得非常普遍，例子比

57

《明清俗語辭書集成》研究

比皆是。如：

男女締姻，兩家相稱曰親家。……唐盧綸爲王駙馬作《花燭》詩："人主人臣是親家。"親，七認切。(《俚》"親家"條15)

䉛，陟几切，讀若軹。(《里》"女功曰鍼䉛"條1466)

跋，蒲撥切，跋扈，猶彊梁也。(《常談考誤》"跋扈"條2187)

狼从犬、良聲，音郎；狠从彳①、艮聲，下懇切。(《常談考誤》"狼戾"條2220)

第二類是分析字詞的正確讀音，這種分析對語義有一定的提示作用，含有一定的考證成分，這在《集成》中亦常見。此類分析包括聲調、開合、清濁、方音、歷時音變、多音字等内容。

(4) 分析聲調

登時，猶言即時、當時也。當讀去聲。(《俚》"登時"條8)

始，音試。草木穉而初蕣者曰始花。《月令》"桃始華"注："始，去聲。"(《俚》"始花"條39)

撈魚具曰擋兜，見章黼《韻學集成》："鵠擋，網也，俗云擋兜。"音海平聲。(《土》"擋兜"條230)

稻草蓋屋曰苫，音如扇。案：《廣韻》"苫"有平去二音，俱訓"草覆屋"。《正字通》分"苫次"爲平聲，"苫覆"爲去聲，未是。(《土》"以草蓋屋曰苫"條330)

蒼字讀仄聲。(《里》"莽蒼"條1489)

---

① 當爲"犭"之誤。

第二章 《明清俗語辭書集成》概述

帆，舟幔也。舟帆之帆則平聲，符咸切。又：帆，使風也。風帆之帆則去聲，扶泛切。蓋動静之異也。孟浩然詩"嶺北回征帆，巴東問故人"，正作去聲用。近蘇州刻孟詩改"征帆"爲"征棹"，何仲默笑曰："征帆改征棹，錦帆亦改曰錦棹乎？"（《雅》"舟"條1838）

徛徊亦作宿畱，行不逮也，見《莊子注》。又行相待也，見韻書。二十八星謂之宿，宿者，止其所居也。畱，去聲。蓋應畱而畱，則平聲；應去而畱，則去聲。今俗以糾理謂之宿畱，且讀畱平聲，誤也。（《雅》"徛徊"條1889）

《周禮·夏官·服不氏》"抗皮"注："主舉藏之，舉與藏，兩義也。"今人言藏物曰抗了，讀仄；言舉物曰抗了去，作平聲讀，即此。《淮南子·説山訓》："百人抗浮，不若一人挈而趨。"高誘注："抗，舉也；浮，瓠也。百人共舉，不如一人持之走便也。"此舉物曰抗之證。（《直》"抗"條409）

《韻會》收"中"字于去聲，陟仲切。按：《詩》"周室中興"、《左傳序》"紹開中興"皆音衆。杜少陵詩"今朝漢社稷，新數中興年"，亦作衆字讀，今人不知，以爲平聲，謬甚。（《常談考誤》"中興"條2190）

(5) 分析開合

北方稱"三"作開口聲，《北史》："李業興使梁，武帝問其宗門多少，答曰：'薩四十家。'"政①與此同。（《直》"薩四十"條403）

---

① "政"應爲"正"，原書誤。

（6）分析清濁

　　毛，清濁兩呼。（《里》"貓"條1449）

（7）分析方音

　　山西人鄉語風讀若分，涇縣、旌德亦然。按：《六書故》本載專戎、專今二切。又《周禮·秋官·士師職》"若邦凶荒"注："鄭司農曰：'辨，讀爲風別之別'，謂分別也。"《轉注略》："音孚金切。"引《詩》《騷》風叶林，《招魂》風叶心，可證。今徽歙人並讀俸爲糞。一士人問朝官曰："公喫幾儋糞？"幾石俸米也，遂傳爲笑談。要知古亦猶是也。（《直》"風"條416）

（8）分析歷時音變

　　天干中戊字皆讀作武。案：《册府元龜》："梁太祖曾祖諱茂琳，開平元年六月，司天監請改戊字爲武，從之，之後遂書戊讀武，相沿至今。"洪容齋《續筆》以爲朱溫父名誠，戊類誠字，故司天諂之，非也。以薛《五代史》只言改戊爲武，不云茂琳諱，故有是言，詳余《讀書隨筆》。周德清《中原音韻》收戊字于慕韻，音務，蓋沿舊譌。（《土》"戊巳讀武巳"條295）

　　《説文》"齅"注："以鼻就物也。以救切。"《漢書叙傳》："不齅驕君之耳。"師古注："古嗅字。"《集韻》亦作嗅。俗又呼作哄。案：山谷《薛樂道會飲》詩"酒椀未忍齅"押入送韻，自注云："借用。"蓋宋時已呼爲哄。（《土》"鼻就

物曰㹃"條333）

俗罵人曰眾生。眾，音中，以畜呼之也。《翻譯名義集》云："《漢書》中眾生去呼，釋氏相承平呼也。"其實眾音終，古音也。《後漢書·崔駰傳》："以永眾譽。"又《春秋傳》："眾父卒。"《釋文》亦音終。（《直》"眾生"條400）

《佩觿》："牛車之車，尺遮切，扯平聲，本無居音。"韋昭亦曰車字從漢始有居音。然《戰國策》馮驩歌"出無車"與"食無魚"相協，《毛詩》"乘馬輅車"與"炰鱉鮮魚"相協，則知車作居音，其來已久。（《雅》"車"條1840）

《史記》："帝武乙無道，爲木偶人。"《索隱》曰："偶，音寓。"今按：寓人形于土木，如《漢書》之木寓龍、木寓馬，其制久矣。俗讀偶如奇偶之偶，非。（《雅》"傀儡"條1853）

(9) 分析多音字

土有三音。一音覩，爲園土之土；一音吐，爲土地之土；一音杜，爲桑土之土，皆上聲。（《常談考誤》"土音杜"條2214）

另外還有一個標注讀音的術語"如字"，它被用來提示在特定的上下文中，某多音字應該按照它的本來讀音去讀，用以提示詞性、幫助正確選擇詞語義位。如：

《漢書·昌邑王傳》："夢青蠅矢積西階東，以問龔遂，遂曰：'陛下左側讒人眾多，如是青蠅惡矣。'"師古注：

"惡，即矢也。"矢古與屎同，本作蔺。越王句踐爲吴王嘗惡，古讀如字，今呼作烏路切，或書作屙。《玉篇》："屙，上厠也。"《傳燈錄》："大宏禪師喫溈山飯，屙溈山屎，不爲溈山禪。"（《土》"屎 惡"條253）

塾童師前背立，諷所誦書，曰背書。按：《周官·大司樂》："以樂語教國子，興道諷誦。"鄭注："倍文曰諷，以聲節之曰誦。"昌黎《韓滂墓誌》"淊讀書倍文"注："謂背本暗記也。"則當爲倍書，背與倍通。今呼背作如字，以其背轉書也。（《土》"背書"條291）

4. 闡述語法

分析闡述語法其實是爲解釋文意服務的，因此，在求義爲主的訓詁著作中，也往往會涉及一些對語法的分析，但這種分析不是全面性的，而是極爲零散的，多數都是對虚詞用法的分析。《集成》中所見的語法分析主要是對某些助詞用法的考察。如：

【云云】《土》270

書札中多用"云云"字。案：《漢汲黯傳》："武帝曰：'吾欲云云。'"注："猶言如此如此也。"李陵《答蘇武書》："執事者云云。"徐陵《諫深法師罷道書》："巷裏云云，余無驚色。"若《史記·封禪書》："秦文公獲若云云于陳倉北阪。"此爲眾多語，與《莊子》"萬物云云"義同。《後漢·蔡義傳》霍光曰："何謂云云。"師古曰："云云，眾語也。"

按：前兩例中的"云云"屬於助詞的範疇，在句子中它往往被用於首要列舉内容之後，表示列舉未盡，相當於現代漢語中的"等等"，但"云云"一般用於書信之類的書面語中，而不見於口語。後四例中的"云云"是"眾多貌"，屬於形容詞，後常作"芸芸"，往往用來形容多而雜的樣子。對兩種用法的不同，《土

第二章　《明清俗語辭書集成》概述

風錄》的作者看得很清楚，故得以將文意分析透徹。

【子】《土》"日子"條294

時日曰日子，見陳琳《檄吳將校部曲》。首云："年月朔日子。"六臣注："日子，發檄時也。"蓋子爲語助，如桌子、椅子之類。《南史·劉之遴①傳》："參校古本《漢書》，今本無上書年月日子。"

按：在此條中，作者認識到了"子"的虛化現象，雖然那個年代還沒有"詞綴"這樣的概念，籠統地將其歸入"語助"行列，但分清虛實兩種不同的用法，對理解詞義起着非常積極的作用。

【居諸】《常談考誤》2174

《詩·柏舟》篇曰："日居月諸。"傳云："居、諸，助語辭。"蓋猶"綠兮衣兮""兮"字耳，不應作實字用，而今人作詩、作書簡直以"居諸"代"日月"，豈不大戾！記唐詩有"爲爾惜居諸"之句，則知訛謬非一日矣。

按：居、諸本爲助語辭，以"居諸"代"日月"是一種特殊的構詞方式，俞理明將由這種構詞方式產生的詞叫做"非理複合詞"。②陳望道稱這類詞爲"藏詞"，他說："要用的詞已見於習熟的成語，便把本詞藏了，單將成語的別一部分用在話中來替代本詞的，名叫藏詞。"類似的例子還有"友于"代"兄弟"、"倚伏"代"禍福"等。③顯然這已成爲有一定規律的類化現象，而不能簡單地將其看作"訛謬"。

---

① 應爲"劉之遴"，《土風錄》原本誤。
② 俞理明：《漢語詞彙中的非理造詞》，《四川大學學報》（哲學社會科學版）2003年第4期，第86－91頁。
③ 陳望道：《修辭學發凡》，上海教育出版社，2006年，第153頁。

【些】《雅》"輓歌"條 1859

宋玉《招魂》語末皆曰"些"，故輓歌曰"哀些"。些，語辭也，梭去聲。今夔峽湖湘及南北江獠，凡禁呪，句尾皆稱些，乃楚人舊俗，即西域呪語末皆云"娑婆訶"，亦三合而爲"些"也。訶，去声，娑訶正切些音，而婆寔衍耳。

按：楚辭作品句末多用語助詞，如《招魂》語末多用語助詞"些"，《楚辭》句末多用"兮"，《大招》祇用"只"，看來這是古楚的詠嘆習慣。然以"些"爲"娑婆訶"的合音詞却是錯誤的。因爲"娑婆訶"是梵語 Svāhā 的音譯詞，義爲"吉祥"，[①] 并非語助詞。

5. 説明修辭

説明修辭方法也是傳統訓詁學求義的輔助方法，此方法可以幫助理解文獻句意和詞義。《集成》中所説明的修辭方法主要有兩種，即互文和比喻。如：

（1）明互文

互文又稱錯舉、錯舉以見、錯舉成文，是一種爲了避免行文重複而將通常合起來使用的兩組詞語，前後各列舉一個，從整體看參互成文，語義可互爲補充或呼應、合而見義的一種修辭手法。早在晉代杜預解釋《春秋》之名時，就提出了"錯舉"之説，他在《〈春秋經傳集解〉序》中説："故史之所記，必表年以首事，年有四時，故錯舉以爲所記之名也。"《集成》中對此手法也有揭示。如：

【參商】《談》1156

參辰乃星名，商與晉乃地名也，故《法言》曰："吾不

---

① 王堯：《摩訶葛剌崇拜在北京》，蔡美彪主編：《慶祝王鐘翰先生八十壽辰學術論文集》，遼寧大學出版社，1993 年，第 443 頁。

睹參辰之相比也。"蘇武詩："昔爲鴛與鴦，今爲參與辰。"後人有用參商者，錯舉成文耳。

又見《常談考誤》"參商"條2173

《左傳·昭公元年》：子産曰："昔高辛氏有二子，伯曰閼伯，季曰實沈，居於曠林，不相能也。帝①遷閼伯子于商丘，主辰；遷實沈于大夏，主參。"參辰，星名；商夏，地名。後言參商，錯舉以見耳。

又見《雅》"參辰"條1728

是參辰以星言，商夏以地言也，曰參商者，互文耳。

【昆玉】《談》1194

稱兄弟曰昆玉者，蓋錯舉金昆玉友之文也。

按："參商"也作"參辰"，皆爲錯舉"商辰"和"夏參"兩個同類連用詞語中的一詞重新組合而代指整體意義。從義域角度看，夏、商同屬一個義域，參、辰同屬一個義域，"參商"爲跨義域錯舉，"參辰"是列舉相同義域的詞，但其手法相通。以"昆玉"來源於"金昆玉友"亦爲同理。利用互文的修辭手法雖然可以避免行文拖沓、增加文采，却往往使詞語意義變得更爲隱晦難懂，給文意的理解帶來困難，因此在注釋中闡明這一修辭手法尤爲重要。

（2）明比喻

【警策】《談》1232

陸機《文賦》："立片言以居要，乃一篇之警策。"蓋以文喻馬也，言馬因警策而稱②駿，以喻文資片言益明也。夫

---

① 《常談考誤》原引文此處有脱文。應爲"居於曠林，不相能也，日尋干戈，以相征討。後帝不臧，遷閼伯子于商丘……"。

② 此條又見（明）楊慎《丹鉛總錄》卷十二"警策"條，其中"稱"作"彌"，正與下句"益"對舉成文。《談徵》引文有誤。

駕之法，以策駕乘，今以一言聚于衆辭，若策駈馳，故云警策。

按：警策本指以鞭策馬，在此用來代指精煉但含義深切的文句，是比喻的用法。

6. 串講句意

串講句意的着眼點不僅僅在於個別詞語上，而是對文意難以理解或容易造成誤解的整句或相連的幾句話的整體文意進行說解，它與詞語釋義互爲補充，都能幫助讀者更好地理解文獻原文。《集成》中這種串講的例子很多。如：

【金釵十二行】《目》2130

古樂府詞《河中之曲》咏莫愁云："頭上金釵十二行，足下絲履五文章。"後人多誤使爲插金釵者十二行，不知一人獨插十二行金釵。古婦人髻非今比。

【卯時酒】《俚》29

俗語"莫飲卯時酒，昏昏直到酉"，説者謂卯時飲酒，空腹易醉。

【女子子】《談》1211

《喪服小記》言："女子子在室，爲父母杖。"然則女子子爲己所生之子矣。胡氏謂重言子，衍文。黃氏以爲女子之子。皆非。言女子者，別于男子也。猶《左氏》言"女公子"。古人謂其女亦曰子。《詩》曰："齊侯之子，衛侯之妻"，《論語》曰："以其子妻之"是也。此言男子之別，故加女子于子上以明之。

【日烏】《雅》1724

《淮南子》云："堯時十日並出，命羿射之，中其九烏，皆殁，墮翼。"此言射日落也。今按：古傳羿射日落九烏，烏最難射，而一日落其九，言射之捷耳。以爲射落九日者，

66

謬。大抵洪荒以來，傳述多舛，如《書》稱堯曰"光被四表"，遂謂十日並出；《書》言"明四目"，遂謂蒼頡四目；堯作大章，"一夔足矣"，遂以夔爲一足，其荒唐無稽，類若此。

7. 校勘文本

文本校勘的範圍很廣，文獻在流傳過程中出現的文字訛誤、脱衍、錯倒以及文句篇章編次錯亂都是校勘的内容，另外還應該包括對文獻的辨僞和輯佚。《集成》中所涉及的校勘主要有補綴脱文、勘訂衍文、校訂誤字等。陳垣將校勘之法歸納爲四種："一爲對校法。即以同書之祖本或别本對讀，遇不同之處，則注於其旁。""二爲本校法。本校法者，以本書前後互證，而抉摘其異同，則知其中之繆誤。""三爲他校法。他校法者，以他書校本書。凡其書有采自前人者，可以前人之書校之，有爲後人所引用者，可以後人之書校之，其史料有爲同時之書所并載者，可以同時之書校之。此等校法，範圍較廣，用力較勞，而有時非此不能證明其訛誤。""四爲理校法。段玉裁曰：'校書之難，非照本改字不訛不漏之難，定其是非之難。'所謂理校法也。遇無古本可據，或數本互異，而無所適從之時，則須用此法。此法須通識爲之，否則鹵莽滅裂，以不誤爲誤，而糾紛愈甚矣。故最高妙者此法，最危險者亦此法。"① 與專書隨文校釋不同，《集成》中的條目皆爲零星考釋，不便同書前後互證，故而祇出現了"對校法""他校法"和"理校法"的用例，未見"本校法"用例。如：

（1）補綴脱文

唐蘇州司户參軍郭京作《周易舉正》，自言得王韓定本，如曰"'即鹿無虞，何以從禽也。'今本脱'何'字。"

---

① 陳垣：《校勘學釋例·校法四例》，中華書局，1959年，第144－148頁。

（《雅》"何以從禽"條1936）

按：此爲據同書別本校訂今本，屬於"對校"的方法。

（2）勘訂衍文

《叔孫通傳》："群臣朝十月，儀：設九賓傳臚[①]句。"
按：《字書》："聲絶爲句。"外此無他義。云"臚傳"者，即"傳臚"也，"句"字乃衍文。故注《史記》但云"傳從上下爲臚"而已。殿榜唱名曰臚傳，本此。（《目》"臚傳"條2127）

按：此爲以他書校本書，爲"他校"法。

（3）校訂誤字

《歲時記》："秋甲子，雨，禾頭生耳。"亦出《朝野僉載》。余謂禾當作木，謂雨多，腐樹生木耳也，禾頭無生耳之理。（《俚》"禾頭生耳"條39）

按：本條未出參照對比的例證，而從邏輯常理上加以判斷，以爲"禾頭無生耳之理"，"禾"當爲"木"之誤字。使用的是理校的方法。

《宋史·禮制》："打毬，命諸王大臣馳馬争擊，旗下攂鼓。"楊升庵《丹鉛録》引岑參《凱歌》"鳴笳攂鼓擁回車"，以爲近制。啓明、定昏鼓三通曰攂鼓，當用此字。今本作"疊鼓"，非。（《土》"攂鼓"條242）

《漢書·司馬遷傳·報任少卿書》："李陵張空拳、冒白刃，比[②]首爭死敵。"拳，音圈，又音患，亦作絭，皆訓爲弩弓。《史記》："長平四十萬衆，張虚拳，猶可畏也。"已先用

[①] 《史記·叔孫通列傳》原爲"臚傳"，《目前集》引文誤，其下文"云'臚傳'者，即'傳臚'也"亦可證。
[②] "比"當爲"北"之誤。

此字,不知何時坊刻文選誤爲"空拳",而世人盡以邊臣無器械者曰"張空拳",以誤傳誤,未睹《漢書》善本耳。《漢書》師古注曰:"弮,音丘權反。"讀者以爲拳擘之權,大謬!蓋拳則屈指,不當言張,是時李陵矢盡,故張弩之空弓,非是手拳也。觀顔注則誤弮爲拳,非一日矣。(《常談考誤》"空弮"條2185)

《周禮》:"薙氏掌殺艸","秋繩而芟之"。鄭注:"含實曰繩,芟其繩則實不成孰。"《釋文》:"繩,音孕,以證反。"案:繩并當作䋲,或作䘒,古文孕字,蓋以形近而譌。《管子·五行》篇:"䘒婦不銷棄。"注云:"孕也。"楊子《太玄經》沈首云:"鵰鷹高翔,沈其腹,好䋲惡粥。"注云:"䋲懷粥出也。貪利之人高志穢行,好懷利而惡出。"是則䋲即"孕"字也。案:繩與孕音義俱別,鄭注及陸氏《釋文》並無說,則知唐以前本尚未譌。(《證》"秋繩"條2368)

案:古人稱父爲耶,只用"耶"字,不用"爺"字。《木蘭詩》"阿爺無大兒""卷卷有爺名",本當作耶字,俗本改作爺字。杜子美《兵車行》:"耶娘妻子走相送。"注云:"古樂府:不聞耶娘哭子聲。"即是引《本①蘭詩》,初不作爺可證。(《稱》"耶"條619)

姚寬注《戰國策》:"楚王遊雲夢,謂安陵君曰:'千秋萬歲後,誰與樂此矣?'安陵君泣曰:'萬歲夜,願以身拭黃泉。'"按:"夜"如《左傳》注"窀穸"爲"厚夜"之義,今本改作"後",不見古人立言之意。(《雅》"大竹"條1858)

按:以上五條皆"以他書校本書",故屬於他校法。《集成》

---

① "本"當爲"木"之誤。

中校訂誤字之例衆多，不勝枚舉。

二、語言文字成分以外的考證

1. 考證民俗

民俗是個範圍很廣的概念，鍾敬文認爲："民俗是人民大衆創造、享用和傳承的生活文化。"并且將民俗事象分爲四大類，即"物質民俗""社會民俗""精神民俗"和"語言民俗"。[①] 在這四類中，生産、商貿、飲食、服飾、居住、交通、醫藥保健、社會組織、社會制度、歲時節日、民間娛樂、民間信仰、民間巫術、民間哲學、民間藝術、民俗語言、神話傳説、民間故事、民間歌謡、民間説唱等等都屬於民俗研究的範圍。《集成》諸書收録了數量衆多的民俗詞條，對上述大部分類别的民俗事象均有記載或考證，這些内容是民俗學研究、社會發展史研究和民俗語言學研究的寶貴資料，具有很高的文獻價值。從對民俗詞條的收録整理方式上看，《集成》對民俗事象做了以下幾個方面的探索：

（1）考證民俗的起源

具體民俗事象興起的原因有多種，從《集成》對民俗事象的探索中可以看出，主要有兩種類型的源頭：一是因事而起，一是因心而起。前者指的是因某件有影響的事件發生，後人將對此事件的某項反應或處理方式沿襲成俗；後者指的是在人們趨利避害或迷信鬼神天象傳説等心理、觀念的影響下逐漸形成的習俗。如：

①因事而起的民俗考證：

【骰子四紅】《目》2137

明皇與貴妃採戲，將北，惟重四可轉，上連呼叱之，骰

[①] 鍾敬文：《民俗學概論》，上海文藝出版社，1998年，第27頁。

子轉成重四，上悦，賜四緋也。

【端午龍舟】《土》180

　　端午節有龍舟之戲，相傳以弔三閭大夫，本《荊楚歲時記》之說，但于吳地無涉。按：邯鄲淳《曹娥碑》云："五月五日迎伍君，逆濤而上，爲水所淹。"《吳越春秋》以爲起于句踐，蓋憫子胥之忠而作。周櫟園《書影》以爲習水報吳，托於嬉戲。宗懍引《曹娥碑》謂是東吳之俗，事在子胥，不關屈氏。然則荊楚自爲靈均，吳越自爲子胥，猶吾地寒食在清明前，而并州寒食在冬中。并州寒食以悼介子推，非如《風俗通》所云"冬至後一百四日、五日、六日爲寒食"也。

【婦人纏足】《俚》18

　　世傳婦人纏足始於武則天，非也。張邦基《墨莊漫錄》："婦人纏足起於近世。"《道山新聞》謂"李後主宮嬪窅娘纖麗善舞，後主作金蓮，高六尺，飾以寶鈿、瓔珞，令窅娘以帛纏腳，纖小屈上，作新月狀，素襪舞雲中。"唐鎬詩："蓮中花更好，雲裏月長新。"因窅娘作也。是扎腳自五代以來方爲之。亦見《輟耕錄》。

②因心而起的民俗考證，如：

【登高】《目》2118

　　費長房謂桓景曰："汝家九日當有厄，宜作絳囊，盛茱萸繫臂，令家人皆登高，飲菊酒，禍可消。"如其言。還家，則雞犬牛羊一時暴死。

【置草迎新婦】《目》2136

　　京師娶婦之家，置草于門，以緋方尺冪其上，人多未知其故。昔漢京房之女適翼奉子，奉擇日迎之，以其日三煞在門。三煞者，青羊、青牛、烏雞之神，新婦犯之，損尊長及無子。奉俟新婦至門，以穀豆與草禳之。京師迎新婦置草者，猶蹬此也。

【柏樹】《目》2148

秦穆公時，有人掘地得物，若羊，將獻之，道逢二童子，謂曰："此名爲蝹，常在地中食死人腦，若欲殺之，以柏東南枝捶其首。"由是，墓皆植柏，又曰柏爲鬼廷。

【鞋】《俚》32

議婚，男行聘禮，女酬以鞋。《古今注》："草履起自伊尹，周文王以麻爲之。至秦，以絲爲之，東晉又加飾焉。凡娶婦之家，先下絲麻鞋一緉，取其和諧之義。"是男聘女先納鞋，與今俗不同。而鞋之爲諧，亦有證。《鄴侯家傳》："泌宿內苑，旦起，有竊泌鞋送帝所。帝曰：'鞋者，諧也。當作弼諧，事宜諧矣。'"又：漢有繡鴛鴦履，昭帝令冬至日以此履上舅姑。今俗尊長壽誕獻鞋，即此意也。

按：以上"登高""置草迎新婦""柏樹"三條皆是爲了驅邪避害而進行的活動，後形成習俗。"鞋"一條則是因"鞋""諧"同音而取吉祥之意。這些事象一旦形成習俗，人們就會世世代代流傳下去，却往往忽略了其真正的源頭。

（2）考察民俗的流變

民俗形成以後，歷經歲月，在流傳的過程中，內容和形式上多有變化，《集成》諸書對此類流變作了許多歷時考證。如：

【拜年】《俚》6

自元日以後，親友往來交錯道路，謂之拜年。然鄉村各拜其親友，或攜盒酒，多出實心；而城市士人，多望門投刺，或不過其門，令人送名帖。不知此風起於何年，余年少時尚無此風也。俗云："青草蓋牛蹄，正是拜年時。"言必躬必親，不嫌於遲，然今昔事異，可慨者不止此爾。

又見【空帖拜年】《土》177

　　新正，朋友交賀以空帖，而身不至，前明已然。《文待詔集·拜年》詩云："不求見面惟通謁，名紙朝來滿敝廬。我亦隨人投數紙，世情嫌簡不嫌虛。"又周煇《清波雜志》載："元祐間，新正賀節，有持門狀遣僕代往，其人出迎，僕云：'已脫籠矣。'"諺云"脫籠"者，詐閃也。溫公聞之，笑曰："不誠之事，原不可爲。"是宋已有此風。

【畫喜容曰畫影】《里》1482

　　祭祀用尸，其義精深，尸不能行也；而易以木主之像，木不能行也；而易之畫影，二者猶有用尸之義。至宋儒謂畫影與祖考無干，專用木主，不知數寸之木與祖考何干也！古人木主之設，蓋以用尸皆子弟爲之，高曾祖考，無以分別，故用主以識之。今不用尸，而但用主，正如今鄉飲主賓介僕之帖，獨有帖而無人也。《瓦釜漫記》

按：拜年之風由來已久，本要親至問候，後人簡化程序，代以投遞名帖以致意，已改變初衷。祭祀用屍更是幾經改變，初以真人爲屍代先人受祭，後以木像代之，又易木像以畫影，最後專用木製牌位（木主）。從以上流變可以看出，民俗活動的形式和用具都在不斷地向着簡單易行的方嚮發展。

（3）記述民俗活動的具體內容

有些民俗詞條不對民俗事象的源起和流變進行考證，但詳細記錄了民俗活動的具體內容和流程，爲我們瞭解古代民俗提供了資料，其價值同樣不可低估。如：

【晬日】《俚》8

　　生子周歲謂之晬日，又謂之試周。《顏氏家訓》："江南風俗：兒子一朞，爲製新衣，盥浴裝飾，男則用弓矢紙筆，

73

女則用刀尺鍼線，并飲食之物及珍寶玩器，置之兒前，觀其發意所取，以驗貪廉愚智，名爲晬日。會親戚聚觀，致燕享焉。"宋曹彬試周，左手提干戈，右手取俎豆及印，餘無所取。

【端午百鎖】《俚》5

端午以彩絨爲索，又結爲鎖形，繫嬰兒項臂，俗謂之百鎖。按：《續漢書》："五月五日，朱索五色爲門戶飾，以禳除惡氣。"①《抱樸子》謂之長命縷。李肇《翰林志》謂之壽索。《唐六典》："五月五日進百索。"俗言百鎖，其百索之訛邪。

【撒帳】《土》191

《漢武内傳》："武帝與李夫人共坐帳中，宮人遙撒五色同心果，帝及夫人以衣裾受之，云得多得子多也。"孟氏《夢華録》云："凡娶婦，男女對拜畢，就牀，女向左、男向右坐，婦女以金錢綵果散擲，謂之撒帳。"唐睿宗女荊山公主出降，有撒帳金錢，大經寸，文曰"長命守寳貴"。

2. 分析名物

雖然有些名物詞爲人所熟知，無需進行詞義訓釋，但《集成》對此類名物從"物種傳入""製作工藝""歷時變化""辨正名稱"等方面作了大量考證。如：

（1）考物種傳入

【蕃薯】《里》1492

萬曆中，閩人得之外國，瘠土砂礫之地皆可以種。蓋度閩海而南，有呂宋國，其國有朱薯，被野連山而是，不待種

---

① 此引文有出入。《續漢書·禮儀志》卷八："五月五日，朱索、五色桃印爲門戶飾，以止惡氣。"

74

植，莖葉蔓生，如瓜蔞、黃精、山藥、山蕷之屬，而潤澤可食，或烹或磨爲粉。其皮薄而朱，可熟食，可生食，可釀酒。彝人恡而不與中國人，中國人截取其蔓以來翦插，種之下地，數日即榮。《閩小紀》。按：吾邑蕃薯爲邑令王粤麟所遺，王，閩人也。

(2) 考製作工藝

【麪筋】《土》222

《老學庵筆記》云："仲殊長老遇毒，豆腐、麪筋、牛乳之類，皆漬蜜食之。""麪筋"字見此。方密之《物理小識》有《洗麪筋法》，云："麪十斤，鹽兩半，溫水和之，俟其發起按之、挏之，牽開有筋，則入水洗之，可得半成，餘滓澄爲小粉，無鹽則無筋矣。市以麩爲之。"

(3) 考歷時變化

【黃河原委】《證》2427

黃非本色也。"河出崑崙虛，色白。所渠幷千七百一川，色黃。"《爾雅·釋水》。或曰：是白河也。"崑山出五色流水，其白水入中國，名爲河。晉文公投璧於河，而曰有如白水"是也。《困學紀聞》六卷引《河圖》。或稱五河者，溯其始也。

(4) 辨正名稱

【茄子】《證》2444

"《酉陽雜俎》云：'茄子，一名落蘇。'今吳人正謂之落蘇。或云：'錢王有子跛足，以聲相近，故惡人言茄子。'亦未必然。"《老學庵筆記》二。案：今登萊人通呼爲茄子，音如怯平聲，亦作缺平聲。俗謂跛足爲茄子，正讀缺平聲也。茄本求迦切，在《廣韻·八戈》，方俗音轉耳。落蘇，說者言味如酪酥，假借之字也。

3. 考證歷史人物

《集成》對多位歷史人物進行了考證，主要考證角度一般爲生平事迹或分辨姓名身份等。在考證的過程中，作者注重引證史實，考證結果大多可信。如：

【梁顥狀元】《俚》48

世有造虛語、後人輒以爲實者，如梁顥狀元之類是也。俗慰人下第者，輒曰："梁顥八十二歲始中狀元。"按：《遯齋閒覽》："梁顥八十二歲，雍熙二年狀元及第，其謝啓云：'白首窮經、少伏生之八歲，青雲得路、多太公之二年。'後終祕書監，卒年九十餘。"此語既著，士大夫遂以爲口實。考《宋史》，梁顥，字太素，雍熙二年廷試甲科。景德元年，以翰林學士知開封府，暴疾卒，年四十二。子固亦進士四科，仕至直史館，卒年三十三。史臣謂顥："方當委遇，中途大謝。"又云："顥之穎秀，中道而摧。"明白如此，《遯齋》何爲造虛語以欺後人也？

【曹大家】《常談考誤》2188

《後漢書》："曹世叔妻，班彪之女，名昭，字惠姬。和帝數召入宮，令皇后、貴人師事之，號曰大家。兄固著《漢書》，未就而死，詔昭踵而成之。"家，音姑。家者，尊長之稱，如婦之于姑之義也。稱家爲姑，一見于此，再見于唐郎大家耳。田藝蘅《日札》乃謂大家有五，附會其不似者，何必爾？今人據字以讀，盡曰"大家"，豈不大誤？

4. 闡明禮制

中國是禮儀之邦，禮儀文化源遠流長，早在西周時期就出現禮制典籍《周禮》。所謂禮制，即是禮儀制度。張常耕等認爲："古代的'禮'有廣義和狹義之分。廣義的'禮'指一個時代的典章制度,狹義的'禮',則專指人們的行爲規範、規矩、儀節。"①《集成》收録的與禮制相關的詞條大多屬於狹義之禮,其内容可分爲記録考證禮儀和説明禮義兩個方面。

(1) 記録禮儀

記録考證禮儀即記載禮儀制度的内容、形式以及典禮程序規範并考證其流變。如：

【上頭】《直》399

女子加笄,俗云上頭,本不見所出,然《南史·華寶傳》：父戍長安,臨别謂寶曰："須我還,當爲汝上頭"云云。是言丈夫冠禮也。冠與笄等重,則上頭二字義通可知,《通俗編》泛引樂府、《香奩》詩及附引《南史》,以爲上頭不獨女子,語既褻,誤矣。

【男左女右】《直》400

《禮記》："三月之末,擇日翦髮爲鬌,男角女羈,否則,男左女右。"

【左右】《常談考誤》2190

漢制以右爲尊,以貶秩爲左,居高位爲右職,仕諸侯爲左官。……凡謂左戚右賢、居客之右、朝廷無出其右、右文之世,並用此意。自宋設左右僕射,……皆尚左,不復以右爲尊矣。今稱人貶官猶曰左遷,稱尚文猶曰右文,合于古,不合于今。然循習已久不可變,且語亦雅馴,故作詩文者,仍應用古爲是。

【唱喏】《俚》21

《餘冬序録》："作揖曰唱喏。"蓋古人作揖必作此聲,不

---

① 張常耕、黄福青、劉雙月：《中國古代文化常識》,河南大學出版社,1996年,第141頁。

默默於奓會間也。唱喏，引聲之氣也。宋趙志忠《虜庭事實》："虜揖不作聲，名曰啞揖。不如是者，爲山野之人，不知禮法，衆所嗤笑。契丹之人，手於胸前，亦不作聲，是謂相揖。"宋人以爲怪，則宋以前中國之揖作聲可知。今日承元之後，揖不作聲，久矣。而其唱喏猶存，官府升堂，公座典，皁排衙，獨引聲稱揖，豈非唱喏之謂乎？又楊升菴《丹鉛錄》云："古人作揖，未必作聲。"又引何休《公羊注》："以手通指曰揖。"指，意也。揖以敬人，以手通意，不作聲也。余謂唱喏之名，《禮經》未載，不知起自何時。按：《金史・儀衛志》："木契行勘，門仗宮①齊引聲喏。"則虜庭未嘗不唱喏。或云：喏者，揖之別名，而唱者，謂其引聲耳。又按：《武林舊事》："駕入敎場，諸軍向御殿唱喏。"又云："車駕所經，官司皆結綵門迎駕，起居俟駕，頭將至班首奏'聖躬萬福'，唱喏平身立。"又朱彧《可談》："富弼致政歸西都，常跨驢出郭，水南巡檢遇焉，伏謁道左，使其卒贊曰：'水南巡檢唱喏。'公舉鞭去。"則唱喏之名，宋人常言也。

(2) 説明禮義

説明禮義即是解釋説明製定禮儀之行爲規範的理論依據與深層内涵。如：

【妯娌】【姆嬭】《俚》14

《爾雅》："長婦謂稚婦爲娣婦；娣婦謂長婦爲姒婦。"注："今相呼先後，或云妯娌也。"又《史記・封禪書》"先後宛若"注："兄弟妻相謂曰'先後'。"今俗妯娌相呼姆嬭，又從子呼叔母，亦曰嬭。《五音篇海》："姆，女師；嬭，

---

① 當爲"官"之誤。

叔母也。"豈婦以夫之嫂爲師、故稱姆邪？《儀禮》："嫂者，尊嚴之稱。"既爲夫所尊嚴，則謂之姆師也。亦宜。其呼稚婦爲孀者，蓋亦從其子女之所稱耳。余又按：古人兄婦弟婦之稱，與今人稱謂不同。邢昺《爾雅疏》："長婦謂稚婦爲娣婦，娣婦謂長婦爲姒婦者，止言婦之長稚，不言夫之大小。"又《公羊傳》亦云："娣者何？弟也。"是以其弟稱娣，以其長稱姒，非因夫年長幼也。今人兄婦雖年幼，坐起必在弟婦之上，已非古禮。蓋以兄弟天倫之序，猶之可也。至於妻之姊妹，同出爲姨，而姨夫坐起不論夫之長幼，止論姨之大小，此出何典乎？又妻兄年少於己，坐起必在己之上；妻弟年長於己，坐起必在己之下，止論妻之兄弟，不論己之長幼，可謂謬妄之甚。而士夫家亦有恬然習染，不以爲怪，可笑也。或云：國初風俗朴陋，諸婿與諸女約會翁家，則男女同堂聚飲，長女與長婿聯席，次女與次婿聯席。弘正以後，士夫家男女不同席坐矣。姨夫坐席，猶不論己之年，而論姨之年，可乎？

5. 闡發思想理念

在考證的過程中，辭書的編者們往往藉題發揮，在行文中闡發自己的思想理念，表達自己對自然現象和社會現象的認識和看法。如：

【炎涼】《俚》5

炎涼勢態，古今皆然。

【三伏】《俚》6

俗謂小暑六月節後逢庚入伏，非也。《陰陽書》言："從夏至後第三庚爲初伏，第四庚爲中伏，立秋後初庚爲末伏，故曰三伏。"《曆忌釋》云："伏者，何也？金氣伏藏之日也，四時代謝，皆以相生。立春，木代水，水生木；立夏，火代木，木生火；立冬，水代金，金生水；惟立秋金代火，而金畏火，故至庚日必伏。庚屬金也。"《白帖》云："秋夏交會之辰，金火伏藏之日。"《史記》："秦德公二年初伏。"《索隱》注："周時無伏，至德公始作伏祠。"杜詩："三伏炎蒸定有無。"劉禹錫詩："金數已三伏。"

【釋氏】《雅》1909

　　朱子云："老莊滅絶義理，人倫未盡，至佛則人倫滅盡，至禪則義理滅盡。"自此説行，而老佛不啻射之矣。今案：宋儒闢二氏者曰虛無之教，乃觀之《詩》曰"無聲無臭"，《易》曰"無方無體"，孔曰"無可無不可"，曾曰"有若無"，吾儒未嘗以無爲諱也，安見儒語之不似佛、佛語之不通儒耶？大抵性命之理，孔子罕言之，老子累言之，釋氏則極言之者也。張商英曰："吾學佛，然後知儒誠爲篤倫。"

第三節　《明清俗語辭書集成》所收諸書的體例

　　《集成》所收的二十種俗語辭書的編排體例互不統一，無法一并説明其體例，若要逐一分析又太過繁瑣，我們曾在第一章第四節將二十種俗語辭書共分爲求義類辭書、釋義類辭書、溯源類辭書和教讀類辭書等四類，同類别的辭書在編排、釋義方式上有許多共通之處，這使得按類分析其體例成爲可能，因此，我們在此就采取這一方法分析二十種辭書的體例。

一、求義類辭書的體例

　　在《集成》所收的二十種俗語辭書中，屬於求義類辭書的有

第二章 《明清俗語辭書集成》概述

《常談考誤》《稱謂錄》《里語徵實》《俚言解》《目前集》《談徵》《土風錄》《（增訂）雅俗稽言》《證俗文》《直語補證》等十種。

1. 求義類辭書的編排模式

（1）收條原則

該類辭書除《稱謂錄》有較完整的體系外，其他諸書都屬於類似類書的札記性條目彙編，所收詞條大都來源於編者日積月纍的零星瑣記，故其收條範圍很不可好確定。這種輯錄方式從這些辭書的序言中可見一斑，如：

《雅俗稽言》吳炳序：

有會於心，隨筆之楮，有見必錄，有疑必參。大者自兩儀七曜、陰易時序、仙釋鬼神以至山川風土；小者自藝文雜技以至居處服玩、飛潛動植之類，無弗考證而該載焉。（1697－1698頁）

《談徵》吳煊序：

所謂老生常談，忽之則皆爲口頭話，而不知世間無一語無一字無來處也。不徵其故，真有日戴天而不知天，日履地而不知地……事必尋源，語必究實出。（1149頁）

《談徵》西厓自序：

凡有合於世俗之習爲常談者，摘而錄之，集若干卷，分爲名、言、事、物四部。（1150－1151頁）

81

《目前集》題詞：

　　目前之事宜無不知者，然以其目前，故知其不知也。有草於此事，俗稱名不合於《詩》《雅》，即不知也。……耳之所常聞，目之所常見，口之所常言，問其所以，則瞠然不能答，忽得人焉而解說之，亦一快也。（2109 頁）

　　另外，從這些序言中我們還可以看出，在收錄詞條的過程中，各書都共同遵循一個原則，就是考源正流。收錄這些詞條旨在考證詞語的最早用例，考證事物的興起原因以及得名之由，考察它們的歷時流變，并揭示其流俗訛誤。所以，祇要具有考源正流價值的詞條，不分古今中外以及雅俗之別，一并收錄其中。當然從收錄範圍上看，還是以常用詞語和常見事物爲主。

（2）立目方式

求義類辭書的立目方式大體有兩類：一是以言立目，一是以事立目。以言立目是指以詞語或字當作詞條的詞目，各辭書對字、詞、語詞目往往不加區分，互有雜厠；以事立目是指以對事實或事件的描述語作爲詞目，一般以短句的形式出現。

以言立目，如：

月暈（《雅》1725）、阡陌（《雅》1777）、及老表子（《談》1196）、皰（《目》2151）、酪（《證》2289）、辭不達義（《土》305）、依樣畫葫蘆（《土》320）、愛狗不欲訶（《目》2141）、千里不同風，百里不同俗（《里》1539）此處不留人，自有留人處（《土》374）、智，知。悅，說。汝，女。避，辟。悌，弟。強，彊。邠，豳。猶，由。（《證》2457）、生旦浄丑之義（《談》1196）。

另外還有一種特殊的詞目，即將被釋詞語作爲判斷句的賓語，以整個判斷句爲詞目，因這類詞目的重心依然在作賓語的詞語上，我們也將其歸入以言立目。如：

負物曰馱（《里》1454）、手牽物曰扯（《土》337）、師稱於弟曰友生（《里》1461）、齊人謂穅爲相（《證》2476）、女子及笄曰上頭，倡女初薦寢於人亦曰上頭（《證》2477）。

以事立目，如：

娶妻必以昏（《談》1303）、禾頭生耳（《俚》39）、土音杜（《常談考誤》2214）、行李往來，共其乏困（《證》2466）、田鼠化爲駕（《雅》220）、戴勝降於桑（《雅》225）。

(3) 分類方式

求義類辭書對詞條的分類形式各有不同，有的分類非常詳細，如《雅俗稽言》，全書四十卷，共分爲十八個門類，每個門類都標有類目，分別爲天文、天時、地理、人倫、飲食、宮室、冠服、器用、禮制、人事、人物、經説、史説、子説、詩文、字學、動物、植物，又於門類下又分若干小類，如把人事類又分爲姓氏、名字、稱謂、交際、雜記等五個小類；將人物類又分爲聖賢、官制、兵農、選舉、老幼、仙釋、鬼神、婦女、技術、僕隸、雜記和身體等十二小類。有的以卷爲門類，但不標注類目，如《證俗文》，全書分爲十九卷，大體上每卷爲一個門類，雖然未標類目，但據其内容仍可看出其以類相從的分類方式，并且非常清晰。在求義類辭書中，除了《直語補正》采取"隨手記存，不復類次"[①] 的編排方式外，其他九書皆或明或暗地對所收内容作了分類，分類方式主要有以下三種：

一是以類相從。

[①] 梁同書：《直語補正·卷首》，《明清俗語辭書集成》，上海古籍出版社，1989年，第397頁。

求義類辭書中大部分采取此分類方式。其中明確分類的有《雅俗稽言》《常談考誤》《稱謂錄》《談徵》和《目前集》。另外還有《證俗文》《俚言解》兩書雖未標類目，但編排順序基本上也是遵循了以類相從的原則。

二是以形相從。

此處所謂的"形"，并非是指字形部首，而指的是詞語的音節數量。這種分類方式按照詞語的音節由少到多依次排列。采取這種分類方式的辭書祇有《里語徵實》一種，其共分"一字徵實""二字徵實"直到"十字徵實"，外加"十二字徵實"和"十四字徵實"等十二類。

三是義形兼顧。

義形兼顧的分類方式是對前兩種分類方式的綜合運用。采取這種分類方式的辭書爲《土風錄》。它把全書十八卷內容按照兩種方式分類，一類采取以形相從的編排順序，按照詞語音節數量分別編排，如卷十四、十五爲單字（主要是俗語用字），卷十一爲三字語（主要是慣用語），卷十二爲四字語（主要是成語），卷十三爲多字語（主要是俗諺）。其餘內容則采取以類相從的方式，如卷一時令類，卷二民俗類，卷三衣飾類，卷四、卷五建築物產器用類，後有飲食類，人身、人事類，稱謂類、宗教類等類別，但卷別和類別不是嚴格對應的關係，往往在同一卷中會有不同類別的條目。

2. 求義類辭書的釋義模式

與其他三個類別的辭書相比，求義類辭書的釋義系統最爲完備，其基本釋義模式爲：詞目＋釋義＋注音＋書證＋按語。當然，各書的釋義模式并非整齊劃一，項目不一定完整，順序也并不一致。

有的詞條釋義模式完整,考證詳細,如:

【枇杷】《證》2335

樂器也。《釋名》:"枇杷,馬上所鼓。"《風俗通》作"批把",云:"近世樂家所作,以手批把,因以爲名……"《集韻》:"推手前曰批,引手後曰把。俗作琵琶。"《唐書》:"自下逆鼓曰琵,自上順鼓曰琶。"近代樂家所作,不知所起。傅玄《琵琶叙》云:"漢送烏孫公主,念其道遠思慕故國,使知音者於馬上作之。"案:段安節《樂府雜錄》謂即烏孫公主造,與此異。《古今樂錄》:"琵琶出於弦鞉,杜摯以爲興之秦末,蓋古長城役,百姓弦鞉而鼓之。"其撥謂之捩,《廣韻·十二霽》云:"捩,琵琶撥也。"《容齋隨筆》:"白樂天以琵字作入聲讀,如云:'四弦不似琵琶聲,亂瀉真珠細撼鈴。'又……皆入聲也。"案:不但此也,其《枇杷》詩:"深山老去惜年華,況對東溪野枇杷。"是枇杷果之枇,亦作入聲讀也。琶又叶音婆,其《小庭有月》詩"菱角執笙簧,谷兒抶琵琶……"是也。枇杷,果名,見《上林賦》注。案:琵琶又或作鞞婆,見《搜神記》。按:琶古音婆,其字遂作鞞婆,而《搜神記》以爲琵琶名與義無取也。

此條的釋義模式非常完整,詞目下先出編者自己的簡單釋義,後引《釋名》之釋義加以補充參證,又舉《風俗通》《集韻》《唐書》和《琵琶叙》説明得名之由,後加案語加以辨正、注音,又以讀音綫索解釋《搜神記》的異寫詞"鞞婆"。詞目、釋義、注音、書證、按語俱全。

但各書詞條的釋義模式并不都像上述詞條完整規範,考證也比較簡短。有的無自己的釋義,釋義完全來源於前人辭書或舊注;有的詞條爲日常所見,不需注音;有的釋義、注音皆無,祇有書證;有的述而不作,不加按語;有的跟釋義類辭書類似,祇出詞目注音和釋義,其他項目全無,比如《目前集》的"俗字"類中的詞條,但采取這種釋義方式的詞條祇占很少一部分。如此等等，形式比較自由，但大部分都有考證成分。比如：

【虛名】《俚》25

　　無實行謂之虛名。古謂之白望。望，即名也。俗稱名望。晉陳頵《遺王導書》曰："取才者，先白望而後實事。"于寶曰："當官者，以望空爲高，而笑勤恪。"望空者，虛名也。

【時氣病】《直》400

　　《山海經·東山經》："食之無癘。"郭注："無時氣病也。"

【沐猴】《常談考誤》2180

　　"沐猴而冠"，《漢書》注："沐猴，猴名，出罽賓國。"蓋即獼猴也。今以沐浴解之，殊爲未考。

【媦】《稱》695

　　《說文》："楚人謂女弟曰媦。"《公羊·桓二年傳》："若楚王之妻媦。"何休注："媦，妹也。"《唐書·宗室傳》："同安公主，高祖同母媦也。"

3. 求義類辭書的引證來源

引證對辭書來說非常重要，它是釋義必不可少的輔助手段。引證不僅能揭示釋義的音義來源，補充釋義之不足，也可以驗證詞語在句子篇章中具體的用法。不同時代的書證并舉，還可以讓讀者看到詞語意義用法等各方面的演變軌跡。求義類辭書非常注重考源溯流，故而引證範圍非常廣泛。從書證的對釋詞的作用來分，我們可以將求義類辭書中的書證分爲兩大類，一是音義來源書證，二是文例來源書證。音義來源書證是指各類古書中有關詞語、名物和風俗考證訓釋的內容，在俗語辭書詞條釋義的過程中，可以將這些考證和訓釋的成果直接吸收，故我們稱之爲"音義來源書證"。文例來源書證袛是各類文獻的原句，其本身不帶有考證成分，但可用來印證詞條釋義，或被用來作爲排比歸納詞語意義和用法的材料，也同樣不可缺少。這兩種不同用途的書證在求義類辭書中大量存在，不便盡舉，在每類中選取一些具有代表性的書目羅列如下：

（1）音義來源書證

這類書證主要引自以下三類文獻中：

一是小學類專著，包括各類字書、詞典、韻書等。如：

《說文》《爾雅》《方言》《釋名》《廣雅》《通雅》《埤雅》《玉篇》《急就篇》《字典》《字彙》《字林》《九經字樣》《干祿字書》《正字通》《六書故》《字補》《類篇》《廣韻》《集韻》《唐韻》《韻會》《篇海》等等。

二是經史子集文獻原文或注文。如：

《周易》《尚書》《詩經》《左傳》《公羊傳》《禮記》《周禮》《戰國策》《史記》《漢書》《後漢書》《三國志》《南史》《楚辭》《論語》《孟子》《莊子》《淮南子》《呂氏春秋》《經典釋文》《文選》《白虎通》《論衡》《水經注》等等。

三是考證性通俗文獻，包括通俗辭書、類書、筆記、雜書等。如：

《困學紀聞》《肯綮錄》《通俗文》《匡謬正俗》《博物志》《風俗通義》《嚴氏家訓》《世說新語》《老學庵筆記》《輶文筆記》《困學紀聞》《齊東野語》《夢溪筆談》《輟耕錄》《俗呼小錄》《述異記》《委巷叢談》《日知錄》《庶物異名》《中山紀略》《清異錄》以及《姑蘇志》等各地方志材料等等。

（2）文例來源書證

這類書證主要引自以下幾類文獻：

一是各類經史文獻原文。來源同上，不復列舉。

二是各類文學文獻，包括漢賦、唐詩（以杜詩居多）、宋詞（以蘇軾的詞居多）、唐宋古文、釋氏語錄等。

三是名人書札等散雜材料。

二、釋義類辭書的體例

釋義類辭書是指衹釋義而不做考證又不列書證的辭書。此類辭書衹包括《軍語》《（新刻徽郡原板諸書直音）世事通考》兩種。後者其實爲兩書合印，即《諸書直音》和《世事通考》。

1. 釋義類辭書的編排模式

（1）收詞原則

《諸書直音》收錄的皆爲字，其收詞原則是"難"，即專收難認讀之字。

《世事通考》是以收錄通俗常用的字詞爲主，故收錄的絕大部分爲明代的常用字詞。

《軍語》收錄範圍非常確定，即皆爲軍事用語。

（2）立目方式

三書的立目方式皆屬"以言立目"，其中《諸書直音》每字即爲一目，《世事通考》和《軍語》則皆以詞語立目。

（3）分類方式

三書的分類都很清晰，共有兩類分法。

一是以出處爲依據分類。采用這種分類法的是《諸書直音》，按照出處不同，該書分爲《四書》難字、《詩經》難字、《書經》難字、《周易》難字、《春秋》難字、《禮記》難字、小學難字等幾個類別，依次排列。

二是以類相從的分類法。《軍語》和《世事通考》皆采用此法分類。如：

《軍語》按照義類，將詞條分爲戰事軍語、隊形軍語、地形軍語、行軍軍語、駐軍軍語、宿營軍語、供給軍語和工程軍語等八類，并於卷首標列目錄。

《世事通考》分類甚爲苛細，共分爲六十類。如：天文、地理、時令、人物、文職公署（附《文官服色歌》）、武職公署（附《武官服色歌》）、身體、病症、俗語、百工、商賈、釋道、農業、女工、婚姻、喪祭、數目、訟獄、花、草、竹、木、藥名、五穀、蔬菜、菓品、葷食、素食、酒名、屠宰、禽、獸、魚、蟲、馬器名色、衣冠、首飾、靴鞋、絲帛、顔色、寶貝、銀色、雜貨、船隻、宮室、木料、木器、竹器、漆器、酒器、瓷器、瓦器、石器、米器、樂器、玩器、文器、農器、鐵器、軍器等，皆以義類相從。

2. 釋義類辭書的釋義模式

《諸書直音》收録的皆爲難認或易誤讀之字，祇有注音，全無釋義與書證。注音方式有兩種，對於生僻難認的字，一律采用"詞目＋音某"的直音方式注音；對於常見、但有兩讀容易讀錯的字則采用"詞目＋某聲"的方式標注聲調。

《世事通考》收録的皆爲明代通俗常言，由於常見，所以釋義非常簡潔，極少數字詞有注音，注音方式一般采用"詞目＋音某"的直音法。既注音又釋義的詞條一般注音在前，釋義在後。有些詞條既無釋義又無注音。所有詞條皆無書證。

《軍語》的釋義方式是"詞目＋釋義"模式，釋義皆爲直訓，無注音，無書證。

三、溯源類辭書的體例

此類辭書祇對詞語進行歷史溯源，搜求詞語的文獻出處，對其意義不加解釋，更不作考證。此類辭書包括《常談搜》《常語尋源》《俗語考原》《通俗常言疏證》《新名詞訓纂》和《異號類編》等六種。

1. 溯源類辭書的編排模式

（1）收詞原則

此類辭書的收詞原則總體上爲"今語溯源"，即所收錄條目要符合兩個條件：一必爲常見習語，二可以在古代文獻中找到出處。需要說明的是，這裏所說的"常見習語"不僅包括常用俗語方言，還包括當時常用的雅語，如《常談搜》全書四卷，前兩卷即專門收錄"雅類"詞語。"今語溯源"的編纂目的從《常談搜》《常語尋源》《俗語考原》《通俗常言疏證》等書的書名上即可看出一二。各書序言也多有說明，如：

《常談搜·弁語》寫道：

> 天下有常談語句，操觚家習知之，及叩其出處，則老生宿儒或有不能驟應者矣，且踵譌襲繆，相承而不知其非……余習舉業時，流覽諸籍及制藝、試帖、各家注釋，有所蒐引，即筆之於編，并參互補益，以自省覽，兼示子姪，俾知作文不可一字不知來歷。（425 頁）

《通俗常言疏證·自序》寫道：

> 余爲此書，以元人爲先河，使人知事有相承，因而求之，以通古籍，不盡墮文字爲白話，或亦通俗教育之一助。（1028 頁）

第二章 《明清俗語辭書集成》概述

（2）立目方式

各書立目皆屬以言立目，語詞未分立。在四類辭書中，此類辭書以"語"立目的比重最大。

（3）分類方式

此類辭書對詞條的分類有兩種標準，一是以類相從，二是以形相從。具體分類情況如下：

采用以類相從分類方式的占多數，有《常談搜》《通俗常言疏證》《新名詞訓纂》和《異號類編》四書。

《常談搜》四卷，詞語以雅俗風格分類，一二卷爲"雅類"，三四卷爲"俗類"，各類之内隨機排列。

《通俗常言疏證》全書詞條共分四十類，皆以義類相從，如：天地、天文、時日、地理、水火、宫室、朝署、家族等等之類。

《新名詞訓纂》四卷，共分政、學、語、物四類。

《異號類編》二十卷，其中一至五卷爲"稱美"，卷六"隱諷"，卷七"嘲謔"，卷八、卷九爲"嗤部"，卷十"憎畏"，卷十一"誣詆"，卷十二、十三"自表"，卷十四"帝王（附：潛竊）"，卷十五"宫闕（附：娼妓）"，卷十六"釋道"，卷十七"盜賊"，卷十八"聯稱"，卷十九"耦舉"，卷二十"世家"。

另有《常語尋源》和《俗語考原》兩書采用了以形相從的分類方式，以形相從又分出兩個標準：《常語尋源》以詞語首字的筆畫數量爲標準，《俗語考原》則以詞目音節數量爲標準，皆按數量由少至多排列。

2. 溯源類辭書的釋義模式

此類辭書一般祇列出揭示詞語出處的書證，無注音和釋義。祇有《常語尋源》偶加簡短的按語，并無考證成分。此類辭書的基本釋義模式爲"詞目＋書證"。

91

3. 求義類辭書的引證來源

由於對詞語不加釋義，故而求義類辭書的引證來源皆爲"文例來源書證"，其基本範圍爲如前所述的各類經史文獻原文以及釋典百家著作。但各書互有參差，比如：《通俗常言疏證》則自經傳至詞曲小說皆作爲書證，故收錄了很多近代戲曲小説的例證。而根據鄭志鴻在例言中的自述，《常語尋源》則劃定了如下收錄範圍：（2235 頁）

　　所徵引多出經史子集及釋典百家雜出之書，近見有註釋引《西廂記》《水滸》者，殊非大雅，未敢學步。
　　四子書及《詩》《書》《易》《禮》等經，人人能讀能記……故凡出以上各經者，概不贅列。

四、教讀類辭書的體例

這類辭書衹收錄通語常用口語詞彙，標明正確讀音，偶爾也加些釋義，實質上是用來教授外國人或方言區人們學習漢語通語的教科書，包括《官話匯解便覽》和《正音撮要》兩種。

1. 教讀類辭書的編排模式

（1）收詞原則

此類辭書是供人們學習官話的教讀資料，故而其收錄內容以"便於教讀"爲原則。所收條目皆爲日常所用的官話詞語和句子，口語性非常强。

（2）立目方式

皆以言立目，詞目包括官話系統中的詞語和句子。

（3）分類方式

《正音撮要》采用以類相從的方式分類排列詞條，分爲天文、地理、時刻、都邑、宮室、屋料、衣冠、水火、飲食、五穀等等類別。

《官話匯解便覽》則采用義形兼顧的分類方法。先依義類將條目分爲口頭套語、笑談便話、時事常談、身體舉動等類別，在每一類別當中，詞條則依照音節數量由少到多排列。

2. 教讀類辭書的釋義模式

兩書皆采用對照式的釋義模式，以官話詞語、句子爲目，旁邊或下方標注方言與之對照。對難認之字則采用反切法或"某，音某"的直音法注音，有的還標注又音。一律不舉書證。

第三章 《明清俗語辭書集成》的求義方法探析

第一節 《明清俗語辭書集成》的求義方法

衆所周知，早在東周時期的文獻中就出現了訓詁的事實，但當時還没有訓詁之名，直到漢代纔出現了"訓故"一詞，《漢書·儒林傳》："誼爲《左氏傳訓故》。"《後漢書·張衡傳》："著《周官訓詁》。"始見今名。至於對訓詁方法的探討，更是很晚以後纔出現的。宋人戴侗曾主張因聲以求義，他在《六書故·六書通釋》中説："夫文字之用，莫博於諧聲，莫變於假借。因文以求義而不知因聲以求義，吾未見其能盡文字之情也。"① 清人戴震也善於運用"因聲知義"的方法，他説："字書主於故訓，韻書主於音聲，然二者恒相因。音聲有不隨故訓變者，則一音或數義；音聲有隨故訓而變者，則一字或數音……凡故訓之失傳者，

---

① （宋）戴侗撰；党懷興、劉斌點校：《六書故》，中華書局，2012年，第12頁。

於此亦可因聲而知義矣。"① 并撰《轉語》一書，從聲轉的角度探索語源。其弟子段玉裁在此基礎上又提出"形音義互相求"的訓詁方法，他説："小學有形，有音，有義，三者互相求，舉一可得其二。有古形，有今形；有古音，有今音；有古義，有今義，六者互相求，舉一可得其五。……聖人之製字，有義而後有音，有音而後有形。學者之考字，因形以得其音，因音以得其義。治經莫重於得義，得義莫重於得音。"② 近代學者章太炎非常明晰地總結出訓詁的三種方法，他在給章士釗的信中説："訓詁之術，略有三途：一曰直訓，二曰語根，三曰界説。"③ 黄侃贊同章炳麟的觀點，他把三種訓詁方式叫做：一曰互訓，二曰義界，三曰推因。④ 朱宗萊又在其講義《文字學形義篇·義篇·訓詁舉要》中説："古書中訓詁之例至繁，不遑悉述，約舉其類大別有七。"分別是："一形訓例""二音訓例""三義訓例""四以共名釋别名例""五以雅言釋方言例""六以今釋古例""七以此況彼例"。⑤ 其中的"形訓""音訓"和"義訓"説法曾經流行一時，爲多位學者所認同，如朱星認爲："訓詁主要的方法不外三種：一是義訓，如《爾雅》。二是形訓，如《説文解字》。三是聲訓，如漢劉熙《釋名》，以聲同義近字爲訓。"⑥ 陸宗達、王寧將訓詁之法歸納爲"以形索義""因聲求義"和"比較互證"三種。⑦ 以上都

---

① （清）戴震：《戴震集》，上海古籍出版社，2009年，第55頁。
② （清）段玉裁：《廣雅疏證序》，（清）王念孫：《廣雅疏證》，江蘇古籍出版社，1984年，第2頁。
③ 章太炎：《與章行嚴論墨學第二書》，《華國月刊》，民國12年，第1卷，第4期。見章太炎著；馬勇編：《章太炎書信集》，河北人民出版社，2003年，第787頁。
④ 黄侃講；潘重規記：《訓詁述略》，《制言》（半月刊）1935年第7期，第1頁。
⑤ 朱宗萊：《文字學形義篇》，北京大學出版部，1936年，第28-32頁。
⑥ 朱星：《試談新訓詁學》，《河北師範大學學報》1981年第1期，第18頁。
⑦ 陸宗達、王寧：《訓詁方法論》，中國社會科學出版社，1983年，第28頁。

第三章 《明清俗語辭書集成》的求義方法探析

屬於傳統的三分法的範疇。吳孟復在此三分法的基礎上又增加了"代言"和"義界",使之成爲五種。他所謂的"代言"即"以一個詞解釋另一個詞,古人稱爲'異言相代',簡稱'代言'或'代語'。從形式説,有點象現代的'今譯'。"又:"與'代言'不同的是'標明義界'的方式,簡稱'義界'。它用若干詞語來表述一個詞的義藴。"① 而齊佩瑢則認爲訓詁方法祇有兩種,即"音訓"和"義訓"。② 程俊英、梁永昌認爲有四種方法,除了"以形求義""因聲求義""比較互證"以外,加上了"目驗和統計"。他們説:"目驗就是親自在實際中觀察。這是一種求知的方法,也是驗證某種思想觀念正誤的方法。自然科學家可以用它於實驗,語言研究則可以把它用於名物訓詁,用於語言名實關係的考訂。"又:"統計是用數學計算的方法取得與某些現象有關的資料,用資料來説明或驗證某種見解和觀念。"③ 以上這些都是在傳統三分法基礎上的修修補補,其基本格局沒有發生大的變化。直到郭在貽在其《訓詁學》一書中提出了八分法,纔讓人感覺到耳目一新,他説:"有的訓詁書把訓詁的方法概括爲形訓、聲訓、義訓,又有的概括爲互訓、義界、推原,我們認爲這些都是訓詁的條例或方式,而不是方法。我們所説的方法,是指一個陌生的詞兒擺在面前,我們采用什麽樣的手段,纔能使它由未知變爲已知。這種由未知求得已知的手段,便是我們所説的方法。概括言之,約有如下數端:一曰據古訓,二曰破假借,三曰辨字形,四曰考異文,五曰通語法,六曰審文例,七曰因聲求義,八曰探求

---

① 吳孟復:《訓詁通論》,安徽教育出版社,1983年,第98和106頁。
② 齊佩瑢:《訓詁學概論》,中華書局,1984年,第96頁。
③ 程俊英、梁永昌:《應用訓詁學》,華東師範大學出版社,1989年,第149和154頁。

語源。"① 陸忠發將郭氏八法之前的訓詁方法如"形訓""聲訓""義訓""義界"等稱爲"釋義之訓詁的方法",將郭氏訓詁方法稱爲"求義之訓詁的方法"。② 楊琳認爲郭氏分法意義重大,他説:"這一説法廓清了以往在訓詁方法上的模糊認識。我們必須把解釋詞語時的表述方式和考求詞語未知信息的方法區别開來。"③ 并在此基礎上提出了自己的可"考求詞語未知信息"的訓詁方法,他先將訓詁方法分爲兩大類,即"静態訓詁法"和"動態訓詁法",其中静態訓詁法包括"因形求義法""因聲求義法""詞例求義法""方言求義法"和"異語求義法";動態訓詁方法包括"連文求義法""對文求義法""文例求義法""異文求義法""義理求義法""名字求義法"和"文化求義法",共計十二種方法。④ 其中有不少新的見解。

可見,訓詁的方法從無到有、從零星到系統、從籠統到詳細、從"訓詁的條例或方式"到真正的求義方法,經歷了幾代人的反復推敲和論證纔得以初步形成。訓詁求義的方法正朝着多樣化發展,實用性和可操作性越來越強。

在第一章中,我們將《集成》諸書分爲"求義類辭書""釋義類辭書""溯源類辭書"和"教讀類辭書"四類,由於除了第一類外,其他三類辭書考證成分不多或者乾脆没有考證成分,所以,我們在此主要探討求義類辭書中的求義方法。從前邊的叙述可知,如今的訓詁方法越來越趨於多樣化,分類也越來越細緻,動輒十幾種。之所以有如此衆多的訓詁之法,是因爲其分析對象爲數量龐大、種類繁雜的歷代古籍,當然需要更多的手段去分

---

① 郭在貽:《訓詁學》,湖南人民出版社,1986年,第79頁。
② 陸忠發:《現代訓詁學探論》,浙江大學出版社,2008年,第14頁。
③ 楊琳:《訓詁方法新探》,商務印書館,2011年,第8頁。
④ 楊琳:《訓詁方法新探》,商務印書館,2011年,第10頁。

析。但具體到《集成》這樣研究範圍固定、收錄資料有限的數本書中，其求義方法就不一定樣樣俱全。經過對十種求義類辭書全部詞條訓釋内容的歸類排查，我們共發現以下幾種求義方法，分别是"據古求義""析形相證""因聲求義""析詞審義""比較互證""文化求義""方言求義""異文求證"等八種。具體如下：

一、據古求義

這種訓詁方法是郭在貽首先提出的，在他的八分法中稱這種訓詁方法爲"據古訓"。方一新將這種方法稱爲"依據古訓"。① 利用這種方法釋詞就是合理吸收前人已有成果，在字書、辭書、韻書等小學專著以及古籍注解中查找與被釋詞語相關的語義信息，并結合被釋詞語所處的語境，給被釋詞語選擇一個合適的義項，以達到釋詞的目的。傳統訓詁大多關注的是上古文獻，所據古訓也盡數出自經典注解和《説文》《方言》《爾雅》《廣雅》《廣韻》《集韻》等經典小學著作，而將時人認爲是"不登大雅之堂"的通俗類著作排除在外，其中的詞語注解資料一般不作爲援引的對象。時至明清，在李贄等人的倡導下，人文主義思想觀念大爲轉變，他們反對依傍權威，注重人的存在價值，通俗的市井文學大興，加之以顧炎武爲代表的一批學者提倡反空談、重考據的學風，在這兩股合力的作用下，有些文人將目光轉嚮了對通俗詞語的輯録考釋，於是出現了一大批注重考據的俗語辭書。與傳統訓詁不同的是，這些辭書在考證詞語意義時，雅俗并重，不但注重吸收傳統小學專著和古籍注解的釋義成果，還援引了前人和同時代的筆記、類書、雜録、方志等著作中的大量有價值的語

---

① 方一新：《訓詁學概論》，江蘇教育出版社，2008年，第202頁。

言材料，這大大擴充了"古訓"的範圍，爲求義帶來諸多方便。《集成》求義所據古訓主要有以下三個方面的來源：

1. 小學類著作

這些著作主要是指古代字書、辭書等。其中援引《説文》《廣韻》《類篇》《廣雅》等經典字書、辭書最爲常見。如：

【太陽】《俚》3

　　俗呼日爲太陽。《説文》："日，實也，太陽之精①。"

【敠席】《俚》30

　　敠，音銃。《字學集要》："飲酒不請自來曰敠。"俗作衝席。

【餪盤】《土》192

　　嫁女三日，饋熟食曰餪盤，亦有出。丁度《集韻》云："婚二日而宴，謂之餪。"《廣韻》："女嫁三日送食曰餪。"《字林》譌作煗，注云："饋女也。"煗，即嫩字。

【僧道覷錢】《土》195

　　僧道法事畢，與之錢曰覷錢。案：《玉篇》"覷"注："覷，錢也。"《正字通》云："供齋下覷禮。"俗語所謂有齋有襯，當爲此字。《廣韻》："與嚫同。嚫，施也。"

【屏營】《證》2387

　　《吴語》："屏營傍偟於山林之中。"《廣雅》："屏營，怔忪也。"

【書】《證》2406

　　"著也。"《説文》。"如也。"《説文·叙》，"古曰名，今曰字。"

---

① 後脱"不虧"二字。

第三章 《明清俗語辭書集成》的求義方法探析

【帢】《證》2299

《埤倉》："帽也。"《廣韻》："帢，乞洽切，弁缺四隅。"《集韻》："帢，士服也。"《類篇》："或作𢃄、帢、㡊。"

2. 前人注解

這類注解主要是指前人對經書、史書以及經典文學作品所作的注疏等考釋內容。比如：

【雷同】《俚》4

言語文詞相同謂之雷同。《曲禮》"毋雷同"注："雷之發聲，物無不同時應者。"《楚辭·九辨》："世雷同而炫曜。"晦庵注："雷聲相似，有同無異也。"《後漢書·朱暉》云"順旨雷同"，注："雷震驚百里。"而《周禮》"百里一同"。故事無可否而同之者，謂之雷同。

【登時】《俚》7

登時，猶言即時、當時也。當讀去聲。《唐書》田弘正笑劉悟曰："聞除改，登即行矣。"胡三省《通鑒》注："登即行，言登時行也。"《律條》："凡夜無故入人家，主家登時殺死勿論。"按：韻書："登，升也，進也。"又"成也，熟也。"無即時、當時之義，"登時"蓋方言耳。

【火筒】《土》204

竈下炊火具曰火筒，見《淮南子》"鼓橐吹埵，以銷銅鐵"注："吹火筒也。"俗轉筒爲通。

【終葵】《證》2368

《考工記》："大圭長三尺，杼上，終葵首。"鄭注："終葵，椎也。"

【無慮】《證》2378

《禮·禮運》："非意之也。"鄭注："意，心所無慮也。"孔疏："無慮，即慮無也。"案："慮無"二字見《左氏·宣十一年

101

傳》，杜注云："慮事，無慮計功。"孔疏云："無則慮之，詎則計功也。"《十二年傳》杜注："備慮有無也。"孔疏："明爲思慮其所無之事，使知而爲之備也。"

【金吾】《證》2379

《漢書·百官公卿表》："中尉，秦官，武帝太初元年更名執金吾。"師古曰："金吾，鳥名也，主辟不祥。天子出行，職主先導，以禦非常，故執此鳥之象，以名官。"

3. 類書、筆記、雜錄等文獻

在此類文獻中，有相當數量的屬於通俗文獻，其中包含大量語言、名物和民俗的考證內容，與俗語辭書收錄內容多有相合之處，非常適合作俗語辭書詞語求義的參證。如：

【天花版】《土》214

王志堅《表異錄》云："綺井，亦名藻井，今俗曰天花版。"案：林坤《誠齋襍》記載："元遺山妹爲女冠，文而豔，張平章往訪之，方自手補天花版。"是其稱已久。

【注子】【酒鱉】【自斟壺】【滴蘇】《土》203

酒壺曰注子，見鄭獬《觚記注》。唐時有注子，名偏提。呂氏《言鯖》云："唐鄭注爲相，民間呼注子曰自斟壺。"明人《山家清事》云："偏提即今之酒鱉。"按：酒鱉之稱，以其形似也。又曰："滴蘇當爲急須之譌。"沈括《忘懷錄》有："行具二肩，其附帶雜物，內有虎子、急須子。"陸容《菽園雜記》云："急須，溺器也。以其應急而用，故名。趙襄子漆智伯頭爲飲器。注：'飲，於禁切，溺器也。'今人以煖酒器爲急須，飲字誤之耳。吳音須與蘇同。"又轉急爲滴，遂呼爲滴蘇。

【鐺】《證》2312

釜屬。楚庚切。《通俗文》："鬴有足曰鐺。"《緯略》："三足溫酒器也。唐薛大鼎、賈敦頤、鄭德本,號鐺腳御使。"

二、析形相證

從性質上説,漢字基本上是表義文字,是形音義的統一體。在傳統"六書"的"象形""指事""會意""形聲"四種造字法當中,都有以形見義的成分。戴震曾提出"四體二用"之説:"指事、象形、諧聲、會意爲書之體,假借轉注二者,爲書之用。"① 依照此説,"轉注"和"假借"兩種爲用字之法,不産生新字,"四體"纔是真正的造字之法。這樣一來,從造字的角度看,形對義的揭示作用就無處不在了,所以在考釋字義的過程中,析形相證是一種重要的手段。這種手段早在《説文解字》中就被全面使用了,在當今的訓詁學中,依然風行不衰。在《集成》中,析形相證的方法被用來解决兩個方面的問題:一是通過分析字形來尋求文獻用字之本字;二是析形證義,即通過分析字形來探求字義。

1. 析形求本字

在長期的使用過程中,由於文獻傳抄和用字習慣等原因,文字往往會被改寫本形、誤爲他字,從而破壞音義之間的對應關係,給字義的理解帶來諸多困難。正確分析字形,尋求其造字之意,往往可以達到辨誤得正的目的。比如:

【偷瓜窅】《土》234

舊《蘇府誌》"刺蝟"注云:"俗名偷瓜宵。"按:宵,當爲"窅"字之訛。窅,音血,鑿穴居也,以其好竊瓜,常負以入穴,故名。宵,音香,目深皃。

---

① 轉引自姚孝遂主編;劉釗等著:《中國文字學史》,吉林教育出版社,1995年,第311頁。

按：《説文·目部》："窅，深目也。从穴中目。"而"刺蝟"（刺猬）的形貌不具備這個特點，以"窅"稱之於義無徵。而考察與其形近的"窑"字，《集韻·質部》："窑，鑿穴居也。"正與刺蝟穴居之習性相符，故可知，"窅"是"窑"的形誤，字當爲"窑"明矣。

【物投水聲曰丼】耽上聲《土》342

丁度《集韻》："丼，又都感切，投物水中聲。"按：《説文》丼，即井字，"八家一井，象構幹形，中从丶，䍃之象形也。"古者以缾䍃汲水。吳氏《字彙補》有"夲"①字，注："東敢切，石擊水之音。"云"見宋人俗書"。今俗又轉其音曰凍，亦曰谷凍。

按：《説文·井部》以"丼"代"井"，《正字通·丶部》亦云："丼，同井。""丼"與"井"本爲異體字的關係，"丼"中"丶"是指示井的用途，即可以用缾䍃從中汲水，而不是投物於水中。《集韻》以"丼"爲"投物於水中聲"，是將"丶"看作投擲之物，與本義不合，應爲借形字。

【㐭皮】《直》398

俗以曬穀竹簟曰廩皮，當作㐭。村人曬穀，燥後，以圓竹器爲底簟，四周之上加以蓋，如高廩也。㐭象形，見《説文》。皮，言在外如皮之裹肉，又方幅，舒卷如革也。

按：此條從象形的角度分析"㐭"的字形是"圓竹器爲底簟，四周之上加以蓋，如高廩也"是正確的，"㐭"上之"亠"正是"蓋"形，陳夢家分析甲骨文的"㐭"字可證。他説："㐭

---

① 《字彙補》原作"夲"，釋爲："東敢切，音膽，石擊水之音，見宋人俗書。"見吳任臣：《字彙補·子集·人部》，第5頁。(明)梅膺祚撰；(清)吳任臣編：《字彙　字彙補》，上海辭書出版社，1991年影印本。

作㐭，象露天的穀堆之形，今天的北方農人在麥場上作一圓形的低土臺，上堆麥稈麥殼，頂上作一亭蓋形，塗以泥土，謂之'花籃子'，與此相似。㐭是積穀所在之處，即後世倉廩之廩。"① 㐭爲初字，廩爲後起字可知。《説文·㐭部》："㐭，穀所振入，宗廟粢盛，倉黄㐭而取之，故謂之㐭。从入，回象屋形，中有户牖。凡㐭之屬皆从㐭。廩，㐭或从广从禾。"將"㐭"視爲从入，又將"回"看作"象屋形"，其實是錯誤地分析了字形。

【肥曰胖】《里》1443

胖，音攀，俗呼肥大者曰胖子，胖當作伴。《説文》："伴，大貌。"今字書伴只訓伴侶、伴奂，而未引《説文》"大貌"，故不知爲肥胖也。伴，讀盤去聲，俗呼旁去聲，音相近故也。又按：伴侣應作妋侣。《説文》："妋，并行也，从二夫。"二夫則侣矣，半人安得爲侣乎？伴之訓大，蓋一人有半則大也。《太學》"心廣體胖"亦應作伴，古注："大也。"《説文》無胖子②。

按：其實《説文》有"胖"字，在肉部："胖，半體肉也。一曰廣肉。从半从肉，半亦聲。普半切。"又《玉篇·肉部》："胖，牲之半體也。"既爲會意兼形聲之字，胖本義應爲"半體肉"，"廣肉"義由"伴"而來，故肥大義的本字應爲"伴"。又"妋"從二夫會意，本義當爲"伴侶"，故今之"伴"本應爲"妋"。胖、伴、妋遞相借用，情況複雜，但通過字形分析，依然能清晰看清其來龍去脉。

【挌殺本挌殺】《里》1489

挌，《説文》："擊也。"《魏志·任城王傳》："手挌猛

---

① 陳夢家：《殷虚卜辭綜述》，中華書局，1988年，第536頁。
② "子"當爲"字"之誤。

獸。"義取於手，今誤以木，作格殺。

按：《説文·木部》："格，木長皃。从木各聲。"與手無關。因形近誤代"挌"義。《後漢書·陳寵傳》："斷獄者急於笞格酷烈之痛。"李賢注："格，擊也。"正與《説文》"挌"義同。

2. 析形解義

獨體的古文字形往往是從象形的基礎上發展而來的，所以從其字形當中常可尋到其意義的來源。而合體字中的義符又多由獨體字充當，所以分析合體字的義符亦可提示其意義類屬。比如：

【尾巴】《土》254

尾曰尾巴。按：《正韻》"巴"字注："又尾也。"《正字通》云："方俗有尾巴語，經傳不載。"是此言起於明初。○巴，本蛇蟲之名，篆作㠺，象長尾形，尾巴之名殆取此。

按：《説文·巴部》："巴，蟲也。或曰食象蛇。象形。"居延漢簡作"㠺"更像長尾之蟲。據殷寄明考證，"芭，芭蕉""把，器物之把柄""髻，髻貌""鲃，魚名""笆，竹子的一種""羓，男性、雄性生殖器"等字皆有"長而圓"之義，其義源就是"巴"字長圓之形，他説："動物的尾巴亦長圓之物，本可以'巴'稱之。"① "尾巴"爲同義連文，今將尾巴之巴視作詞尾，其義已虛化。

【跬步】《談》1228

跬，《玉篇》："舉一足行也。"步，《白虎通》："人再舉足步，備陰陽也。"② 司馬法：六尺曰步。跬得三尺，俗謂之小步。人行左步爲彳音斥，行右步爲亍音祝，合則爲行。

---

① 殷寄明：《漢語同源字詞叢考》，東方出版中心，2007年，第34頁。
② 此句應爲"人再舉足曰步，備陰陽也。""步"前脱"曰"字，"備"誤爲"傋"。

106

按：《説文・彳部》："彳，小步也。象人脛三屬相連也。"篆作"彳"；又："亍，步止也。从反彳。"篆作"亍"。認爲左步爲"彳"，右步爲"亍"應本此。但認爲"行"爲此兩字的合體則是錯誤的，行，甲骨文作"𠘧"，本義爲道路。

【謡言】《談》1232

《爾雅》曰："徒歌曰謡。"《説文》"謡"作"䚻"，注云："从肉言。"今按：徒歌，不用絲竹相和也；肉言，歌者人聲也，出自胷臆，故曰肉言。童子歌曰童䚻，以其言出自胸臆，不由人教也。晉孟嘉云："絲不如竹，竹不如肉。"唐人謂徒歌曰肉聲，即《説文》"肉言"之義也。

按：䚻，本從肉從言會意，表示無伴奏而歌。今作謡，肉下言訛爲缶，左又加言旁，致一字中有兩"言"，是因不明古形而致義符重複。

【委蛇魚雅】《談》1236

《詩》言"委蛇"，晉張華："儒雅有籌畧。"由是稱不迫者曰"委蛇"，不俗者曰儒雅，不知委從禾，取禾垂穗委曲之貌；蛇本蛇虺，其行紆曲，言大夫動而有法，若禾穗之垂與蛇行也，故沈讀作"委委蛇蛇"。①

按：《説文・女部》："委，委隨也。从女从禾。"徐鉉曰："委，曲也，取其禾穀垂穗委曲之兒，故從禾。"即順從之義，是委的本義。"不迫"義由此引申而來。

三、因聲求義

所謂因聲求義，顧名思義，就是以字詞的讀音爲綫索來探求

---

① 見陸德明《經典釋文・詩・羔羊》。"沈"即沈重，字德厚，南朝齊吴興武康人，著《毛詩音》二篇。

其意義。雖然漢字的字形能在一定程度上揭示其意義，但在使用流傳的過程中，漢字往往會產生同音假借、字形訛誤、同詞異寫等現象，加之記錄某些詞語（特別是方言詞語）時字無定寫，在這樣的情況下，若祇拘泥於字形就很難解決問題。而語音是語言的物質外殼，語音與語義的關係非常密切，因此，通過語音探求詞語意義的方法更爲奏效。南宋戴侗首倡因聲求義法，時至古音研究大爲興盛的清代，此法更是得到了廣泛的應用。王念孫在《廣雅疏證序》中將這一方法闡述得特別透徹："竊以訓詁之旨本於聲音，故有聲同字異，聲近義同，雖或類聚群分，實亦同條共貫，譬如振裘必提其領，舉網必挈其綱，故曰'本立而道生'，知'天下之至賾'而不可亂也。……今則就古音以求古義，引伸觸類，不限形體。"① 在《集成》中，因聲求義的方法應用得也非常普遍，其因聲求義的方式主要有三種：一是繫聯同源詞，二是揭示轉語，三是辨明通假。

1. 繫聯同源詞以釋義

王力曾給同源字下過一個定義："凡音義皆近，音近義同，或者音同義近的字，叫做同源字。這些字都有同一來源。……同源字，常常是以某一概念爲中心，而以語音的細微差別（或同音），表示相近或相關的幾種概念。"② 又："這樣我們所謂同源字，實際上就是同源詞。"③ 從中我們可看出，判斷一組同源詞的條件有兩個，一是要有音同、音近的語音關係，二是各詞必須具有相同的源義素。從音同、音近的角度入手去尋找詞與詞之間的共同義素，其實就是以共同的義源來繫聯同源詞的過程，如繫聯

---

① 王念孫：《廣雅疏證》，江蘇古籍出版社，1984年，第1頁。
② 王力：《同源字典》，商務印書館，1982年，第3頁。
③ 王力：《同源字典》，商務印書館，1982年，第5頁。

第三章　《明清俗語辭書集成》的求義方法探析

成功，則釋義也就完成了。在《集成》中有不少用這樣的方法求義的例子。如：

【手鐲】【手蠋】《俚》32

鐲，音蜀，又音濁。《周禮·鼓人》："以金鐲節鼓。"注："鐲，鉦也，形如小鍾。"今人稱臂環曰手鐲，蓋方言也，考鐲字於臂環無所取義。按：韻書："葵中蟲曰蠋。"又："桑蟲曰蠋。"《詩》"蜎蜎者蠋"是也。金銀臂環，纍纍有節，而拳曲如蠋形，則臂環當作蠋，俗作鐲字，訛。

按：《說文·金部》："鐲，鉦也。从金蜀聲。"《大字典》："《唐六典》卷十六：'金之制有四：一曰錞，二曰鐲，三曰鐃，四曰鐸。'"義實與"手鐲"無關。《新編甲骨文字典》"蜀"作"𧈅"，釋曰："商卜辭象爬蟲類動物形，後來增一形符虫作蜀。"[①]手鐲的形狀正與"蜀"的甲骨文字形的卷曲之狀相合，其義源應為蜀。蠋其實是蜀的後起字，《詩詁》曰："蜀本从虫，又加虫，俗字也。"[②] 由此可知，認為手鐲之鐲義起於蠋的看法是不無道理的，至於字从金，因手鐲多為金銀製成，故借樂器"鐲"來稱"手鐲"，手鐲之"鐲"與鉦鐲之"鐲"并非同源，應視為同形詞。

【妣】《稱》629

《爾雅》："母為妣。"邢疏："妣，媲也，媲匹於父。"《釋名》："妣，比也，比之於父亦然也。"

又【妣】《證》2343

[①]　劉興隆：《新編甲骨文字典》，國際文化出版公司，1993年，第886頁。
[②]　丁福保編纂：《說文解字詁林》五，雲南人民出版社，2006年，第3227頁。

109

媲於祖也。繇母而上通謂之妣，① 亦謂之先妣。

按：《説文·女部》："媲，妃也。从女毘聲。"又："妣，歿母也。从女比聲。秕，籀文妣省。"又比部："比，密也。二人爲从，反从爲比。"《同源字典》："［pipei］比妣：［phiei］媲（幫滂旁紐，疊韻）、［phiei］媲：［phiuəi］妃（滂母雙聲，脂微旁轉）、［phiuəi］妃：［phiuəi］配（滂母雙聲，微部疊韻）"，② 比、妣、媲、妃、配等諸字同源，皆由"匹配"義而來。

【墟塲】《談》1172

虛也。朱子解"塵"爲"空虛地"，即此意。古者市賣之區曰虛、曰集，集，聚也。神農氏日中爲市，致天下之民，聚天下之貨，方市則集，市罷則虛。柳子厚云："往虛所買之。"又《峒岷》詩"綠荷包飯趁墟人"注："嶺南呼市爲墟。"閔敘《粤述》："市謂之墟，赴者謂之趁墟。"今猶然。

按：墟，本作虛，《説文·丘部》："虛，大丘也。崐崘丘謂之崐崘虛。古者九夫爲井，四井爲邑，四邑爲丘。丘謂之虛。从丘虍聲。"徐灝曰："即所謂四方高，中央下者，故引申爲虛空之稱。其後引申義行，又加土作墟。"③ 墟、虛同源義通。

【梳枇】《目》2125

《廣韻》："梳，櫛也；枇，細櫛也。"皆理髮之器。炙轂子："赫連氏造梳二十四齒，取疏通之義，故名梳；枇似梳齒而密，取密比之義，故名枇。"《匈奴傳》"比疏"注：

---

① 顧炎武："愚考古人自祖母以上通謂之妣"。見顧炎武著、黃汝成集釋、欒保群校注《日知錄集釋》（校注本），浙江古籍出版社，2013 年，第 37 頁。
② 王力：《同源字典》，商務印書館，1982 年，第 426 頁。如無特別説明，上古音一律依王力先生的擬音系統。下同。
③ 王力：《同源字典》，商務印書館，1982 年，第 85 頁。

"比疎，解髮之飾，以金爲之。"楊雄："頭蓬不暇疏。"疏，即梳也。今枇作篦。

按：疏、梳古音同，枇、比古音近，皆分別爲同源詞。《同源字典》："梳的齒是疏的，所以叫'梳'。'疏'又有'粗'義。故'疏''梳''粗'同源。"① 又："《説文新附》：'篦，導也。今俗謂之篦。'字本作'比'。《説文》：'櫛，梳比之總名也。'《急就篇》：'鏡籢疏比各異工。'顏注：'櫛之小而細，所以去蟣蝨者謂之比，言其齒密比也。'《釋名·釋首飾》：'梳數言比，比於梳，其齒差數也。'"② 梳、枇義從其齒疏密而來。

【學官】《常談考誤》2192

學舍曰學官，俗謂學宮，非也。漢賈誼《治安策》曰："學者，所學之官也。"顏師古注："官，謂官舍。"《劉歆傳》："諸子傳説，猶廣立於學官，爲置博士。"蓋官者，管也，一職立一官，使之典管，故以官舍名官耳。

按：官、管同源。殷寄明認爲二字共具"圓周義"，他説："即'官'字本身亦寓有圓義。《説文》訓'官'爲'吏事君也'，實非本義。楊樹達《積微居小學金石論叢·釋官》：'官指地，非指人，凡云校官或云學官者，無不指學舍而言。'參以甲骨卜辭和銘文，知爲篤論。"③ 可知，學官之"官"，義源於官舍之圓形。

2. 揭示轉語以釋義

轉語，是指因時代變遷或地域差異等原因而造成的在讀音上稍有變化的一組詞語。轉語一詞是揚雄在《方言》中首先提

---

① 王力：《同源字典》，商務印書館，1982年，第166頁。
② 王力：《同源字典》，商務印書館，1982年，第427頁。
③ 殷寄明：《漢語同源字詞叢考》，東方出版中心，2007年，第305頁。

出的，他揭示轉語所用的術語有"轉語"和"語之轉"兩個。在《集成》中，通過指明轉語現象而明義的例子很多，常用術語有"某爲某之轉""轉某爲某""聲之轉""一聲之轉"等。如：

【唱盲詞】《土》196

　　《楊誠齋集》有《聽盲婦攜琵琶唱鼓子詞》。支小白撰《小青傳》云："或呼琵琶唱盲詞。"今人謂之盲字，字爲詞字之轉，以爲盲者所唱，故名。

　　按：盲詞這種民間說唱藝術在明清時期曾流行一時，當時的文學作品中多有例證，如明仁和（今屬杭州）人徐士俊雜劇《春波影》第三齣："我近日愛聽盲詞，把俞二娘這件事譜在琵琶婦口中，到也新耳。"清常州人陳森《品花寶鑒》第三十七回："否則打鑼鼓，看戲法，聽盲詞，在人皆可消遣。"其他文獻中未見有稱之爲"盲字"者，"盲字"應爲編者顧張思家鄉太倉一帶的方言，吳語當中"字""詞"讀音頗爲相近，故有此變。

【那亨】[幾夥]《土》281

　　何如曰那亨。方氏《通雅》云："即晉人寧馨之轉。"今人或云能亨，或云那何，蓋馨轉爲亨，亨又轉爲何也。又謂幾何曰幾夥，見《正字通》。夥，音禍，多也。今呼如蝦去聲。

　　按：清胡文英《吳下方言考》卷二："《世說》：'劉真長見王丞相，丞相以腹熨彈棋局云：何那淘？'案，何，虛問之辭。那淘，猶如何也。吳中呼何爲那淘。"《康熙字典·水部》："淘，又吳音何乃淘，猶言那行。"又"夥，今吳音謂多曰夥，問幾何曰幾夥。"何轉讀爲夥亦爲方言發音習慣所致。

【滴蘇】《土》"注子"條203

　　陸容《菽園雜記》云："急須，溺器也。以其應急而用，

第三章 《明清俗語辭書集成》的求義方法探析

故名。趙襄子漆智伯頭以爲飲器。① 注：'飲，於禁切，溺器也。'今人以暖酒器爲急須，飲字誤之耳。吴音須與蘇同。"又轉急爲滴，遂呼爲滴蘇。

【火筒】《土》204

竈下炊火具曰火筒，見《淮南子》"鼓橐吹埵，以銷銅鐵"注："吹火筒也。"俗轉筒爲通。

【礓䃰】《土》213

寺院階級曰礓䃰。吴任臣《字彙補》"礓"作"姜"，云"姜䃰石"，見《大内規制記》。䃰，音擦，今呼如鏟，聲之轉也。《廣韻》"䃳"② 注："䃰石也。"

按：王利器曾討論過此詞，所引材料豐富，可補以上材料之不足："乾隆《蘇州府志》卷二《風俗·方言》：'階級曰僵䃰。'翟灝《通俗編·居處》：'礓䃰子，《武林舊事》卷六《諸小經紀》有賣礓䃰子。《字彙補》：'䃰言擦。姜䃰石出《大内規制記》。'案此當爲階磴之稱，而杭俗以呼樓梯之簡者。'"③ 由此可知"礓䃰"亦爲吴語方言。吴語中"䃰"與"鏟"音近。

【稙】【孰】《稱》650

案：《釋名》："青徐人謂長婦曰稙，荆豫人稱長婦曰孰，繼長婦謂幼婦曰娣，少婦謂長婦曰姒。"總而言之，此蓋弟婦謂其兄妻之稱，而非舅姑稱其媳婦也。曰稙、曰孰、曰姒，一聲之轉耳。方言異音同實，往往如此。

以上諸條都是因地域差異而形成的通語與方言詞之間的語

---

① 此句《菽園雜記》原文爲："趙襄子殺智伯，漆其頭以爲飲器。"見陸容《菽園雜記》，上海古籍出版社，2012年，第66頁。
② "䃳"當爲"礓"字之誤。
③ 轉引自王利器《陳畦〈瑣碎録〉跋尾》，錢伯城主編《中華文史論叢》第56輯，上海古籍出版社，1998年，第69頁。

轉，同一個詞語在不同的地區就會有不同的讀音，進而使詞形也發生相應的變化，記音字變得五花八門，但通過讀音的綫索，都能溯其來源，使詞義變得明晰。方言語音與通語之間的差別越大，發生語轉的幾率就越大，所以在操吳語的顧張思所編的《土風錄》中，記錄的轉語用例最多。

3. 尋本字以釋義

【煖房筵】《俚》12

男婚之夕，女家設讌謂之煖房筵。此風不知何所起。或曰煖當作餪。《聞見錄》：" 宋景文公納子婦，其婦家饋食致書曰：'以食物煖女。' 文公曰：'錯用煖字，從食，從奐。'" 其子退，檢書，《博雅》中有此字。今考韻書注："女嫁三日送食曰餪。" 非初婚之夕設讌煖房之謂也。今人移居，親友攜酒榖會集，亦曰煖房，又曰溫居。

按：《説文·火部》："煖，温也。从火爰聲。" 段注："今人讀乃管切。同煗。" 朱駿聲《説文通訓定聲·乾部》："煖，字亦作暄、作暖。"《廣雅·釋言》："餪，饋也。" 王念孫疏證："餪者，温存之意。唐段公路《北戶錄》引《字林》云：'餪，饋女也。' 又引《證俗音》云：'今謂嫁女後三日餉食爲餪女。'"《玉篇·食部》："餪，餪女也。"《廣韻·緩韻》："女嫁三日送食曰餪。" 可見，"煖房筵" 之 "煖" 本字應爲 "餪"。

【餬背】《直》402

餬，見《左傳》疏："今人以薄鬻塗物謂之餬紙、餬帛。" 背，見陸遊詩 "自背南唐落墨花"。又《輟耕錄》載 "裱背十三科"，俗作糊褙字，非。按：《説文》："黏，戶吳切，黏也。或从米作粘。" 此正糊字。若餬訓寄食，傳疏尚是假借字。

114

按：《説文·食部》：“餬，寄食也。从食胡聲。户吳切。”餬从食，無"黏"義，當爲借字。黏、糊爲異體字，都有"黏"義，爲本字。

【剪柳】《俚》51

割人衫袖以掏財物謂之剪柳。北人謂之小李。《西湖遊覽志餘》作"剪綹"。按：韻書無"綹"字。《類聚音韻》："䰗，音柳。"注云："剪䰗，割也。"

按：《集韻》："䰗，力九切，音柳。割也。"《玉篇·刀部》："䰗，割也。"可見"剪柳"應作"剪䰗"，"剪"和"䰗"義近連用，代指以此手段行竊之人。《稱謂録》"剪綹"條引《通俗編》："世每誤書綹爲柳，如《水南翰記》唐皋詩：'争奈京城剪柳多。'又案《説文》：'緯十縷爲綹。'沈佺期詩：'上有仙人長命綹。'柳綹二字異義同音，均有可剪，故易誤耳。"[①] 以"綹"爲本字而從《説文》義，未妥。俞理明認爲："明清時期，最流行的稱呼是'剪綹'，其中的'綹'本指繫物的條帶（用繫放隨身攜帶小件錢物的荷包或佩飾品），也泛指身上的其他衣物，是一個動賓結構的動詞。"又"'小綹'因同音或音近關係，派生出'小擄''小掠''小侶''小利''削利''小李'等形式，不同的書面形式，來源於口語中的同一原型。"[②] 實未得其義。綹、擄、掠、侶、利、李諸字應皆由"䰗"音轉而來。

【家公】【家家】《俚》13

鄉俗：外孫稱外祖父曰家公，外祖母曰家家。古人稱家者，内之也，如家父、家兄之類是也。《列子》："家公執

[①] 長澤規矩也輯：《明清俗語辭書集成》，上海古籍出版社，第981頁。
[②] 俞理明：《從"剪綹"到"小綹""小李"和"二流子"——明清以來一組有關小偷和不務正業者的同源俗語詞》，項楚主編：《中國俗文化研究》第5輯，巴蜀書社，2009年，分別見第139頁和第142頁。

席。"注："謂家長也。"後漢侯霸子孫稱其祖父曰家公，則外祖父當曰外家公耳。齊琅邪王儼謂太后曰："有緣更見家家。"是子孫稱祖母曰家家，則外祖母當曰外家家耳。或曰家家猶姑姑也，漢曹大家者，班大姑也。蓋尊之如母姑云耳。齊文宣帝兄女樂安公主亦稱胡大后爲大家，是婦亦稱姑爲大家也。

按："家家"爲"姑姑"的借字。周振鶴、游汝傑曾説明了外祖母稱"家家"的原因，他們説："鄂中和湘東北有些地方將外祖母稱爲［kaka］，寫出來應是'姑姑'。'姑'字古讀［ka］。《説文》：'姑，夫母也。'在古代舅姑既是對夫家父母的稱謂，又同時也是對妻家父母的稱謂。妻母對子輩而言當然是外祖母了。今天'姑姑'是父親的姊妹，含義已經轉移。"① 王興才進一步説明了語音分化的結果："家古代屬於見母魚部字，因'見溪群曉匣'母的字到今音分化爲兩組：一組是舌根音 g、k、h，另一組是舌面音 j、q、x。今音韻母若是 i、ü，或以 i、ü 爲韻頭，今音聲母爲舌面音，音韻學上謂之團音。因此，普通話讀作 jiā，而方言讀作 gā 也反映了古音的留存。"② 可見，家、姑古音相同，因而"姑"借爲"家"，流傳至今。

【蟹簖】《土》207

編竹湖中以取魚蟹，名曰蟹簖。按：字書無簖字。吴梅村《塗松晚發》詩："簖響若鳴灘。"《吴江縣誌》引陸魯望《漁具詩·序》："列竹海澨曰滬，今謂之簖。"攷陶九成引魯望《蟹志》："漁者緯蕭，承其流而障之，名曰蟹斷，斷其江

---

① 周振鶴、游汝傑：《方言與中國文化》，上海人民出版社，2006年，第180頁。
② 王興才：《漢語詞彙語法化和語法詞彙研究》，人民出版社，2009年，第252頁。

之道焉尔。"則當爲斷字，《姑蘇志》亦作斷。

按：《說文》無"籪"字，《太平廣記》卷三二三引南朝時的《述異記》有："富陽人姓王，於窮瀆中作蟹籪。"始見"籪"字。"籪"義源於"斷"，因常以竹爲之，故加竹頭爲"籪"，"籪"爲後起字。

【和頭】《土》212

棺前後曰和頭，見《呂氏春秋》："季歷葬渦水之尾，灤水衝齧其墓，見棺之前和。"謝惠連《祭古冢文》中有"二棺正方，兩頭無和。"酈氏《水經注》："見胡公棺前和。"《廣雅》："棺，其當謂之胈。"胈即和也。

按：《廣雅·釋器》"胈"字王念孫疏證："當，謂棺前後蔽也。"《廣韻·戈部》："胈，棺頭。"《玉篇·片部》："胈，棺胈也。"皆爲"胈"。《說文·口部》："和，相應也。从口禾聲。"和本無此義，因聲假借。

【瓜瓤】《土》220

瓜瓤曰瓜瓤，見《廣韻·二十二霰》注。《集韻》云："瓜中瓤也。"張補庵云："《爾雅·釋草》釋文'瓣'字有"力見反"一音。"則瓤當爲瓣。《本艸》作"練"，非是。

按：《說文·瓜部》："瓣，瓜中實。"瓣有瓜瓤義，又與瓤同音，二字應爲異體字的關係。

【蚌子】烏竇蟲《土》234

米中小黑蟲曰蚌子，大者曰烏竇蟲。按：《爾雅·釋蟲》作"蚌"。郭注："今穀中小黑蟲是也。建平人呼爲蚌子，亾婢切。"《廣韻》亦從此音，《唐韻》《集韻》皆音養。陸德明《釋文》云："蚌，本或作芊。"《字林》有"蚌，弋丈反。"竇，見《廣韻》，注云："米中黑蟲，音加。"

按：《康熙字典·虫部》："蚚，按《字彙》音養，非。蚚字讀羊，蚌字讀養，二字音義各別。"《集韻·寒韻》："芉，蔽干，草名。"義於蟲無干。蚚、芉皆應爲"蚌"的假借字。

【僧道䞋錢】《土》195

僧道法事畢，與之錢曰䞋錢。案：《玉篇》"䞋"注："䞋，錢也。"《正字通》云："供齋下䞋禮。"俗語所謂"有齋有䞋"，當爲此字。《廣韻》："與嚫同。嚫，施也。"案：隋煬帝《與法師奉智書》云："弟子一日恭嚫。"是亦可作嚫。

按：施於僧道之錢稱"䞋"，䞋來源於梵語，爲dakṣiṇā的省稱，全譯爲"達嚫"。䞋、嚫、襯皆爲記音字。

【鞓帶】《土》200

方濶帶曰鞓帶。按：《姑蘇志·雜事》："宋嘉祐中，崑山縣海上飄泊一船，船中三十餘人，繫紅鞓角帶。方鵬《崑山志》譌作'紅鞋'。詳其人，乃新羅島"云云。鞓，本作䩏，音汀。《玉篇》："皮帶也。"今俗聲重，呼作挺。

按：《玉篇·革部》："䩏，皮帶䩏。鞓，同䩏。"二字爲異體字，以䩏爲本字，實有偏差。

【補償曰賠】《土》328

以物相償曰賠，古謂之備。平聲。《北齊書》："高歡立法：盜私家十備五，盜官法十備三。"後周詔云："侵盜倉庫，雖經赦免，徵備如法。"梅氏《字彙》云："俗以賠爲賠補之字。"後周詔語見《周明帝記》。

按：《字彙·貝部》："賠，古無此字。俗音裴，作賠補之字。"《恆言錄·單字類》："賠，此字不見《玉篇》《類篇》等書，古人多作備字，或作陪。"賠字產生較晚。《玉篇·阜部》：

第三章 《明清俗語辭書集成》的求義方法探析

"陪,加也。"又:"陪,益也。"賠當於陪同源,都有"增加"義。備、賠是古今字的關係。

【丁】《直》409

俗以纜船著岸曰丁。按:揚子《方言》"舟"一條下:"維之謂之鼎。"蓋平仄之訛也。

按:董志翹認爲在這個意義上,"鼎"亦非本字,祇是較早用例而已。他説:"其中'維之謂之鼎'之'鼎',即'矴、碇'之義。或許當時尚未爲表'維舟之具'的'dìng'造一專字,或許是揚雄記錄方言的原則是重音不重形,在這裏揚雄用表'三足兩耳形古器物'之'鼎'這個同音字來記錄了實際語言中表'指維舟之石礅'的這個詞而已。"又"'鼎'上古端母耕部,'矴'爲丁定切,上古亦爲端母耕部,兩字同音,所記當爲一詞。"① 鼎爲停舟之具,後寫作"矴"或者"碇"。在同一段中,他還説:"上古'丁'爲端母耕部;'定''亭'爲定母耕部;'奠'爲定母真部(耕、真通轉),聲近義通,均有'止息'之義(如從'丁'得聲之'叮''盯'亦有'止''定'義)。"② 觀此,"纜船著岸曰丁",丁作動詞"止"義亦可通。

【白綽】《直》421

或稱白著,即《南史》所謂"白瀹雞子"也。按:《説文》"䔈"字注:"以灼切,以肉及菜内湯中薄出之也。"《汗簡》:"䔈,音淪。"《廣韻》"淪""瀹"字注竝與䔈同,則知古曰淪,今曰綽、曰著,同義而異聲也,亦聲相似而譌也。

按:《説文·水部》段注:"淪,漬也。此蓋謂納於污濁也。

---

① 董志翹:《中古近代漢語探微》,中華書局,2007年,第124頁和第125頁。
② 董志翹:《中古近代漢語探微》,中華書局,2007年,第125頁。

119

故廁於此。《孟子》'瀹濟漯',言浚治其污濁也。瀹與𤄺同音而義近,故皆假瀹爲𤄺。今人曰煠,助甲切。古人曰瀹,亦作汋。"可知,綽、著皆爲"𤄺"之通假字。

【火伴】《俚》15

俗呼同旅爲火伴。樂府《木蘭辭》"出門看火伴,火伴皆驚忙"是也。《瑯琊漫抄》:"作役者十人爲火。"蓋火伴之義。或曰古字火與夥通。

又《里語徵實》"火伴"條1465

《唐·兵制》:"府兵十人爲火,火有火長。彍騎之制,內弩手,擇六户白丁、宗丁、品子孫壯强者爲四籍。十人爲火,五火爲團。"①《通典》:"一人曰燭,二人曰比,三人曰參,比參曰伍,伍人爲烈,烈有頭,二烈爲火,立火子,五火爲隊,則彍騎之團也。府兵以三百人爲團,則大團也。"

按:據兵制可知,"十人爲火",同火者稱"火伴",得名之由甚明。《説文·多部》:"夥,齊謂多爲夥。从多果聲。"後作"夥伴",取"多"義成詞,"火"遂假借爲"夥"。

【女功曰鍼𥰭】《里》1466

𥰭,陟几切,讀若軹。《説文》:"箴縷所紩衣,從②𦥛、丵省。"徐鉉曰:"丵者,多也。言箴縷之功不一也。"丵,音浞,叢生草也。鍼、箴同。徐鉉曰:"今俗作針。非。"

按:《説文·金部》:"鍼,所以縫也。从金咸聲。"又竹部:

---

① 《新唐書·志第四十·兵》原文爲:"內弩手六千,其制:皆擇下户白丁、宗丁、品子彊壯五尺七寸以上,不足則兼以户八等五尺以上,皆免征鎮、賦役。爲四籍,兵部及州、縣、衛分掌之。十人爲火,五火爲團,皆有首長。"見(宋)歐陽修、宋祁撰《新唐書》,中華書局,1975年,第1329頁。據此,"六户"應爲"下户"之誤。"品子孫"之"孫"疑爲衍文。

② "從"當爲"从"。

"箴，綴衣箴也。从竹咸聲。"段注："古箴鍼通用。"針爲"鍼"的俗寫字。觜，今作"指"，因聲假借。如《儒林外史》第一回："他母親做些針指，供給他到村學堂裏去讀書。"

【醫濁】《常談考誤》2202

今世俗謂人不明曰醫濁，蓋以酒爲喻也。字書：醫，音斛；濁，音獨。《孺子之歌》以濁叶足，古樂府："獨漉獨漉，水深泥濁。"《漢書》："潁水濁，灌氏族。"讀皆同獨，特人未習見之耳。作鶻突、或作糊塗者，皆非。

按：醫，當爲醫的異體字。《字彙》："醫，胡谷切。"《篇海類編·食貨類·酉部》："醫，濁酒也。"以酒比喻人的心智不清，合於情理。此詞後世寫法頗多，如鶻突、糊塗、鶻突、糊突、胡涂等，皆爲此詞的變寫形式。

四、析詞審義

在上古漢語的詞彙系統中，單音詞居多，在長期的使用過程中，單音詞與單音詞相互組合、孳乳繁衍，構成新的複音詞。此類複音詞的意義中一般都含有原單音詞的詞義成分，故而解釋其語素的意義，往往對弄清此類複音詞的意義有很大的幫助。將複音詞拆分成單音詞逐一分析其意義，進而窺探複音詞的整體詞義，也是一種行之有效的求義方法。在《集成》中，這樣的例子很多。如：

【黎明】《俚》7

天將明未明謂之黎明。《漢書·高祖紀》："黎明圍宛城三匝。"《呂后紀》："黎明孝惠還。"《史記》"黎"作"犂"，古字通用。《武帝紀》："路博德招南越，黎旦，城中皆降。"《索隱》注："黎，猶比也，謂比至天明也。"一說：

黎，黑也，天將明而猶黑也。《史記·項籍本紀》："平明，漢軍乃覺之。"平明，未甚明也。即《孟子》"平旦"。俗又稱"粉明"，或作"坌明"。坌，黑色土也，即黎意。

按：考釋"黎明"一詞，弄清"黎"的意義是關鍵所在。詞條中黎義的兩説，一是黑，一是比。編者以"坌"比證，以黎當作"黑"義。《説文·黍部》："黎，履黏也。从黍，称省聲。称，古文利。作履黏以黍米。"黎本無"黑"義。又黑部："黔，黎也。从黑今聲。秦謂民爲黔首，謂黑色也。"段注："黎，履黏也。與驪、秜字同音。故借爲黑義。"①"黎明"《漢書》作"遲明"。朱駿聲《説文通訓定聲·履部》："孟康曰：'黎、黔皆黑也。'非是。又爲邌、爲遲，實爲直。"②王念孫《讀書雜志》"遲明"條："《史記》'遲'字作'邌'，亦徐緩之意也，音'黎'。今本《史記》'邌'作'黎'。《索隱》曰：'黎猶比也，謂比至天明也。'念孫案：小司馬説是也。黎、遲聲相近，故《漢書》作遲。黎明、遲明皆謂比明也。"③而"坌"字亦無"黑"義。《集韻·恨韻》："坌，並也。"此與"比"義近，"坌明"亦應爲"比明"也。編者以"天將明而猶黑"釋之，未確。

【贅壻】《俚》14

男無聘財，以身自質於女家曰入贅；女不能嫁，延男爲壻曰招贅。《史記》："淳于髡，齊之贅壻。"又"始皇發逋亡人及贅壻、賈人爲兵。"又《賈誼傳》："家貧子壯則出贅。"注云："贅壻如人身贅疣，餘剩之物也。"余謂不然，蓋贅取不相離之義。有贅壻終身不歸本籍者，俗謂養老女

---

① （清）段玉裁：《説文解字注》，中華書局，2013年，第493頁。
② （清）朱駿聲：《説文通訓定聲》，中華書局，2016年，第591頁。
③ （清）王念孫撰；徐煒君等校點：《讀書雜志》，上海古籍出版社，2014年，第453頁。

第三章 《明清俗語辭書集成》的求義方法探析

壻，有附名婦翁之籍者，謂之女壻戶。

按：《説文·貝部》："贅，以物質錢。从敖貝。敖者，猶放；貝，當復取之也。"《史記·秦始皇本紀》："發諸嘗逋亡人、贅壻、賈人略取陸梁地，爲桂林、象郡、南海，以適遣戍。"裴駰集解引臣瓚曰："贅，謂居窮有子，使就其婦家爲贅壻。"《漢書·嚴助傳》："民待賣爵贅子以接衣食。"顏注："如淳曰'淮南俗，賣子與人作奴婢，名爲贅子，三年不能贖，遂爲奴婢'。顏師古曰：'贅，質也。'"贅壻家貧無聘財，以身自質，義當從此。

【腐儒】《俚》19

腐，爛敗也。腐儒言儒者，但守陳腐之見，不達時宜也。見《荀子注》。《史記·漢高帝本紀》："腐儒幾敗乃公事。"又云："爲天下安用腐？"杜詩："乾坤一腐儒。"又"爲僚記腐儒。"又"健兒騰腐儒。"坡詩："俗儉真堪著腐儒。"

按：《漢書·英布傳》："上置酒，對衆折隨何，曰腐儒。"師古注曰："腐者，敗爛，言無所堪任。"亦陳腐不中用之義，與此合。

【乖覺】《俚》19

警敏有局幹，謂之乖覺。《水東日記》："兵部于肅愍公奏疏常用此俗語。"又謂韓退之、羅隱乖角字與今乖覺意相反。余謂乖字本非美語，《菽園雜記》："今之所謂乖，即古之所謂黠。"韻書"乖"注："戾也，背也，離也。"凡乖者，必與人背離，如與人相約諫君死難，稍計利害，即避之以自全，反以不避者爲癡，此之謂乖覺耳。

按：宋朱彧《萍州可談》謂："市井輩謂不循理者爲乖角。"方以智《通雅》亦謂："俗以不循理曰乖角。"郎瑛《七修類稿》

123

云：“乖角，不曉事意，故韓詩曰：'親朋頓乖角'是也。今人反以爲聰意，錯也。”其實乖覺兼俱二義，皆由"背""離"義引申而來，祇是引申方嚮相反而已，一個方嚮是由"背離"義引申爲"不循常理"，一個方嚮是由"背離"引申爲"背人自保"，即狡猾義。編者認識到了這一點，解説不無道理。

【斬新】《俚》25

不襲舊謂之斬新。杜詩："斬新花蕊未應飛。"《東部新書》載李翶《催粧》詩："芍藥斬新栽。"又禪家有"斬新日月"之説，言從頭起也。凡器皿、衣服、宫室之類，突然刱製者，皆曰"斬新"。

又**【斬新】**《土》"簇新、斬新"條274

斬新二字，少陵詩用之："斬新花蕊未應飛。"段成式詩亦云："姹女不愁難管領，斬新鉛裏得黃芽。"朱長孺以爲唐人方言。按：斬，絶也，猶云絶新也。俗稱物之異常者曰"斬貨"，亦此意。

按：《正字通·斤部》："斬，盡也。"盡爲"全"義，斬新即全新。

【閥閲】《俚》33

俗以家世門户爲閥閲。《漢書·田千秋傳》："無閥閲功勞。"又《朱博傳》："齎閥閲詣府。"師古注："閥與伐通。伐，積功也；閲，經歷也。"又《史記·功臣侯表》："古者人臣，功有五等，明其等曰閥，積其功曰閲。"又《陳書》："大市令章華無閥閲。"又《大唐六典》："以閥閲爲表揭。"注："即烏頭大門也。"

按：《説文新附》："閥，閥閲，自序也。从門伐聲。義當通用伐。"《韻會》："閥閲功狀。"本爲功勞等級。後仕官人家於大門外樹左右柱，以旌表官宦者的功勳等級，二柱亦曰閥閱。《玉篇·門部》："在左曰閥，在右曰閱。"因稱仕宦門第爲"閥閱"。

【落成】《俚》34

構屋既完，親友稱賀，曰落成。《國語》："楚子成章華之臺，願與諸侯落之。"注："落，祭名也。宮室始成祭之曰落。"

按：《左傳·昭公七年》："楚子成章華之臺，願與諸侯落之。"杜預注："宮室始成，祭之爲落。"王引之《經義述聞》"願諸侯落之"條："案，《爾雅》曰：'落，始也。'與諸侯落之者，與諸侯始其事也。《楚語》：伍舉對靈王曰：'今君爲此臺，願得諸侯與始升焉。'是其明證矣。宮室既成，於是享賓客以落之。"[1] 其實"以始爲成"是詞義反嚮引申的結果，體現了客觀事物對立統一、相互依存的事理關係。

【笑謔曰詼諧】《里》1475

詼，調戲也；諧，和合也。東方朔好詼諧，武帝以俳優畜之。俳優，演戲人。

按：《廣雅·釋詁四》："詼，調也。"王念孫疏證："調戲之調。"《漢書·東方朔傳》："朔雖詼笑，然時觀察顏色，直言切諫。"師古注："詼，嘲戲也。"《說文·言部》："諧，詥也。从言皆聲。"《文心雕龍·諧隱》："諧之言皆也。辭淺會俗，皆悅笑也。"[2] 二義正合爲笑謔。

【要害】《談》1242

《漢書·西南夷傳》："調穀積要害處。"顏師古注曰：

---

[1] （清）王引之撰；虞思徵等校點：《經義述聞》，上海古籍出版社，2018年，第1102頁。

[2] （南朝）劉勰著；龍必錕譯注：《文心雕龍全譯》，貴州人民出版社，2008年，第139頁。

"要害者，在我爲要，於敵爲害也。"

按：《説文·臼部》："要，身中也。象人要自臼之形。"要，本爲"腰"的初文。引申爲要道，《篇海》："凡要也，要會也。"要會，即要道。顧炎武認爲師古之注未確，他説："此解未盡。要害謂攻守必争之地，我可以害彼，彼可以害我，謂之害。"①

五、比較互證

比較互證是指利用與被釋詞語具有相同、相似、相反的意義或演變規律的詞語與之相比較，從而證明所釋詞義之可靠性。這種方法對確定詞形、考求本字、求證詞義等各方面都有不可低估的作用。在《集成》中，比較互證主要有兩種類型，一是類比求證，二是反例相證。

1. 類比求證

類比求證是指被釋詞語與比較對象之間是同義或演變規律相同的關係，這種方法就是尋求被釋詞和比較對象之間的共性，擴大例證範圍，使釋義過程更加清晰，增加結論的可靠性。如：

【鐵懶】《土》205

《儂渠録》云："吴農呼墾田器四齒者音若鐵懶。"恐懶即犂音之轉，當是鐵犂。如班固《賓戲》內"賴"字，吴才老作"力制切"，是音利也。吴正傳注《國策》"漆身爲癩"云："癩、癘聲近假借。"《中吴紀聞》云："吴人呼來爲釐，自陸德明始。"是可証也。陸氏《釋文》"貽我來牟""棄甲復來"皆因②釐。

---

① （清）顧炎武著；周蘇平、陳國慶點注：《日知録》，甘肅民族出版社，1997年，第1189頁。

② "因"當爲"音"之誤。

第三章　《明清俗語辭書集成》的求義方法探析

按："懶"字與"墾田器四齒者"在詞義上很難繫聯，"懶"與"犂"的語音關係也模糊不清。但"懶"從"賴"得聲，"賴"有"利"音，與"犂"相近，另外同從"賴"得聲的"癩"與"瘌"音近，"瘌"與"犂"又是近音關係，輾轉繫聯，可證"懶""犂"音近可轉。

【豆脯】《里》1466

漢淮南王造。《稗史》："劉安作豆脯。"俗作腐，非腐爛也。當作脯，象其似肉脯也。故脂麻曰麻脯，棗肉曰棗脯。《蜀語》

按：豆腐之"腐"與義不合，與之相類的麻脯、棗脯皆"脯"字，可證"豆腐"本應作"豆脯"。

【爺巫來】《里》1505

爺巫，乃麻胡也。俗怖嬰兒曰麻胡。隋將軍麻祜性酷虐，稚童互相恐嚇曰麻祜來。轉祜爲胡，如憲宗朝涇將郝玭，番中皆畏，其國嬰兒啼者，以玭怖之，即止。武宗朝孩孺相脅曰薛尹來，類也。

按：以人人皆畏的憲宗朝郝玭、武宗朝薛尹來與麻胡相類比，證麻胡亦爲可畏之人。

【狼戾】《常談考誤》2220

狼，从犬、良聲，音郎；狠，从犭①、艮聲，下懇切。今有言忤逆不順者曰狠戾，古無此語，當是狼戾之誤。蓋狼性多藉，其草穢亂，故曰狼藉。又曰狼戾，又曰狼貪，皆言多也。字一誤而其義之訛乃至此。

按：與"狼戾"在詞義上相類的"狼藉""狼貪"皆用"狼"字，可證"狠戾"應作"狼戾"。

---

① "彳"當爲"犭"之誤。

127

2. 反例相證

反例相證即爲舉出與被釋詞相反或相對的詞語，來反襯被釋詞語的正確詞義或用字。比如：

【土著】《俚》8

土著之民附名版籍，入籍年久爲老户，年近爲新户。《漢書·張騫傳》："大宛其俗土著。"注云："著土地而有常居，非遷徙者比也。"《唐書》："編氓有鴈户。"謂流民非土著者，來去無常，故以鴈名之。

按：以"鴈户"與"土著"相對舉，鴈之"來去無常"的習性，正可反襯土著"常居"之態。

【陽溝】《俚》9

宅舍開溝出水明顯者謂之陽溝，小則放水謂之陰溝。馬縞《古今注》："長安御溝謂之楊溝，植高楊於其上也。一曰羊溝，謂羊喜觝觸垣墻，乃爲溝以隔之，故曰羊溝。"然縞言蓋御溝耳，民家當稱陽溝。

又《土》"羊溝"條214

李戒庵《漫筆》云："今人檐頭下溝稱羊溝，其名甚古。"思按：崔豹《古今注》："長安御溝謂之楊溝，以其上植高楊柳也。一曰羊溝，言羊喜觝觸，爲溝以隔之，故名。"《莊子》有"羊溝之難"。戒庵又云："有以屋下者爲陰溝，檐前者爲陽溝。甚顯。"《魯靈光殿賦》："元醴騰涌於陰溝。"注："醴泉出殿北地，故曰陰溝。"裴夸直詩："魚①綠走陰溝。"

又《常談考誤》"陽溝"條2178

今稱當是陰陽之陽，蓋水入地潛行曰陰，出地顯行曰陽，不然何以又有呼陰溝者乎？

---

① "魚"當爲"急"之誤。

按：陽溝亦作羊溝，來源不同，故而寫法有異，而舉與之相對"陰溝"，則當作"陽溝"甚明。可證"言羊喜觝觸，爲溝以隔之"的説法不確。

【小家子】《俚》26

誚人庸賤微薄爲小家子。《霍光傳》："任宣謂霍禹曰：'使樂成小家子得幸大將軍。'"小家子，言非大家數也。又陸象山《語録》："大人凝然不動，不如此小家相。"

按：此以"大家"與"小家子"對比，知"大家"的職高位顯，則可知小家子的"庸賤微薄"。

六、文化求義

語言屬於文化的一部分，是文化的載體，所以訓釋詞語意義離不開文化背景。早在漢代學者們就開始了文化訓詁的嘗試，如毛亨《毛詩故訓傳》和《禮記》鄭注中就存在大量的文化訓詁的例子。[①] 但在後世的傳統訓詁理論研究中并未引起足夠重視，都没有將文化求義納入訓詁方法之列。20 世紀 80 年代起，黃金貴大力提倡文化訓詁，進行了大量的理論探索，并積極付諸實踐，先後出版文化詞語訓釋專著《古代文化詞義集類辨考》（1995 年；2016 年"新一版"）、《古代文化詞語考論》（2001 年）和《解物釋名》（2008 年，主編）。黃先生將這種方法稱爲"名物訓詁"，楊琳則將其叫做"文化求義法"，他説："文化詞語所反映的文化現象很多已成爲歷史的陳迹，它們對後世的人來説是陌生的。要正確理解這類詞語的含義，利用普通訓詁學的方法是無濟

---

① 見王懷宜：《論經籍傳注與文化訓詁》，《江蘇教育學院學報》（社會科學版）2007 年第 4 期；鄧軍；李萍：《試論〈禮記〉鄭注與文化訓詁》，《黃山高等專科學校學報》2000 年第 3 期。

於事的。祇有通過查考文獻記載、調查民俗事象、印證考古資料等手段，對業已消失的文化現象鉤沉索隱，弄清其歷史真相，這樣纔能達到正確解讀的目的。這種通過查考文化現象考求詞義的方法就叫文化求義法。"① 在《集成》中，也有不少詞條是通過考查社會理念、典章制度等文化背景而求義的，文化求義法對考查詞語得名之由、辨析詞義、糾正詞語用字等方面都有很重要的作用。如：

【婆婆】《俚》11

孫稱祖母曰婆婆。婦稱夫之母古曰姑，今亦曰婆婆，從其子稱也。

【夫兄曰伯】《土》361

古偁夫兄曰兄公，見《尒疋·釋親》一作妐。俗偁爲伯，蓋從其子之稱。按：《容齋隨筆》："慶歷中，陳恭公爲相，弟婦語云：'三舅荷伯伯提挈極喜'"云云。又，陶岳《五代史補》："李濤弟澣娶婦竇②，出參濤，濤答拜，澣曰：'新婦參阿伯，豈有答禮？'"是宋時已然。張淏《雲谷臥餘》云："《尒疋》稱夫之弟爲叔，則夫之兄亦可爲伯。"

【夫死哭曰天】《土》361

潘岳《寡婦賦·序》："適人而所天又殞。"李善引《左傳》注云："婦人在室則父天，出則夫天。"《喪服傳》曰："父者，子之天；夫者，婦之天。"案：蔡邕《女賦》："當三春之嘉月，將言歸于所天。"安仁③《賦》本之。俗夫死則

---

① 楊琳：《論文化求義法》，《漢語史研究集刊》第十輯，巴蜀書社，2007年，第280頁。

② 梁章鉅《稱謂錄》"伯"條引此文作"娶婦竇氏"，見梁章鉅《稱謂錄》（校注本），福建人民出版社，2003年，第118頁。此脫"氏"字。

③ 即潘岳，字安仁。後人又稱其爲潘安。

130

第三章 《明清俗語辭書集成》的求義方法探析

哭曰天，生時則諱言之。《左傳》："文姜哭而過市曰：'天乎！'"此非指其夫也。古同輩亦可稱天。漢宏農太守《與計吏趙壹書》曰："寧當慢傲加于所天。"注云："敬壹，故謂爲所天。"見《趙壹傳》。

按：以上"婦稱夫之母曰婆婆""夫兄曰伯""夫死哭曰天"都源於古代封建社會男尊女卑的思想觀念。這種觀念在古籍中多有記載，《周易·繫辭上》："天尊地卑，乾坤定矣，卑高以陳，貴賤位矣……乾道成男，坤道成女。"《禮記·郊特牲》："婦人從人者也，幼從父兄，嫁從夫，夫死從子。夫也者，天也，夫也者，以知帥人者也。"《儀禮·喪服·子夏傳》："婦人有三從之義，無專用之道，故未嫁從父，既嫁從夫，夫死從子。故父者，子之天也；夫者，妻之天也。"《列子·天瑞》："男女之別，男尊女卑。"漢班昭《女誡·夫婦》："夫有再娶之義，婦無二適之文，故曰夫者天也；天固不可逃，夫固不可違也……故事夫如事天，與孝子事父、忠臣事君同也。"在這種思想觀念的籠罩之下，就連女性自己都認可自己的從屬地位，以夫爲天，甚至連自己的兒子都成了她們依附的對象，"從其子稱"一點都不會讓人感到意外，當然這樣稱呼也有尊稱的意味。

【郎不郎秀不秀】《土》320

子弟無所事事，謂之郎不郎、秀不秀。按：明季湯廷尉江陰人《公餘日錄》云："元、明間，閭里稱呼有二等：一曰郎，一曰秀。郎曰某幾郎，秀曰某幾秀。秀則故家右族，郎則徽裔末流。"是則不郎不秀猶云不上不落也。或謂當作稂不稂、莠不莠，非是。稂、莠俱惡物，二者俱不是，則善類矣。高士奇《天祿識餘》云："明初，每縣分人爲哥、畸、郎、官、秀五等，家給戶由一紙，哥最下，秀最上。"蓋官即官人之省，秀則秀才省稱也。《晉書·孔坦傳》："以秀才、孝廉爲秀孝。"山谷詩："只今舉秀廉。"

131

按：不郎不秀中"郎""秀"皆爲人的等級，不郎不秀猶言不高不下。明人田藝蘅《留青日劄》卷三十五"沈萬三秀"條："元時稱人以郎、官、秀爲等第，至今人之鄙人曰不郎不秀，是言不高不下也。"① 又明人董穀《碧里雜存》上卷"沈萬三秀"條："國初每縣分人爲五等，曰哥、曰畸、曰郎、曰官、曰秀。哥最下，秀最上……至今民俗尚有'郎不郎秀不秀'之諺云。"② 看來將人分爲五等，是國家的制度，不郎不秀由此而來。後人將"不郎不秀"與"不稂不莠"混爲一談，欠妥。不稂不莠出自《詩・小雅・大田》："既堅既好，不稂不莠。"朱熹《集傳》曰："稂，童粱；莠，似苗。皆害苗之草也。"本是說田中沒有害苗之草，後人將其釋作"不成材、沒出息"，此義應爲"不郎不秀"的引申義，與"不稂不莠"本義無涉，後因語音相近，致"不稂不莠"與"不郎不秀"逐漸混同。

【晝寢】《常談考誤》2194

"宰予晝寢"，注者以寢爲寢寐，故至今人晝眠則曰晝寢，誤矣。夫晝眠何大罪，而夫子責之至以朽木、糞土比哉？《七經小傳》曰："《禮》：古者君子不晝夜居於内，晝居於内，問其疾可也。宰予晝寢，蓋晝夜居於内，而亂男女之節者，故仲尼深貶之。然則寢當爲前堂後寢之寢，非眠寢之寢矣。"

按："宰予晝寢"出自《論語・公冶長》，學界對此的理解五花八門，據程必英統計，共有五說："一爲晝眠說，即今所言白天睡覺。""二爲畫寢說。持此說者以"晝""畫"二字形近而致

---

① （明）田藝蘅著；朱碧蓮點校：《留青日劄》，浙江古籍出版社，2012年，第528頁。

② （明）董穀：《碧里雜存》（叢書集成初編本），商務印書館，1937年，第12頁。

第三章 《明清俗語辭書集成》的求義方法探析

誤。""三爲晝居內寢説。""四爲午睡説。""五爲晝御説。"① 以上五説都没有絶對的證據來證明自己的正確性，依然處於紛争狀態之中。本條的觀點即爲其中的第三説，依古代的禮制，晝居於寢室之内，是亂男女之節的表現，以此文化背景支持自己所下結論，更加符合邏輯，所説近是。

【解交】《直》412

俗以事不就理曰解交不來，又以事得斷絶曰撒開交。按：漢制：拜官以對拜爲交禮，遷日對拜而去，謂之解交。詳見龐南英《文昌雜録》。

【白屋】《雅》1815

春秋莊公丹威宮楹，非禮也。在《禮》：楹，天子丹，諸矦黝堊，大夫蒼，士黈。黈，黄色也。按：此自士以上，屋楹方許循等級用采色，庶人則不許，夫是以謂之白屋也。主父偃曰："士或起白屋而致三公。"顔師古曰："以白茅覆屋。"非也。白茅覆屋，古無其傳也。後世諸矦王及達官所居之屋，皆飾以朱，故曰朱門、曰朱邸，言朱以别于白也。黈，他口切，偷上聲。

按：以上兩條都是在古代禮制下産生的詞語，隨着時代變遷，古制已不行，但詞語却流傳下來，因人不知其源，而造成對詞義理解的模糊。言明古制則詞義立明。

【唶弔】《雅》1857

弔字，矢弓貫也。古者人死，裹以白茅，投之中野，孝子不忍父母爲禽獸所害，因作彈弓經守之。古歌"斷竹屬丸，飛土逐害"是也。《禮》："貫弓而弔，以助驅鳥獸之害。"今俗字作吊，从口巾，失其義矣。

---

① 程必英：《"宰予晝寢"再詁》，《寧夏大學學報》2010 年第 3 期，第 79 頁。

按：弔原是爲保護父母遺體的行爲，今已失其本義，解古之喪俗，弔之本義遂明。

七、方言求義

詞彙是語言三要素中最活躍的一個，隨着時間的流逝，詞彙總是不斷地發生變化。但在不同地域之間，詞彙的發展却是不均衡的，有些古代詞語在某個地域的方言中消失了，却依然在其他地域的方言中保留，并且有一部分還保留了古義，利用這些留存在方言中的詞語，去印證古代文獻中詞語的意義，即爲方言求義法。《集成》訓釋詞語時也采用了這種方法，有的是與古代方言相印證，有的是與當代方言相印證，皆對揭示詞義有一定的幫助。如：

【齊眉】《俚》17

夫婦偕老曰齊眉。揚雄《方言》："眉，黎老人之稱。東齊謂老曰眉。"《詩·七月》篇："以介眉壽。"齊眉猶言同壽，非指梁鴻孟光舉案齊眉事也。

又《雅》"齊眉"條 1798

世稱夫婦偕老曰齊眉，若謂梁孟舉案齊眉事者，誤也。《詩》："爲此春酒，以介眉壽。"注："眉，豪也。"揚雄《方言》："眉，黎老人之稱。東齊謂老曰眉。"以老人豪眉故也。齊眉猶言同壽耳。

按：因有梁鴻孟光夫妻"舉案齊眉"的典故，説起指代夫婦偕老的"齊眉"，人們總會先入爲主地以梁鴻孟光之事爲此詞之源。而揚雄《方言》曰"東齊謂老曰眉"，説明在東漢時期東齊的方言中眉有"老"義，如此，"齊眉"正爲"偕老""同壽"之義，詞義已明。

第三章 《明清俗語辭書集成》的求義方法探析

【稱地爲雙】《談》1228

　　嘗讀金黄華老人詩，有"招客先開四十雙"之句，殊不可曉，近讀《雲南雜誌》曰："夷有田，皆種稻，其佃作三人，二牛，前牽中壓而後驅之，犁一日爲一雙，以二乏爲已，二已爲角，四角爲雙，約有中原四畝地。"則老人之詩意見矣。①

按："招客先開四十雙"是以方言入詩，"雙"在雲南方言中爲表示土地面積的量詞，一日所犁的土地面積即爲一"雙"，用通語不可解，通方言義遂明。

【倩】《談》1254

　　今人稱壻爲倩。《老學庵筆記》云："昭德諸晁謂壻爲借倩之倩，近世方訛爲倩盼之倩。予幼小不能叩所出，至今悔之。"○按：倩，代也。借倩即代倩之意。馮布少時絕有才幹，贅于孫氏，其外父有煩瑣事輒曰"畀布代之"，故吳中至今有呼倩爲"布代"者，則稱壻爲倩，其義或本諸此。

按：此舉吳中方言中呼"倩"爲"布代"來印證"倩"爲"代"義。其實此義并非源於"布代"。揚雄《方言》："東齊之間，婿謂之倩。"郭璞注："言可借倩也。"郭注已言明爲"借倩"之"倩"，即指借種以傳宗接代。

八、異文求證

　　異文求證是在詞義訓釋的過程中，通過比較同書不同章節、不同版本或他書中對同一內容的記載，來證明異詞同義或考察用字情况。當無古訓可據，憑孤例又無法判斷詞語的正確意義時，采用這種方法可考查詞義或明辨衆說。《集成》中也有不少這樣

---

① 此條又見陶宗儀《南村輟耕錄》卷二十九，文字略有異同。

135

的例子。如：

【飲器】《俚》35

酒器一曰飲器。《史記》：趙襄子殺智伯，"漆其頭以爲飲器"。讀者謂頭骨不可爲器以飲，故注家多謂"溲便器"，如虎子之屬。惟劉氏注云"酒器"。《集覽正誤》以爲非。按：《呂氏春秋》：襄子"與魏桓、韓康期而擊智伯，斷其頭以爲觴。"即謂之觴，非酒器而何？又《漢書·匈奴傳》：單于以老上單于所破月支王頭爲飲器者，共飲血盟。若溲便器，則不可盛血飲矣。[①] 溲，俗作尿。

按：對《史記》所載"漆其頭以爲飲器"注家意見不一，無從取捨。而《呂氏春秋》所載同一事件却作"斷其頭以爲觴"，《漢書》亦有"頭爲飲器，共飲血盟"的用例，可證頭爲飲器不誤，而非"溲便器"。

【行李】《常談考誤》2205

《左傳·僖公三十年》：鄭使燭之武見秦伯，曰："若舍鄭以爲東道主，行李之往來，共其乏困。"《襄公八年》：子員曰："君有楚命，亦不使一介行李告于寡君。"杜注："行李，行人也。"《昭公十三年》：鄭會晉于平丘，子產爭承曰："諸侯靖兵，好以爲事，行理之命，無月不至。"杜注："行理，使人通聘問者。"則李與理同，皆使人也。而今以出行資裝爲行李，失其旨矣。

又《里》"行李"條1491

《左傳》：子員曰："君有楚命，亦不使一介行李告於寡君。"又：燭之武見秦伯曰："行李之往來，供其乏困。"又

[①] 此條亦見（清）褚人獲《堅瓠廣集》卷五，《筆記小說大觀》（第十四、十五冊），江蘇廣陵古籍刻印社，1984年，第416頁。

第三章 《明清俗語辭書集成》的求義方法探析

《博雅》:"行李,關驛也。"《周語》:"行李以節逆之。"又與理通。《泊宅編》:"李、理義通,人將有行,必先治裝,如孟子之言'治任',理亦治也,故刑官司理亦稱司李。"《管子·法法》篇稱皋陶爲李。按:《左傳》"行李"之"李","李"作"岺",舊文"使"字。

又《證》"行李"條2369

古者行人謂之行李,本當作行理。理,治也。作李者,古字假借通用。又案:岺,古文"使"字,與"李"字形相近,或"行岺"譌爲"行李",轉爲"行理",亦未可知。而經傳無"岺",先儒亦不言是誤,疑未敢信也。

按:《常談考誤》以《左傳》中同時存在的"行李"與"行理"兩種寫法互相比勘,以"李"爲"理"的通假字,此即采用了異文求義的方法。以上三書皆以"行李"或"行理"爲使者之義,并無分歧。但對"行李"用字還另有一說,即"李"爲"岺"的誤字,但《證俗文》對此說法存有異議。當今學者對此詞亦多有探討,顏洽茂認爲"李""理"皆爲借字,本應作"吏"。他說:"'理'通'吏'。《國語·周語》'敵國賓至,關尹以告,行理以節逆之。'賈逵注:'理,吏也。'《説文通訓定聲》頤部弟五:'李……叚借爲理,實爲吏。'又'理……叚借爲吏。《禮記·月令》'命理瞻傷'注:'治獄官也。'理、李、吏三字上古同隸之部,共屬來母,是同音字。《漢書·百官公卿表》'是爲長吏'注:'吏,理也,亦多以理爲之。'《賈子大政》'吏之爲言理也',則用聲訓釋吏。這二條材料也可以證明二字可通。吏、使在甲文和金文中實爲一字,有從事某種職事、負有某種使命和從事某種職事的人的意思。"① 此説頗爲可信。

【儒】《證》2367

《説文》:"儒,柔也,術士之稱。"案:以儒爲柔,是直文弱書生之號爾,故《隸釋·魯峻、孟郁、郭仲奇碑》"儒"并作"偄"。《説文》:"偄,弱也。"

按:文弱書生稱"儒",《説文》以之爲"柔"義。而《隸釋》中"儒"作"偄",正爲"柔"義,可見《説文》解"儒"義不誣,亦可證儒生之名正從"柔"來。

需要説明的是,在具體的詞條考證中,編者們往往在同一詞條下綜合運用多種求義方法,經過多方論證,來確定詞語的意義,用法相當靈活。

第二節　《明清俗語辭書集成》求義方式的不足

《明清俗語辭書集成》求義類辭書的釋義方法衆多,例證豐富,其中不少詞條的釋義相當精彩并具有獨創性,爲當代辭書的編纂和漢語史研究提供了大量有價值的資料。但從另一方面看,由於受時代條件的限制,諸書編者對社會和自然的認識還存在些偏差,語言學功底也參差不齊,致使在詞語求義的過程中出了一些不足,現略舉一二。

一、誤析聯綿詞

【狼狽】《常談考誤》2196

　　唐段成式《酉陽雜俎》云:"狼前足絶短,狽前足絶長,

---

① 顔洽茂:《古漢語詞義札記》,《紹興師專學報》1990年第2期,第76頁。

第三章　《明清俗語辭書集成》的求義方法探析

每行兩獸常相駕，一相失則不能前，故後世以有失而不能行者曰狼狽。"今通謂頽壞闒茸爲狼狽，而狽又去犭，殊失古意。

按：本條承襲了《酉陽雜俎》的訛誤，以狼狽爲狼和狽的組合，其結論自然不可靠。另外《目前集》"狼狽"條（2145頁）亦從此説，并誤。郭在貽説："狼狽是聯綿詞，本來寫做剌𧿹，《説文》二上𧿹部：'𧿹，足剌𧿹也。'亦作狼跟，慧琳《一切經音義》卷五十八《僧祇律》第三十四卷'狼跟'條下云：'狼跟猶躓跟也。'亦作頼跟，《龍龕手鑒》足部：'頼跟，行不正也。'又作躐跟，見《集韻》去聲十四泰韻。由此可見，凡聯綿詞，其形體儘管多種多樣，其音義則無甚差殊，在解釋聯綿詞時，應該掌握因聲求義的原則，切不可爲形體所迷惑。"① 所言極是。

【跋扈】《常談搜》432

《後漢》：質帝目梁冀爲跋扈將軍。扈，竹籬也。水居者先作竹籬待魚之入，及水退，小魚獨留，大者跋籬扈而出，故曰跋扈。

又《常談考誤》"跋扈"條2187

跋，蒲撥切。跋扈，猶彊梁也。《後漢》："（質）帝少而聰慧，嘗因朝會，目梁冀曰：'此跋扈將軍也。'冀聞深惡之。"胡三省注："《爾雅》：'山卑而大曰扈。'跋者，不由蹊徑而行，言彊梁之人，行不由正路，山卑而大，且欲跋而踰之，故曰跋扈。"今人用跋扈不差，而不知其義，甚有讀跋爲拔者，予往往見之。

---

① 郭在貽：《訓詁學》，湖南人民出版社，1986年，第137頁。

按：此亦爲誤將聯綿詞離析而釋的例子。郭在貽也談到過此詞："杜甫《贈李白》：'痛飲狂歌空度日，飛揚跋扈爲誰雄？'楊倫《杜詩鏡銓》云：'按《説文》：'扈，尾也。'跋扈，猶大魚之跳跋其尾也。'黄生《義府》卷下'扈'字條云：'扈，漁具。蓋編竹以禁魚者。漢質帝目梁冀爲跋扈將軍，取譬於此。以魚之强有力者，能跋出扈外也。'按：黄、楊二氏釋跋扈一詞，均屬望文生訓。跋扈乃聯綿詞，亦作拔扈、播扈，猶言强梁也。聯綿詞'本因聲以見義'，黄、楊二氏'不求諸聲而求諸字，固宜其説之多鑿也'（語見《經義述聞》卷二十九《通説上》"猶豫"條）。"①

二、羅列衆説，不下己見

【睚眦】《俚》18

《史記·范雎傳》"睚眦之讐"注："睚眦，相嗔怒而見齒也。"又，《漢書·杜業傳》"報睚眦怨"注："睚，音崖，舉眼也；眦，即眥字，目匡也，言舉目相忤者，亦報之。"

按：《史記》《漢書》二書之注解"睚眦"詞義不一，但編者不加取捨，不下己見，讓讀者莫知所從。

三、引例乖誤

【牙兒氣】《直》402

山谷《贈別李端叔》詩："當時喜文章，各有兒子氣。爾來頷須白，有兒能拜起。"

按：此條詞目爲"牙兒氣"，所引書證例句中却無此詞，祇有"兒子氣"，詞條與書證不符。

---

① 郭在貽：《訓詁學》，湖南人民出版社，1986年，第46-47頁。

140

第三章　《明清俗語辭書集成》的求義方法探析

【平白】《直》404

俗以無故受人讓責者曰平白無辜。《中州集》邊元鼎詩："君居淄方妾河陽，平白相逢惹斷腸。"

按：此條爲釋義與書證不符。將平白釋爲"無故受人讓責"，所引例句中的"平白"却没有"受讓責"之義。

【驚畏曰嚇】《里》1444

嚇，音下，又音黑，一曰駭。慎蒙《游徑山記》："由寺西而上，不數百步，則嚇石巖在焉。嚇石者，觀音化身與開山和尚講法，和尚云：'此有頑石，汝能嚇之使下乎？'乃大聲嚇之，其石隨而下。復命嚇之使上，石之隨而上者如前，遂裂爲三。"今地有前嚇、後嚇。又《莊子·秋水》篇："鴟得腐鼠，鵷雛過之，仰而視之曰：'嚇'。"

按：此條亦爲釋義與書證不符。其將嚇釋爲"驚畏"，即驚慌害怕之義。例證慎蒙《游徑山記》"大聲嚇之"之"嚇"應爲"呵"的借字，義爲"呵斥"，而非"驚慌害怕"。《莊子》中的"嚇"注："司馬云：怒其聲，恐其奪已也。"爲"怒斥"義，亦於"驚畏"義不合。

四、望文生義

【和尚】《談》1192

千里相聚曰和，父母反拜曰尚。

按：和尚一詞是來源於梵語的音譯詞，其具體來源還没有確定，有以下幾種可能：一是來源於梵語"Upādhyāya"；一是來源於梵俗語"Prakrit"；另外就是有可能來源於 Prudamāgadei 語的"Uvajjhāya"。① 但可以確定的是，和尚爲外來詞，不適宜依據字

---

① 史有爲：《異文化的使者——外來詞》，吉林教育出版社，1991年，第184-185頁。

面義理解，析詞而釋更是犯了望文生義的錯誤。

【縠欶】音谷速 《土》257

　　唐釋元慧撰《一切經音義》，引《通俗文》云："斗藪謂之縠欶，上都穀反，下音速。"案：《廣韻》"縠"注："縠縠，動物也。縠，音剌。"《說文》："小豕也。"蓋小豚性喜動，故謂動物不已者曰"縠欶"。

　　按：縠，《廣韻》："丁木切"，《集韻》："都木切"，中古音與"斗"近似，"縠欶"當與"斗藪"同爲方言記音詞，此詞寫法衆多，亦作"抖擻""抖藪"。《方言》第六曰："鋪頒，索也。東齊白鋪頒，猶秦晉言抖藪也。"郭璞注云："謂斗藪舉索物也。"戴震《方言疏證》："藪，亦作'擻'。"而此條未明通假，拘泥"縠"的字面義，以"小豚性喜動"來解釋，屬於望文生義。

第四章 《明清俗語辭書集成》對詞義的探析

第一節 《明清俗語辭書集成》中的樸素義素觀

一、義素分析與傳統訓詁

　　義素是詞義構成的最小意義單位，這個概念起源於西方，賈彥德在《漢語語義學》中介紹了義素分析法的起源與發展的大體過程，他說："到了20世紀40年代，丹麥語言學家葉爾姆斯列夫（L. Hjelmslev）提出了義素分析的設想。50年代，美國人類學家，特別是朗斯伯里（F. G. Lounsbury）和古德納夫（W. H. goodenough），受到雅柯布遜（R. Jakobson）提出的音位區別性特徵分析法的啓示，在研究親屬詞的含義時提出了義素分析法。"[①] 1978年中國學者周紹珩發表《幾本關於語義學的新著》開始介紹現代

---

① 賈彥德：《漢語語義學》，北京大學出版社，1992年，第43－44頁。

西方語義學。① 這一理論很快被我國語言學界所接受，并應用於漢語語義學研究當中。

我國傳統的訓詁學也以詞義研究爲中心，在我國古代的訓詁材料中，很早就運用了類似的詞義分析方法，雖然古人没有提出"義素"之名，也没有進行系統的歸納總結，最終没能上升到理論層面，但在字詞的訓釋中，顯然已經具備了樸素的義素觀。比如：

《爾雅·釋訓》："善父母爲孝，善兄弟爲友。"
《爾雅·釋天》："夏曰歲，商曰祀，周曰年，唐虞曰載。"
《經典釋文》："楚人名火曰燥，齊人曰毀，吴人曰焜。"
《説文》："橐，囊也。"又"囊，橐也。"段注："《大雅》毛傳曰：'小曰橐，大曰囊。'高誘注《戰國策》曰：'無底曰囊，有底曰橐。'"
王逸《楚辭·哀時令》注："背曰負，荷曰擔。"②

以上各組詞每個詞語的訓釋内容中都包含兩個義素成分，即［區别性義素］＋［共同性義素］的模式。第一例孝和友是對象義素不同，第二例歲、祀、年、載是時代義素不同，第三例燥、毀、焜是地域義素不同，第四例囊和橐是形狀義素不同，第五例負、擔是方式義素不同。儘管分析比較簡單，限定義素比較少，但還是足以把各組語義區别開來。由此可見，與西方語言學家相比，

---

① 周紹珩：《幾本關於語義學的新著》，《語言學動態》1978 年第 2 期。
② 此五條例證轉自段德森的《淺談義素分析在訓詁中的作用》，《殷都學刊》1986 年第 4 期，第 104－105 頁。

我國古代的訓詁學家是有先見之明的。

二、樸素的義素分析法在《明清俗語辭書集成》中的體現

《集成》中對詞語的義素分析主要應用於同一語義場的同義詞或近義詞之間的詞義辨析。在傳統訓詁中分析同義詞或近義詞常見"渾言則同，析言則別"的説法，若從義素分析的角度來看，"渾言"關注的是詞義中的共同性義素，"析言"關注的則是其區別性義素。與前邊的例證相同，每詞的詞義一般包含兩個義素成分，偶有三義素者。如：

1. 形貌義素不同

【墳墓】《俚》53

俗稱塋兆曰墳墓。《檀弓》言："古者墓而不墳。"《方言》云："凡葬無墳者謂之墓。"邯鄲淳《曹娥碑》云："丘墓起墳謂丘，其平土之墓而爲墳也。"後世以墳墓混爲一，遂疑丘字重複，乃改爲"立墓起墳"，則墳墓豈不重複乎？非邯鄲淳本文也。

按：《曹娥碑》所記不明。《説文·土部》："墳，墓也。"段注："此渾言之也。析言之則墓爲平處，墳爲高處。"

墳：［埋葬死人之處］＋［有土堆］

墓：［埋葬死人之處］＋［無土堆］

【幺麼】《里》1496

幺、麼，微小之稱。班彪《王命論》："幺麼不及數子。"一説不長曰幺，細小曰麼。

幺：［小］＋［短］

麼：［小］＋［細］

145

【瞽瞍】《談》1219

鄭云："無目眹謂之瞽，有目無眸子謂之瞍。"按：眹，兆也，無目謂上下相合，漫無兆域，若鼓皮然，故曰瞽。《説文》："瞽，目但有眹也。"非是。瞍，即今青盲，目上下開，有眹而無珠子，故曰有目無眸，《詩》所謂"矇瞍"也。

瞽：［瞎子］＋［目有縫而不開］

瞍：［瞎子］＋［目有縫無眼珠］

【蜃樓海市】《談》1253

蜃樓有氣而無聲，海市有聲而無氣，以此爲别。

蜃樓：［大氣折射之景］＋［有氣］＋［無聲］

海市：［大氣折射之景］＋［有聲］＋［無氣］

2. 對象義素不同

【沐浴】《目》2114

《楚辭》："新沐者必彈冠，新浴者必振衣。"蓋沐洗頭、浴洗身也。古人沐用米汁，今但有浴而廢沐，頻沐損人，亦可廢也。

沐：［洗］＋［頭］

浴：［洗］＋［身］

【賊盜竊】《談》1213

《尚書》："寇賊奸宄。"注："害人曰賊。"《左傳·文十八年》："竊賄爲盜。"賄，財也。賊盜原有分，故歷來律法不一。李悝《法經》六篇：一《盜法》，二《賊法》。漢魏爲《賊律》《盜律》；後周有《劫盜律》《賊叛律》；至隋方合爲《賊盜》。唐宋以後，其名不改。盜自中出曰竊，《書·微子》："殷民攘竊神祇之犧牷牲。"《春秋·定八年》："盜竊寶玉大弓。"

第四章 《明清俗語辭書集成》對詞義的探析

賊：［侵犯］＋［人］

盜：［侵犯］＋［財物］

竊：［侵犯］＋［財物］＋［内部作案］（注："竊"與"盜"的區别屬於適用範圍義素不同）

【去畜勢曰鐓】[馬曰騸]《土》341

《朧仙肘後經》："騸馬、宧牛、羯羊、閹豬、鐓雞、善狗、净貓，皆畜之去勢者。"俗雞豬曰鐓，馬曰騸。吕忱《字林》"鐓"作"驐"。《廣韻》本之，注云："去畜勢也。"騸，《五代史》作"扇"："郭崇韜深嫉宦官，謂魏王繼岌曰：'王登極後，當盡去宦官，至于扇馬亦不可騎。'"《北夢瑣言》："周南平王論：'良馬不可遇，但要坐下穩，惟扇庶幾。'自是江南蜀馬往往學扇。"亦可作騦，音繒。《説文》："犗馬也。"《周官・校人》"攻特"鄭注："謂騦之。"接樹亦可曰騸，《月令廣義》有"騸樹法"。

騸：［去勢］＋［馬］

宧：［去勢］＋［牛］

羯：［去勢］＋［羊］

閹：［去勢］＋［豬］

鐓：［去勢］＋［雞］

善：［去勢］＋［狗］

净：［去勢］＋［貓］

3. 空間義素和形貌義素俱不同

【款識】《里》1496

《洞天清録》："古器款居外而凸，識居内而凹，夏周器有款有識，商器多無款有識。"

款：［刻字］＋［居外］＋［陽文］

識：［刻字］＋［居内］＋［陰文］

4. 適用範圍義素不同

【婦人】《稱》660

《禮·曲禮》："士曰婦人，庶人曰妻。"

婦人：［女性配偶］＋［士］

妻：［女性配偶］＋［庶人］

【英雄】《雅》1892

草之精秀者爲英，獸之特羣者爲雄，人之文武茂具[①]，取名于此。是故聰明秀出謂之英，膽力過人謂之雄。張良，英也；韓信，雄也。兼有英雄，則漢高、項羽也。然英之分，數多于雄，而英不可少也，英分少，智者去之。

英：［傑出者］＋［草］

雄：［傑出者］＋［獸］

【零落】《俚》27

家世蕭索謂之零落。草枯曰零，木凋曰落。曹操辟孫資，不應，後見孫彧，嘆曰："比[②]州賢士零落。"

零：［衰敗］＋［草］

落：［衰敗］＋［木］

【牛犢曰犢】《里》1449

犢，於博切。《集韻》："犢也。"又喚牛聲。《蜀語》。按：

[①] （魏）劉劭《人物志》作"人之文武茂異"。見劉劭著、梁滿倉譯注《人物志·英雄第八》，中華書局，2014年，第115頁。"具"爲"具"的異體字，與"異"之異體字"异"形近而誤。

[②] "比"當爲"北"之誤。孫資，曹魏時期太原郡中都縣人。錢大昕曾考證過東漢各州的別稱："《温序傳》'將兵平定北州'，《陳龜傳》'便習弓馬，雄於北州'，《董卓傳》'乞將之北州効力邊垂'，謂并州也。"見《廿二史考異》卷十《後漢書一》，上海古籍出版社，2014年，第185頁。東漢時，太原郡和并州同治晉陽，建安十八年并州并入冀州。可見，説孫資是北州人氏有據。

148

牛子曰犢，羊子曰羔，馬子曰駒。

犢：［幼畜］＋［牛］

羔：［幼畜］＋［羊］

駒：［幼畜］＋［馬］

5. 時間義素不同

【牛女】《雅》1729

　　老杜云："神光竟難俟，此事終朦朧。"蓋疑之也。月將入曰朦，將出曰朧。

朦：［月光］＋［將入時］

朧：［月光］＋［將出時］

第二節　《明清俗語辭書集成》對詞義演變方式的探討

20世紀80年代以來，對詞義演變途徑的探討已經成爲一個熱門話題，衆多學者紛紛對此發表各自見解。蔣紹愚説："關於詞義的發展變化，一般認爲有引申、假借兩種途徑。這種説法是不正確的。'假借'祇是文字問題，與語義無關。"① 他認爲詞義發展的主要途徑有"引申""相因生義""虛化""語法影響""修辭影響""簡縮""社會原因"等七種。但有的學者有不同的看法，解惠全在蔣氏之前就談到過虛化問題，他説："實詞的虛化要以意義爲依據，由表示詞彙意義向表示語法意義轉化。這種轉化與詞義引申的道理大體相同，而且與詞義引申密切相關。因爲詞義引申在多數情況下是由具體到抽象，而詞義虛化則常常是

---

① 蔣紹愚：《古漢語詞彙綱要》，北京大學出版社，1989年，第70頁。

在引申的基礎上進一步的抽象化。從這種關係上看，也可以説虚化是引申的延伸和繼續。"① 李宗江針對蔣氏將"虚化"和"引申"并列也有些不同意見，他説："其實情况并不是這樣簡單，多數的實詞義到實詞義的演變是引申，但有的就似乎應叫虚化纔是。……實際上兩個虚詞意義之間也有兩種不同的情况。一種情况是兩個意義很難説哪個比另一個更抽象。如'方'表'將要'的義位是從表'正在'的義位變來的，這兩個意義就很難説誰比誰更虚，祇能是引申。"② 可見上述兩位學者都不贊成將"虚化"列於"引申"之外。方平權甚至認爲蔣氏的"語法影響""修辭影響""簡縮""社會原因"等幾種説法也不能與"引申"并列，他説："關於語法與修辭對於詞義的影響能否與引申并稱，這也是一個值得討論的問題。因爲詞義的引申與語法的影響是一個互爲因果的東西，有時候恐怕不容易説是新的語法環境造成了新的詞義，還是詞義的内部具有接受這種使用環境的因素。……漢語詞義通過比喻而形成引申，是一種普通的現象。……至於由於社會原因形成的引申，這應就是陸宗達、王寧所謂的'禮俗的引申'。"③ 這樣，蔣氏的七種詞義發展途徑被綜合爲"引申"和"相因生義"兩大類。在此之前，伍鐵平還提出了另外一種詞義演變方式，就是"詞義感染"。他認爲在一種語言内部所發生的詞義的感染主要有兩種：組合感染和聚合感染。"由於二詞相連所產生的詞義的感染現象，可以稱作組合感染。還有一種感染現象可以叫做'聚合感染'或'聯想感染'，即由於詞的組成部分跟另一詞的組成部分相同，受另一詞影響也獲得與該詞意義相同

---

① 解惠全：《談實詞的虚化》，《語言研究論叢》第四輯，1987年。
② 李宗江：《漢語常用詞演變研究》，漢語大詞典出版社，1999年，第10頁。
③ 方平權：《二十多年來古漢語詞義發展演變理論研究述評》，《漢語詞義探索》，岳麓書社，2006年，第72－74頁。

或相近的意義。"又"詞義感染也可能是組合關係和聚合關係同時起作用的結果。"① 綜合各家之言，詞義演變的最主要的途徑祇有"詞義引申""相因生義"和"詞義感染"三種。

依照以上標準歸類，《集成》中談到的詞義演變的內容主要屬於"引申"和"詞義感染"兩種，特別是以引申爲主。以現代詞義演變理論衡量，分別涉及了比喻引申、借代引申、相因引申、反嚮引申、詞義虛化和詞義感染等幾個方面。現列舉幾例，略加分析：

一、詞義引申

陸宗達、王寧早在20世紀80年代初就探討過詞義運動問題，他們說："引申是一種有規律的詞義運動。詞義從一點（本義）出發，沿着它的特點所決定的方嚮，按照各民族的習慣，不斷產生新義或派生新詞，從而構成有系統的義列，這就是詞義引申的基本表現。"又"詞義運動的基本形式是引申。"② 在另外一部書中，他們還對"引申"的源流作了分析，說："南唐徐鍇首次提出詞義引申的問題，從字形所提供的本義出發，來研究引申的方嚮、層次和結果。到王念孫的《廣雅疏證》和段玉裁的《說文解字注》，對引申義的探討達到了一個新的高度，開始接觸到引申的規律問題了。"③ 其實早在引申問題提出之前，在唐人的經傳注疏中，就有了不少說明詞義引申的內容，比如：

《詩·豳風·狼跋》："德音不瑕。"毛傳："瑕，過也。"

---

① 伍鐵平：《詞義的感染》，《語文研究》1984年第3期，第57頁。
② 陸宗達、王寧：《訓詁方法論》，中國社會科學出版社，1983年，第140頁。
③ 陸宗達、王寧：《訓詁與訓詁學》，山西教育出版社，1994年，第22-23頁。

孔穎達疏："瑕者玉之病。玉之有瑕，猶人之有過，故以瑕爲過。"

《荀子·議兵》："遇敵處戰則必北。"楊倞注："北者，乖背之名，故以敗走曰北也。"

孔穎達的疏揭示了"瑕"的本義"玉之病"與引申義"人之過"之間的引申關係；楊倞的注揭示了"北"的本義"乖背"與其引申義"敗走"之間的引申關係。唐人對詞義引申的說明衹是對個別詞義的零星訓釋，還沒有上升到對引申規律的探索。時至清代，在段玉裁注《說文》時，大量使用"引申"這個術語來說明詞的引申義，已經達到了運用自如的程度。

在《集成》中也有許多闡發詞義引申的內容，雖然沒有像段玉裁那樣明確提出"引申"之名，但在這些訓釋內容中，我們依然可以清晰地看出詞義引申方式幾種類型，其中最主要的有比喻引申、借代引申、相因引申、反嚮引申和詞義虛化。通過比喻引申和借代引申產生的意義即爲比喻義和借代義。

1. 比喻引申

比喻引申是指由於本體和喻體在形式或內容上具有相似性，構成修辭上的比喻，而引起的詞義引申。如果從義素角度説，即本體和喻體的詞義當中具有共同性義素。《集成》說明本體和喻體的相似性常用"以……比之""某言某""某曰某""某名曰某""某喻某""某借爲某"等術語。比如：

【續絃】《俚》12

婦死再娶婦謂之續絃。《博物志》："漢武帝時，西海有獻膠五兩者，帝射於甘泉宫，弦斷，西使乞以所進膠續之，射，終日不斷。帝大悅，因名續弦膠。"故後世以續妻比之，

第四章 《明清俗語辭書集成》對詞義的探析

言斷而復續也。俗又謂填房、補內。

按：此以弓絃"斷而復續"比喻妻亡再娶，皆有接續之義。

【解體】《俚》18

人情離叛謂之解體。言如四肢解析、無所統一也。《左傳》："四方諸侯其誰不解體？"注："言不復肅敬也。"

按：此以"四肢解析、無所統一"來比喻"人情離叛"，都有離散之義。

【穿鼻】《俚》22

聽人役使曰被人穿鼻。《莊子》："絡馬首，穿牛鼻。"《漢書》注："穿鼻，控制之義也。"《南齊書》張弘策云："徐孝嗣聽人穿鼻。"《後魏書》：爾朱榮戒爾朱兆曰："爾非高歡之匹，終當爲其穿鼻。"

按：此以"穿牛鼻"比喻"聽人役使"，都有被控制之義。

【養瘦馬】《土》195

妓家買小女子，茸理誘養，名曰養瘦馬。案：樂天詩："莫養瘦馬駒，莫教小妓女。"蓋本此。

按：此以"瘦馬"比喻"小妓女"，都是有由瘦小到肥熟，并且其目的都是預先投資以期日後盈利，在這兩方面都有相似之處，故可比喻生義。

【溫暾】《土》279

物微暖曰溫暾。案：《致虛閣雜俎》云："今人以性不爽利者曰溫暾湯，言不冷不熱也。"龔氏《芥隱筆記》謂"溫暾"等字皆樂天語。案：元微之詩："寧愛寒切烈，不愛賜溫暾。"王建《宮詞》："新晴草色暖溫暾。"不獨樂天也。樂天詩："池水暖溫暾"，或以爲韓文公詩。又《火爐》詩云："溫燉凍肌活。"此溫燉爲火熾，與"暾"異。俗又轉其音曰"鶻忒"。

按：用"物微暖"比喻人"性不爽利"，都有"不冷不熱"

153

之義。

【瓜葛】《里》1491

　　瓜葛皆藤屬，喻親之緜延不絕。

按：以"瓜葛"比喻"親之緜延不絕"，都有牽連之義。

【前程】《土》258

　　生監以上通呼曰前程。按：《輟耕錄》載："院本名目有《問前程》，當取馮道詩'不用問前程'語。"孟襄陽詩："訪人雷後信，策蹇赴前程。"杜詩："容易卽前程。"蓋本爲路程，借爲人身階銜也。

按：前程本爲"前面的路程"，用以比喻"功名職位"，皆爲希望之所在。

2. 借代引申

借代引申是指由於甲、乙兩類事物之間有某種特定的聯繫，容易使人們在甲乙之間產生詞義聯想，從而用原本指稱甲類事物的詞語去指稱乙類事物，使詞語產生借代義。《集成》說明甲、乙兩類事物之間的聯繫時，常用"某取某之義"等術語，亦有直接援引前人之說，借以闡明詞義引申的用例。比如：

【家嚴】《俚》10

　　又有稱母爲家堂者，蓋取北堂之義。然父母俱在高堂，父不可以稱堂乎？俗稱母爲慈、爲堂，確然不可易，蓋相沿久矣。

按：此以母親的居住之處代稱母親，是以物品代稱物品使用者而形成的借代義。

【冠蓋】《俚》31

　　蓋，繖也，俗作傘。《後漢》郭嘉言："烏桓多殺本郡冠蓋。"注："冠蓋，謂有冠有蓋之士大夫。"

第四章 《明清俗語辭書集成》對詞義的探析

按:"冠蓋"是士大夫使用之物,也是士大夫身份的象徵,以之代稱士大夫,形成借代義。

【綠頭巾】《直》418

《封氏聞見記》:"李封爲延陵令,吏人有罪,不加杖罰,但令裹碧頭巾以辱之。"正與今俗語合。而《通俗編》引《七脩類稿》載此段語云"裹碧緑",有誤。明人《雜組》:"娼妓有不隸於官、家居賣姦者,謂之土妓,俗謂之私窠子。又以妻之外淫者,目其夫爲烏龜,蓋龜不能交,縱牝者與蛇交也。隸於官者爲樂户,又爲水户,國初之制:緑其巾以示辱,蓋古赭衣之意,至今里閈尚以緑頭巾相戲也。"

按:讓土妓之夫或妻之外淫者戴緑頭巾以標識其身份,遂以所用之物代其本人。

3. 相因引申

相因引申是指兩種事物之間具有一定的邏輯關係(如目的、因果、條件等等)或隱含的機理相同,人們可以依據其邏輯關係或其相同之理從本義輾轉聯想到引申義,從而實現詞義引申。《集成》闡釋此類引申一般會揭示本義與引申義之間的引申理據綫索,讓讀者看清引申軌迹。如:

【欺詿曰紿】《里》1454

《説文》:"絲勞即紿。"謂煩勞難理也。人之欺詿如絲之頭緒紛亂莫測,故假借爲欺詿。紿,徒亥切,音太上聲。《蜀語》

按:絲難理曰紿,欺詿之術緒紛亂莫測,如絲之難理,由此紿引申出欺詿之義。

【都鄙】《談》1172

都,美也,鄙之對也。《左傳》:"都鄙有章。"《淮南子》云:"始乎都者常卒乎鄙。"蓋天子所居,輦轂之下,聲名文物之所聚,故其士女雍容閑雅之態生。今諺云"京樣",

155

即古之所謂都。《相如傳》"車從甚都"是也。邊氓所居，叢爾之邑，狐狸豺狼之所嗥，故其閭閻吝嗇村陋之狀出。今諺云"村野"，即古之所謂鄙。《老子》云"眾人皆有以，而我獨頑似鄙"是也。

按："都"爲天子所居之地，多雍容閑雅的美貌士女，由此引申出"美"義。鄙爲邊邑，多"吝嗇村陋之狀"，由此引申出"粗野醜陋"之義。

【一槩　大槩】《談》1227

槩，平斗斛之物。《禮・月令》："仲春之月正權槩。"《周禮・冬官・考工記》："枲人概而不稅。"疏："槩，所以勘諸塵之量器，以取平者。"今云"一槩"者，謂眾人平等也；言"大槩"者，大率也。《史記・伯夷傳》："其文辭不少槩見。"《莊子・天下篇》："槩乎皆常有聞者也。"

按：槩爲"平斗斛之物"，可使斗斛變平，由此引申出平等之義。

【枝梧】《雅》1819

枝梧單作支吾，屋之小柱爲枝，斜柱爲梧，皆不能自主者，故《史》稱項羽斬宋義，諸將莫能枝梧，言皆詔服，莫能營救。枝，持也。今人以推調哄人曰支吾，亦曰左支右吾，語見《文選》。

按："枝梧"爲不能"自主"的輔柱，皆不能獨自支撐，由此引申出"勉強支撐、搪塞"義。

4. 反嚮引申

由一個詞的本義向其相反的方嚮引申，而產生一個與本義相反的詞義，即爲反嚮引申。如：

第四章　《明清俗語辭書集成》對詞義的探析

【幺】《談》1249

一爲數之本，故可以大名之，一年之稱元年，長子之稱元子是也；又爲數之初，故可以小名之，骰子之謂一爲幺是也。《爾雅》："幺，幼。"注曰："豕子最後生者，俗呼爲幺豚。故後人有幺麿之稱。"《説文》："么，小也，象子初生之形。"幼字從么，亦取此義。

按：幺、么同。《説文·幺部》"幺"字段注："子初生，甚小也。俗謂一爲幺，亦謂晚生子爲幺，皆謂其小也。"《説文》《爾雅》皆訓爲幼小之義，但由此意義上引申出"大"義，二義相反。實際上是因兩義出發的角度不同纔引申出相反的詞義，"小"義是從基數角度衡量的，"一"爲基數中的最小數，故有"小"義；"大"義是從序數的角度衡量的，第一排在序數的第一位，故有"大"義。

另有"乖覺"和"落成"二詞（見本書第三章第一節"析詞審義"部分），其詞義亦爲反嚮引申，在此不復贅述。

5. 詞義虛化

依前述解惠全的觀點，我們把詞義虛化也看作詞義引申的一種。《集成》中論及此類的内容較少。如：

【喫飯曰頓】《里》1453

《通雅》："唐劉世讓曰：'突厥數寇，良以馬邑爲之中頓。'注：'頓是食也，置食之所曰頓，猶今言中火也。'俗以一餐爲一頓。《北史》：'農爲中軍，寶爲後軍，相去各一頓。'"又《隋煬帝紀》："每之一所，輒道置頓。"《世説》：羅友伺人祀祠，主人問之何爲，答曰："欲喫一頓食耳。"

按："頓"本爲"置食之所"，爲名詞，後由此虛化爲量詞，稱"一餐爲一頓"，詞義有所轉移。

157

二、詞義感染

在《集成》中，除了含有上述詞義引申的分析以外，還談到了詞義的感染現象，但比起詞義引申來，對詞義感染的討論要少很多。如：

【景仰】《常談考誤》2176

《詩·小雅》："高山仰止，景行行止。"景訓明，行訓道，言人有景行當效而行之，如山之高當仰之。此《西溪叢語》中說也。今人書簡有用景仰、景慕者，非矣。甚有取前賢名姓，加景字于其上，如景周、景顏之類，尤失其義。查晉宋史，如王景略、范景仁，何嘗以景爲仰？惟魏文帝書云："高山景行深所慕。"仰方得此意。

按：此例中談到的"以景爲仰"其實就屬於詞義感染中的組合感染。《說文·日部》："景，光也。从日京聲。"故可訓爲"明"。又《說文·人部》："仰，舉也。从人从卬。""仰"後引申出"敬慕"義。由於景、仰二詞常連用，"景"受"仰"的詞義感染，也產生了"敬慕"之義。《篇海·天文類·日部》："景，慕也，仰也。"《後漢書·劉般傳附劉愷》："今愷景仰前脩。"李賢注："景，猶慕也。"李白《與韓荊州書》："如何令人之景慕，一至於此耶！"當然，此條編者沒有認識到詞義感染，而以爲誤，但畢竟發現了這一種詞義演變現象，其學術意識在當時應該算是比較超前的。

由上述分析可以看出，《集成》諸辭書在釋詞過程中，特別注重說明詞義演變的途徑，從而使所釋詞語的意義更加豐滿明晰，爲詞條釋義增色不少。同時也必須指出，《集成》中雖然存在大量闡發詞義引申的內容，但沒有像段玉裁那樣明確提出"引申"之名,對各類詞義引申之間的界限也模糊不清,缺少段、王那種探索"詞義引申規律"的意識,除了徵引較爲豐富以外,對詞義引申的解説甚至還没突破唐人經傳注疏的方式。

第三節 《明清俗語辭書集成》對詞義演變結果的分析

一、詞語義位的增減與更替

1. 詞語的多義化

詞語在使用的過程中,新義位不斷產生,舊義位依然保留,新、舊義位并存,就會逐漸演變爲多義詞語。《集成》對詞語的多義化已有清晰的認識,訓釋了大量的多義詞語。在分析的過程中,特别注重古今對比,注重對詞義源流的考查,雖然對詞語的義位收羅并不完備,但仍然能讓讀者看到詞語多義化的大致進程。如:

【婆婆】《俚》11

孫稱祖母曰婆婆。婦稱夫之母,古曰姑,今亦曰婆婆,從其子稱也。又俗稱他家老嫗亦曰婆婆,宋張齊賢母入大内,上曰:"婆婆老福。"

按:此條指出"婆婆"有三個義位:宋代婆婆可指代老年婦女,屬於尊稱;"今"(明代)婆婆可用來指稱夫之母;婆婆還有"祖母"義,此義起於唐代,如:唐權德輿《祭孫男法延師文》:"翁翁婆婆以乳果之奠,致祭於九歲孫男法延師之靈。"雖然三個義位產生年代不同,但其產生之後,并没完成義位之間的更替,時至明代,三個義位依然并存,從而形成多義詞。比如:《儒林外史》第九回："那老婆婆白髮齊眉，出來向兩公子道了萬福。"此指老年婦女；明陳汝元《金蓮記·捷報》："媽媽遠征，孩兒固當陪侍；婆婆獨守，孫子豈忍拋離？"此婆婆與孫子對文，當指祖母；《儒林外史》第六回："媳婦住着正屋，婆婆倒住着廂房，天地世間，也没有這個道理。"此指夫之母。

【家人】《俚》16

俗呼僕從曰家人，蓋言私家之人也。《易》稱家人，則父子夫婦兄弟皆在其中。俗專呼僕從爲家人，始於近代耳。

按：此條指出了"家人"的兩個義位，一是自已家中之親人。此義起於先秦，如《詩·周南·桃夭》："桃之夭夭，其葉蓁蓁。之子于歸，宜其家人。"二是以家人稱僕從，言"始於近代"，不確。這個意義早在漢代就已經產生，如：《漢書·儒林傳·轅固傳》："竇太后好《老子》書，召問固。固曰：'此家人言耳。'"顏師古注："家人言僮隸之屬。"之後兩義並行。如清王士禛《池北偶談·談異七·南江野人》："南江有二野人，能手格猛虎，恒擘獐鹿啖之，懸崖絶壁，騰上如鳥隼，雖其家人親戚招之，疾走不顧也。"此家人爲第一義；《古今小説·滕大尹鬼斷家私》："滕大尹寫個照帖，給與善述爲照，就將這房家人判與善述母子。"此家人爲第二義。

【生口】《土》226

驢馬曰生口，見《魏志·王昶傳》注"任嘏常與人共買生口，各雇八匹，後生口家來贖時，價值六十匹。"云云。若《漢書》所云，生口乃軍中生擒人口也。

按：此條指出"生口"的兩個義位並指明了起始年代。一是"軍中生擒人口"，此義起於漢代；二"驢馬"等牲畜，此義起於晋代。後兩義並行，如：第一義：清畢沅《續資治通鑒·宋太宗太平興國四年》："捕得生口，云北漢主城中市所射之箭。"第二義：清李漁《玉搔頭·微行》："走不動了，僱兩個生口，騎了去罷。"自唐代開始，"生口"亦作"牲口"，專指大牲畜。如：唐杜佑《通典·食貨七》："自十三載以後，安祿山爲范陽節度，多有進奉駝馬牲口，不曠旬日。"

【鐵馬】《土》231

簷前懸鐵馬，始於隋煬帝。《南部煙花記》云："臨池觀竹，既枯，隋后每思其響，夜不能寐。煬帝爲作薄玉龍數十枚，以縷線懸於簷外，夜中因風相擊，與竹無異。民間效之，不敢用龍，以竹駿代，今俗則以燒料謂之鐵馬。以如馬被甲作戰鬥形，且有聲也。"楊升庵《外集》云："古人殿閣簷棱間有風琴、風箏，因風動成音，自諧宮商。"元微之詩："鳥啄風箏碎珠玉。"高駢有《夜聽風箏》詩，僧齊巳①及王半山皆有《詠風琴》詩，此乃簷下鐵馬也。今人名紙鳶曰風箏，非也。真西山云："風箏，簷鈴，俗呼風馬兒。"

按：此條指出的鐵馬的兩個義位，一爲簷鈴，起於隋代。二爲"燒料"，即經熔煉而成、材質類似玻璃的工藝品或器皿，見於唐人馮贄所撰的《南部煙花記》。二義曾并行，第一義沿用至今。

【老婆】《土》357

妻又稱老婆。按：《傳燈錄》："大愚曰：'黃蘗與麼老婆心切。'"又，"普化云：'河陽新婦子，木塔老婆禪。'"本爲老婦人之稱。

按：此條指出"老婆"的兩個義位，一爲老婦，始見於唐，如：唐寒山詩之三六："東家一老婆，富來三五年；昔日貧於我，

---

① "巳"當爲"己"之誤。齊己，唐末僧人，俗姓胡，名得生。

今笑我無錢。"二爲妻子義，始見於宋，如：宋吴自牧《夢粱録·夜市》："更有叫'時運來時，買莊田，取老婆'賣卦者。"而第一義宋時亦有用例，如：宋陶岳《五代史補·梁·羅隱東歸》："媼歎曰：'秀才何自迷甚焉，且天下皆知羅隱，何須一第然後爲得哉！不知急取富貴，則老婆之願也。'"二義并行。

【媳婦】【新婦】《土》360

子婦曰媳婦。案：慶元中，龔大雅《義井題記》有"亡男媳婦諸名氏"，則宋已有此偁，蓋以子息之婦而加女作媳也。《魏志·曹植傳》："大發士息，前後三送。"注："言士卒子息也。"《國策》："老臣賤息舒祺。"注："息，生息也。"吕雲孚《六書辨正》："成祖謂仁孝后有'媳婦兒好'之語。"《歸震川集》亦間用媳字。若《元·成宗紀》："命完澤征八百媳婦國。"此則邊土婦女之通稱。

新婦之名，始見《吕氏春秋》："白圭云：'有新娶婦者，暨子操蕉火而鉅，新婦曰：'蕉火大鉅'云云。惠子曰：'何事比我于新婦？'"王彦輔《麈史》以爲今人稱子婦曰新婦本此。《國策》亦有"衛人迎新婦"之文，本爲新聚時之稱，後遂至老仍此稱矣。晉時婦人自稱亦曰新婦，如"新婦得配參軍""以小郎屬新婦，不以新婦屬小郎"是也。逌翁《棄婦詞》"新婦初來時"亦是。○又宋陳恭公呼弟婦爲六新婦，見《容齋隨筆》。

按：指出"媳婦"的兩個義位，一是兒子的妻子，起於宋代，沿用至今；二是"邊土婦女之通稱"，始見明初成書的《元史》。另討論了"新婦"的兩個義位，一是兒子的妻子，起於先秦；二是婦人自稱，興於晉代。

【姐】《直》402

今人呼少艾曰姐。繁欽《與魏文帝牋》："自左駓、史妠、騫姐名倡。"入文始此。東坡有《趙成伯席上贈所出妓

第四章 《明清俗語辭書集成》對詞義的探析

川人楊姐》。

按：此條指出"姐"的兩個義位，一是指少艾，即年輕貌美的女子；二是指妓女，始於三國時期，直到明清還有用例，如：《警世通言·玉堂春落難逢夫》："常言'姐愛俏，鴇愛鈔'。你多拿些銀子出來打動他，不愁他不用心。"

【元寶】《直》419

今以名黃白大鋌。《通俗編》引漢以來歷代錢文并人名爲證，亦無確義。按：《呂氏春秋·恃君覽·召類》篇："文武有常，圣人之元也。"漢高誘注："元，寶也。"則元自有寶義，不但訓大、訓首而已，亦不可曉。《蜀志·秦宓傳》裴注引《益部耆舊傳》："劉焉表薦處士任安，味精道度，厲節高邈，揆其器量，國之元寶。"

按：其中"元寶"有兩個義位，一爲"大鋌"，馬蹄形的金銀錠，始見於元代，如：《元史·楊湜傳》："上鈔法便宜事，謂平準行用庫白金出入，有偷濫之弊；請以五十兩鑄爲錠，文以'元寶'，用之便。"二是"大寶"，其中"元"表"大、首位"義，高誘《呂氏春秋》注不確，文中《蜀志》"國之元寶"即爲"大寶"也。"元"此義肇始於先秦，如：《尚書·大禹謨》："天之歷數在汝躬，汝終陟元后。"孔傳："元，大也。"

【圖書】《俚》46

古人於圖畫、書籍皆有私印，云某人圖書。今人遂以其私印呼爲圖書。正猶碑記、碑銘，本謂刻記銘於碑也，今遂以碑爲文字之名矣。余聞鄉村人有呼圖書印者，或即古語。而士人所稱乃省去印字，義殊不通。然油硃染印謂之印色，不呼圖書色，其義可見。

按：圖書一詞本指書籍，如：《韓非子·大體》："豪傑不著名於圖書，不錄功於盤盂。"後因常在圖畫書籍上加蓋私人印章，

163

遂以圖書代稱印章，致使圖書產生了新的借代義。此義於宋代已經產生，如：張耒《湯克一圖書序》："圖書之名，予不知其所起，蓋古所謂璽，用以爲信者。"直到清代仍有用例，如：《儒林外史》第二一回："要費先生的心，刻兩方圖書。"

【稱壻曰郎】《里》1443

《隋書》："滕王讚①，周以貴公子，又尚公主，時人號曰三郎。"石敬塘尚永甯公主，爲唐明宗壻，會唐主千春節，公主上壽畢，辭歸，唐主醉曰："何遽歸，欲與石郎反耶？"又有奴稱主爲郎者，《唐書·宋璟傳》："鄭善果曰：'中丞奈何卿五郎？'璟曰：'君非其家奴，何郎之云？'"安禄山亦稱李林甫爲十郎。有稱父曰郎者，如唐裴勛呼父坦之爲十一郎。有稱子曰郎者，王祐貶華州，親朋送祐曰："意卿作王溥官矣。"時溥爲相，祐笑曰："某不做兒子，二郎必做。"有稱姪曰郎者，如韓愈有《祭十二郎文》。有稱夫爲郎者，《晉書·列女傳》："謝道韞曰：'天壤之間，乃有王郎。'"有君自稱郎、人亦稱君爲郎者，明皇不以天子爲貴，而自呼爲三郎，當時獻《五角六張賦》者，亦呼其君爲三郎。又漢制：二千石以上得任其子爲郎，故稱人子曰郎。又《唐書·房玄齡傳》："高孝基曰：'僕閱人多矣，無如此郎者。'"郎字殆是通稱。

按：此處羅列隋唐時期"郎"的八個義位。一是對女壻的稱呼，二是奴對主人的稱呼，三是子對父的稱呼，四是長輩對年輕男子的稱呼，五是妻對夫的稱呼，六是男子自稱，七是對高貴人的尊稱，八是對人子的敬稱。八義并存，渾言之則是對男子的

---

① "勝"當爲"滕"字之誤；"讚"當爲"瓚"字之誤。滕王瓚，即楊瓚，隋高祖楊堅之胞弟，娶北周武帝之妹順陽公主爲妻，故曰"尚公主"。

164

第四章　《明清俗語辭書集成》對詞義的探析

通稱。

2. 詞語義位的更替

（1）詞語義位的更替是指詞語的新義位產生，舊義位消亡，從而形成詞義轉移。如：

【搜括】《直》411

《南史·梁武帝紀》："詔：凡諸郡國舊族，邦内無在朝位者，選官搜括，吏部有一人①。"今則專爲指斥徵掠財物者通稱矣。

按："選官搜括"之搜括本爲搜求、尋找之義。括，音 guā，亦作刮。宋代"搜括"一詞產生了"徵掠財物"的義位，如：司馬光《言蓄積札子》："官吏往往更行收糴，所給官錢既少，百姓不肯自來；中糴則遣人編攔搜括，無異於寇盜之鈔劫。"後先義廢而不行，僅存於"搜腸刮肚"這樣的成語中。

【寺】《證》2412

寺者，官府之名也。《漢書·元帝紀》注師古曰："凡府廷所在皆謂之寺。"《釋名》："寺，嗣也。官治事者，相嗣續於其内也。"案：寺，音嗣。三代以上，奄宦謂之寺。寺者，侍也。《詩·秦風》："寺人之令。"《毛傳》："内小臣也。"《周禮》："寺人掌王之内人。"② 鄭注："寺之言侍也，取親近侍御之義。"秦漢以後，官舍謂之寺。寺者，司也。……其羣官總治之處曰省，專治之處曰寺。……浮屠之居亦曰寺。《石林燕語》："漢以來，九卿官府皆名曰寺，鴻臚其一也，本以待四裔賓客。明帝時，攝摩騰、竺法蘭自西域以白馬負經至，舍於鴻臚寺。既死，尸不壞，因留寺中。後遂以爲浮屠之居，即雒中白馬寺也。僧居稱寺本此。"

按：先秦時期的寺是指皇宫内供役使的閹宦，因其在宫内

---

① 《梁書》卷二《武帝紀》作"使郡有一人"。當是。
② 此處引文不全，據《周禮》原文當爲"寺人掌王之内人及女宫之戒令"。

"掌王之内人及女宫之戒令"，產生了"司理"之義，由此引申出作爲辦公場所的"官舍"義。後又因"白馬負經舍於鴻臚寺"，寺又產生了"佛教廟宇"之義，此義與"官舍"義并行，而最初的"閹宦"義位廢。

【村莊】《雅》1815

《説文》："村，墅也，田廬也。"《吴興記》"上若村""下若村"是也。莊者，藏書之義。唐李德裕平泉莊，此後人花園之始。今俗以莊稱田廬，而藏書之所不復稱莊矣。墅，音樹。莊从士，俗作庄，非。○古無村名，隋世乃有之。唐令：在田野者爲村，別置村正一人。則村之爲義著矣。

按：莊，俗作庄，本有"藏書之所"的義位，而後產生"田廬"義，前義漸廢。"古無村名，隋世乃有之"，其實不然，晉陶潛《桃花源記》就有"村中聞有此人，咸來問訊"之語，其中的"村"即村莊義。由此，"村"之"田廬"義漸不行，形成了義位更替。

(2) 詞語在某個時期曾產生過新的義位，後此新義位又消亡。如：

【五尺童子】《談》1257

古以二歲半爲一尺，言五尺是十二歲以上，十五歲則稱六尺。若晏嬰身不滿三尺，是以律起尺矣。周尺準今八寸，二尺四五寸，定成形體①，當是極言其短耳。曹交九尺四寸以長，準今七尺五寸餘。

---

① （明）陸深《春風堂隨筆》作"豈成形體?"當是。見國學扶輪社校輯《古今説部叢書》（再版）第三集第六册，中國圖書公司和記，1915年，第2頁。

第四章 《明清俗語辭書集成》對詞義的探析

又《雅》"五尺"條 1907

古人以二歲半爲一尺,曰五尺之童者,十二歲半也。曰六尺之孤者,十五歲也。

按:類似"尺"的用法秦漢文獻多見,如《論語·泰伯》:"曾子曰:'可以托六尺之孤,可以寄百里之命,臨大節而不可奪也。'"何晏《集解》引孔安國曰:"六尺之孤,幼少之君。"《後漢書》卷六十三《李固傳》:"文姬乃告父門生王成曰:'今委君以六尺之孤,李氏存滅,其在君矣。'"李賢注:"六尺謂年十五以下。"① 又卷四十七《班超傳》載班昭"上書請超"曰:"妾竊聞古者十五受兵,六十還之,亦有休息不任職也。"李賢注:"《周禮·鄉大夫職》曰:'國中七尺以及六十,野自六尺以及六十有五,皆徵之。'徵,謂賦稅,從徵役也。《韓詩外傳》曰'二十行役,六十免役',與《周禮》國中同,即知二十與《周禮》七尺同。《周禮》國中六十免役,野即六十有五,晚于國中五年。國中七尺從役,野六尺,即是野又早于國中五年。七尺謂二十,六尺即十五也。"② 依兩辭書編者之意,先秦至漢代可以"尺"指代年齡。但幾歲爲一尺又無定論,有"二歲爲一尺"和"二歲半爲一尺"兩說,遍檢其後世文獻,均未見此用法,結果概有兩種:一是"尺"的這一義位已消失;二是"尺"從未產生過這一意義。但無論如何,以"尺"指代年齡可暫爲一說。

二、詞義範圍的變化

在《集成》對詞語的考釋當中,編者們已經充分意識到了詞

---

① (南朝宋)范曄撰;(唐)李賢等注:《後漢書》,中華書局,1999年,第1412頁。
② (南朝宋)范曄撰;(唐)李賢等注:《後漢書》,中華書局,1999年,第1068-1069頁。

義範圍的歷時變化，他們考源溯流，古今對照，探討了不少此類内容，共可分爲詞義擴大、詞義縮小和詞義轉移三種類型。

1. 詞義擴大

詞義擴大是指詞語所指稱事物的範圍由小變大，這種變化一般有兩種類型，一種是由局部擴大到全體、由較小的範圍擴大到較大的範圍；另一種是由個別擴大到一般，由專名變爲通名，即詞語的應用範圍變得更爲廣泛。在詞義擴大的過程中，詞語原有的具體的、個別的意義往往朝着抽象化和概括化發展。蔣紹愚主張用義素分析法來衡量詞義的變化，他認爲詞義擴大就是"中心義素不變，限定義素減少"。① 《集成》中有不少分析詞義擴大的例子，其中多屬於由個別到一般、由專名到通名的分析，也有少數詞條談到了詞語的應用範圍擴大。比如：

【猶子】《俚》"猶子 從子"條 10

俗稱兄弟之子皆曰姪。《檀弓》："兄弟之子猶子也。"注云："姪對姑而言也。"言惟姑於兄弟之子可稱姪、稱猶子耳。《爾雅》："父之姊妹曰姑。"《左傳》"姪其從姑"是也。今人於伯叔父前皆稱猶子。《文選》亦云："篤猶子之愛。"盧邁再娶，無子，曰："猶子可以主後。"是兄弟之子稱猶子久矣。

按：姪、猶子本爲姑姑稱兄弟之子的稱呼，而後世不但姑姑，伯叔父稱兄弟之子皆可曰姪、猶子，沿用至今，詞義有所擴大。

【忌諱】《俚》52

俗稱恣意妄言爲不識忌諱。然古人忌諱非指生者言也。《周禮·春官·小史》："詔王之忌諱。"鄭注："先王死日爲

---

① 蔣紹愚：《詞義的發展和變化》，《語文研究》1985 年第 2 期，第 8 頁。

第四章 《明清俗語辭書集成》對詞義的探析

忌，名爲諱。"又，《合璧事類》："諱者，諱死不諱生也。"魏晉而下，併其生者諱之，謟也。漢人表疏如"東方朔不知忌諱"之類，已非《周禮》本旨。而呂后諱雉爲野雞，武帝諱徹爲通，光武諱秀爲茂，明帝諱莊爲嚴，司馬遷諱其父談爲同，豈古人臨文不諱之義乎？此風唐宋爲甚。

按：忌諱本爲詞組，分別專指先王的死日和名字，而不用於生者。後"諱"亦可用於指稱生者的名字，指稱範圍擴大。

【道地】《土》288

物之佳者曰道地。按：《本艸》注："藥出某地者佳。"藥肆招牌必曰"道地藥材"，他處亦稱地道。是本爲藥材之稱。

按：此條認爲道地原專指真正有名産地出産的好藥材，後凡"物之佳者"皆稱道地，認爲屬於詞義擴大。其實編者失察。道地本非專指藥材，如：宋嚴羽《滄浪詩話·附答吳景仙書》："世之技藝，猶各有家數；市縑帛者，必分道地。"元無名氏《百花亭》第三摺："這果是家園製造，道地收來也。"皆通指正宗之貨物。

【箇】《談》1213

《說文》："古賀切，竹一枝也。"《荀子》："負矢五十箇。"蓋古以竹爲矢，此箇字正義。《禮·少儀》："太牢則以牛肩臂臑折九箇。"又"羊七箇""豕五箇"，俱从箇。而《禮記》《周禮》亦多从个，蓋即竹字之半也。今人又別作個。

按：箇、个，本專指竹子，表示一枝竹子，後成爲單體的量詞。由專指變成通用，詞義有所擴大。

【主器】《俚》10

　　稱人長子曰主器，稱人衆子亦然。《易·序卦傳》："主器者莫若長子。"又《震·象傳》："出可以守宗廟社稷，以爲祭主也。"是長子主祭爲祭主，乃皇太子、王世子之稱，豈可泛稱庶人？

按：主器因皇太子、王世子主祭爲祭主，故而以主器代稱皇太子、王世子。因皇太子、王世子常爲帝王之長子，亦稱長子爲主器，且不專指皇太子、王世子，庶人亦可用，這是詞義擴大的結果。

【鈕釦】《土》"紐襻　鈕釦"條198

　　鈕子爲鈕釦。按：《說文》："鈕，印鼻也。""釦，金飾器口也。"《正字通》："凡物鉤固者皆曰鈕。"如今搭鈕之類。

按：鈕本專指印鼻，後通指鉤固之物。詞義範圍變大。

【牆門】《土》215

　　《後漢·祭祀志》："立大社稷在宗廟之右，方壇，無屋，惟牆門而已。"蓋謂牆上爲門。今則大門通呼牆門。

按：牆門本專指在牆上開的門，後泛指大門，是詞義擴大的結果。

【齼】音楚去聲《談》1247

　　齒怯也。今京師語謂怯皆曰齼，不獨齒怯也。

按：《玉篇·齒部》："齼，齒傷醋也。"明楊慎《義林伐山》卷十八："齼字，今京師語謂怯皆曰齼，不獨齒怯也。"由齒怕醋，泛指害怕，詞義擴大。

【先輩】《里》1461

　　唐宋間，人呼謂有先輩之稱，或曰此互相推敬耳。然未聞施之同朝、同官、同年，而所謂皆未任官職、未登第之

170

士，觀歐、蘇書札可見。李方叔，東坡門人，坡書稱方叔爲先輩。按：《北夢瑣言》："王凝知舉日，司空圖第四，王謂眾曰：'某叨忝文柄，今年榜帖，爲司空先輩一人而已。'"則是所謂先輩者，實未達士也。唐王福畤《雜錄》："文中子謂魏徵及房、杜曰：'先輩雖聰明特達，非董、薛、程、仇之比。'"然則是稱隋唐初蓋已如此。自此而後，多以在我前者爲先輩。今《詞林》以七科爲前輩。《通雅》。

按："先輩"作爲敬稱，唐宋時期用以稱呼"未任官職、未登第之士"，後以用以通稱"在我前者"，無論登第與否皆可稱"先輩"，詞義範圍有所擴大。

【官人】《談》1169

南人稱士人爲官人。《昌黎集·王適墓誌銘》："一女，憐之，必嫁官人，不以與凡子。"是唐時有官者方得稱官人也。杜子美《逢唐興劉主簿》[①]詩："劍外官人冷。"明制：郡王府自鎮國將軍而下，稱呼止曰官人。

按：清趙翼《陔餘叢考》卷三七"官人"條："官人乃隋唐間語……然唐以前必有官者方稱官人……至宋已爲時俗通稱……官人之稱在宋時已爲常談也。明制：郡王府自鎮國將軍而下稱呼止曰官人。然官人之稱已遍於士庶，固不僅王府支屬矣。"[②]"官人"所指稱的範圍不斷擴大。

【巧遲不如拙速】《土》322

作文有"巧遲不如拙速"之謂。案：本爲用兵語。《孫子兵法》云："兵聞拙速，不睹工久。"張翰《襍詩》："折

[①] 此詩當爲《逢唐興劉主簿弟》，脫"弟"字。見（唐）杜少陵著、張忍叟校閱：《杜少陵全集》（下），中央書店，1935年，第26頁。
[②] （清）趙翼：《陔餘叢考》，中華書局，1963年，第814－815頁。

衝樽俎閒，制勝在兩楹。巧遲不足稱，拙速乃垂名。"本此。釋惠洪《冷齋夜話》云："集句詩，其法①拙速而不貴巧遲。"則爲作文用矣。

按："巧遲不如拙速"本爲用兵術語，後其應用範圍擴大到作文之法，詞義有的擴大。

2. 詞義縮小

與詞義擴大相反，詞義縮小是指詞語所指稱事物的範圍由大變小，用蔣紹愚的話說就是"中心義素不變，限定義素增加"。②這種詞義的變化也有兩種情況：一是由廣變狹，一是由一般變特殊。詞義縮小還往往會引起詞語的應用範圍變窄，《集成》中所考察的詞義縮小的例子即多屬於這種情況。如：

【賤息】《談》"阿翁　賤息　子姓"條1178

息，生也。子女皆可稱息。左師觸龍曰"賤息舒祺"，《東觀漢紀》："此蓋我子息。"是子稱息。呂公見劉季曰："僕有弱息，願爲箕帚妾。"是女亦稱息。……（今）稱婦曰息婦……

按：息有生長義，《廣韻·職韻》："息，生也。"由此引申爲子女。後息字寫作媳，專指女性，詞義範圍縮小。

【老酒】《土》237

黄酒曰老酒。按：范石湖詩："扶頭老酒中。"自注："老酒，數年陳酒也。"南人珍之，是老即陳字之意。蘇子由《求黄家紫竹杖》詩云："老酒仍煩爲開甕。"今不論新陳，黄酒通呼老酒矣。

---

① 此脱"貴"字。《冷齋夜話》卷三中有"山谷集句貴拙速不貴巧遲"條。見姚繼榮、姚憶雪：《唐宋歷史筆記論叢》，民族出版社，2016年，第446頁。
② 蔣紹愚：《詞義的發展和變化》，《語文研究》1985年第2期，第8頁。

按：老酒本指陳酒，包括黃酒白酒，皆可稱之。後專指黃酒，詞義縮小。

【上壽】《俚》30

《左傳》："魯公宴於五梧，武伯上壽。"《史記·淳于髡傳》："奉觴上壽。"《三國志》："馬超入漢中，正旦，弟和上壽於超。"蓋古人上壽不必生日也。

按：上壽本指敬酒祝福，沒有時間限制，後專用於生日時祝人長壽，詞義有所縮小。

【窈窕】《常談考誤》2196

自《詩》以窈窕詠淑女，遂止用於婦人，不知男子亦可稱窈窕。古樂府《焦仲卿妻》："還家十餘日，縣令遣媒來。云有第三郎，窈窕世無雙。"可證已。

按：《詩·周南·關雎》："窈窕淑女，君子好逑。"毛傳："窈窕，幽閒也。"《漢書·王莽傳上》："公女漸漬德化，有窈窕之容，宜承天序，奉祭祀。""窈窕"顏師古注與《詩》毛傳同。幽閒，即柔順閒靜之義，并非專門形容女子。後世本《詩經》以窈窕專門用於誇讚女性，沿用至今。屬於詞義的縮小。

【宮】《目》2124

《孟子》："舍皆取諸宮中而用之。"自古宮室一也，貴賤皆得稱之。自秦以來，乃定爲至尊所居之稱。其他如自稱朕，妃稱后，率多變古之事。

按：宮本爲房室的總稱。如：《易·困》："入於其宮，不見其妻，不祥也。"秦以至尊所居住的房屋爲宮，庶人之房屋不得稱宮，由泛指變特指，在詞義上有所縮小。

【歛衽拜】《土》290

女拜稱歛衽。按：古爲男子之通稱。《國策》：江乙説安陵君曰："一國之衆見君，莫不歛衽而拜。"《史·留侯世家》：酈生曰："楚必歛衽而朝。"東坡《題王維吳道子畫》詩："又于維也歛衽無間言。"又《夜過舒堯文戲作》云："坐客歛衽誰敢侮？"又《舟中聽大人彈琴》詩："歛衽竊聽獨激昂。"元熊禾《題東坡集》云："東坡稱天人，再拜當歛衽。"則是時猶未專屬女人。

按：歛衽爲拜，男女皆然，本不專稱女性的行禮。後世專以女人之拜爲歛衽，詞義有所縮小。

【丈人】《俚》13

《淮南子》："老而杖於人，故稱丈人。"王充《論衡》："人身以一丈爲正，故男子名丈夫。"蓋古人稱尊長輩爲丈人。如《論語》"子路遇丈人"、《漢書》單于曰"漢天子，我丈人行"是也。又《疏廣傳》："宜從丈人所勸說者。"師古注云："丈人，莊嚴之稱也。親而老者皆稱焉。"今惟稱婦翁爲丈人耳。

【丈人】[叔丈人]《土》353

妻父曰丈人。案：古人尊長通偁丈人，如《漢·宣元六王傳》："以淮陽憲王爲丈人。"小顏注："丈人者，嚴莊之偁，凡親而老者皆偁焉。"裴松之《蜀·先生傳》注云："董承于獻帝爲丈人，古無丈人之名，故謂之舅。"是晉宋以後，始以妻父爲丈人。《世說》：王恭對王忱云："丈人不悉恭。"是時猶以爲通稱。《漢·匈奴傳》："漢天子，我丈人行。"似已以妻父爲丈人，然曰"行"，則非確指妻父，且亦非中國通偁。柳子厚《祭楊凭文》："昭祭于丈人之靈。"又《與外舅楊凭書》："丈人以文律通流當世。"又云："丈人旦夕歸朝廷。"《通鑑》："元載有丈人來從求官，但贈河北一書遣之，丈人不悦。"陳后山

174

第四章　《明清俗語辭書集成》對詞義的探析

《送外舅》詩："丈人東南英。"自注："丈人字，俗以爲婦翁之偁。"此皆以妻父爲丈人。任淵注山谷《次韻子瞻以紅帶寄王宣義》詩《序》："王淮奇，字慶源，東坡叔丈人也。"是叔丈人之偁自宋已有。

【丈母】《談》1182

按：《柳州祭獨孤氏》"丈母"及《通鑑》載韓滉稱元佐母爲"丈母"，皆婦人長老之通稱。又《顏氏家訓·風操篇》云："中外丈人之婦，猥俗呼爲丈母。"此即今之表伯叔母也，後因以妻父爲丈人，隨尊以妻母爲丈母。

按：丈人本爲對男性尊長的通偁，後世以婦翁爲丈人，泛稱變爲專稱。丈母本爲"婦人長老之通稱"，因丈人之義，專稱妻母，婦翁、妻母雖仍屬尊長之人，但詞義已經縮小。

3. 詞義轉移

詞義轉移就是詞語所指稱事物的範圍發生改變。原來指甲事物，後改指乙事物，所指範圍和性質都發生了變化，或者説是詞的新義産生，舊義消亡，義位發生了更替，最終形成詞義轉移。蔣紹愚稱之爲"保留原有的若干義素，但中心義素改變"。[①] 在這種變化當中，詞的中心義素發生了變化，與詞義擴大和縮小相比，詞義變化更大。如：

【風流】《俚》19

今以放達爲風流，古以儒雅醖藉爲風流。晉樂廣與王衍俱宅心事外，見[②]重於時，天下言風流者，王、樂爲首。庾亮過陶侃，侃曰："非唯風流，兼有爲政之術。"王儉曰：

---

① 蔣紹愚：《詞義的發展和變化》，《語文研究》1985年第2期，第9頁。
② 見，一作"名"。見張亮采、尚秉和《中國風俗史》（外一種），中國社會科學出版社，2012年，第83頁。

"江左風流宰相，惟有謝安。"唐杜如晦少英爽，以風流自命。權德輿、賀知章皆以風流稱。杜詩："爲政風流今在茲。"又"風流儒雅亦吾師。"劉禹錫詩："如今縣令亦風流。"皆以醞藉言也。

按：風流古爲儒雅醞藉，今指放達，即豪放豁達、不拘禮俗之義。詞義古今不同，發生了轉移。

【麞糟】麞,音拗 《土》263

暴熬不可耐曰麞糟。案：晉灼《霍去病傳》注："世俗謂盡死殺人曰麞糟。"則與今語義別。

按：麞糟本爲拼命厮殺之義，後爲暴熱難忍，詞義發生了轉移。

【考】《稱》621

《爾雅》："父爲考。"邢疏："考，成也。言有成德。"

案：……然考妣古雖生前通稱，今人則惟死而後稱矣。

按：《説文・老部》："考，老也。"考本"老"義，甲骨文作𦫵，金文作𦒞，皆象駝背老者依杖而行之貌。《詩・大雅・棫樸》："周王壽考，遐不作人。"鄭玄箋："文王是時九十餘矣，故云壽考。"因之稱老父爲考，《爾雅・釋親》："父爲考。"初爲對尚在世的父親之通稱，後世"惟死而後稱"，如：《禮記・曲禮下》："生曰父、曰母、曰妻，死曰考、曰妣、曰嬪。"又《公羊傳・隱公元年》："惠公者何？隱之考也。"何休注："生稱父，死稱考。"可見，"考"在詞義範圍上發生了轉移。

【男風】《直》398

《書》："馬牛其風。"賈逵云："風，放也，牝牡相誘謂之風。"今俗以男色爲男風，以兩人狎昵一人、至於相争爲爭風，本此。

按：風，古指畜類雌雄相誘，後指男女情愛，二義有引申關係，但在指稱對象上發生了轉移。

【首飾】《俚》31

婦女首飾古稱翠翹。古以男子之冠爲首飾。《後漢·輿服志》："秦加武將首飾爲絳幘，以表貴賤。"

按：古首飾指男子的帽子，後世指婦女所佩帶的飾物，詞義發生了轉移。

【老爺】《土》367

明經鄉舉，便稱老爺。按：爺本呼父之詞，以稱貴人，未知所始。《通鑑》："高力士承恩久，中外畏之，駙馬輩直呼爲爺。"尊人曰爺，殆始此。

按：爺本是呼父親的稱謂，如：《木蘭詩》："軍書十二卷，卷卷有爺名。"後以"爺"爲對男性尊長的敬稱，《舊唐書》中始見此義，《舊唐書·宦官傳·高力士》："肅宗在春宮，呼爲二兄；諸王、公主皆呼阿翁；駙馬輩呼爲爺。"後爺作爲"父親"義祇保留在方言中，在通語中"爺"的這個義位已發生轉移。

【百金】《俚》43

世稱白金百兩爲百金。謂漢文帝欲作露臺，惜百金之費。即以百金爲白金百兩耳。然文帝言："百金，中人十家之產。"嘗疑：中戶十家之產豈止百兩白金哉？比讀《東方朔傳》"鄧鄌之間，賈晦一金。"瓚注："秦以一鎰爲一金，漢以一斤爲一金。"孟康云："二十四兩爲鎰。"則秦漢史傳百金、千金非止百兩、千兩而已。師古云："秦漢所言賜黃金者，實今之所謂金也。其不言黃，惟言一金、十金、百金、千金、萬金者，錢也。一金爲萬錢。"據師古之說，萬錢今值白金十兩，文帝所謂百金，蓋今白金千兩也。白金，今謂之銀。

按：百金之數古今有變，依顔師古"一金爲萬錢"之説，秦漢之百金應爲明時"白金（銀）"千兩，而明代世人以百金爲百兩白金，是古今所指數量不同。這種情況屬於指稱内容發生量變，從詞義上看，也應視爲詞義轉移。

【獃子】《里》1485

陸友仁《吴中舊事》："吴中多謂人爲獃子。"《唐韻》云："獃，小犬癡不解事者。"

按：《廣韻・哈韻》："獃，獃癡，象犬小時未有分别。"獃，本用於形容犬，後用於人，在詞義範圍上發生轉移。

三、詞語情感義的變化

感情義指的是反映使用者的態度和情感等的附加意義，是詞語基本意義之外的意義，一般概括爲褒義、貶義和中性意義三種類型。而在此之外，尊重與輕蔑也能體現詞語的感情色彩，這些都是人們對客觀事物的主觀看法。隨着時代的發展，人們的主觀意識往往會發生改變，從而導致詞語情感色彩的變化。《集成》中對詞語的情感色彩的變化有很多描述，主要包括"褒貶"和"尊重與輕蔑"兩種變化。

1. 詞義褒貶變化

【乖覺】《俚》19

警敏有局幹，謂之乖覺。《水東日記》："兵部于肅愍公奏疏常用此俗語。"又謂韓退之、羅隱乖角字與今乖覺意相反。余謂乖字本非美語，《菽園雜記》："今之所謂乖，即古之所謂黠。"韻書"乖"注："戾也，背也，離也。"凡乖者，必與人背離，如與人相約諫君死難，稍計利害，即避之以自全，反以不避者爲癡，此之謂乖覺耳。

又【乖覺】[伶俐]《土》249

子弟頴悟曰乖覺，或作乖角。按：退之詩："親朋頓乖角。"羅隱《焚書坑》詩："祖龍算事渾乖角。"皆舛謬之謂，且"乖"字非所以稱人。揚子《方言》："凡小兒多詐而獪，或謂之姡。"姡，音括。乖殆姡之轉也。明周芝山《錫元亭間話》云："俗人不識字，稱人子弟曰乖、曰尅則喜。其意蓋以爲美詞耳，不知正相反。"

按：乖，古本背離、狡詐之義，爲貶義詞，後以之爲"機靈""乖巧"之義，變爲褒義詞。如：《水滸傳》第八一回："哥哥再選兩個乖覺的人，多將金寶前去京師，探聽消息。"

【漢子】[好漢]《土》260

賤丈夫曰漢子。見《北齊書》：魏愷固辭青州刺史，文宣怒曰："何物漢子，與官不就！"此與師古《西域傳》注"匈奴謂中國爲秦人者，習故言也"同義。《輟耕錄》："今人謂賤丈夫爲漢子。"《詢芻錄》云："漢自武帝伐匈奴二十餘年，聞漢兵莫不畏者，稱爲好漢。後遂爲男子之稱。"《舊唐書·狄仁傑傳》："武后謂曰：'朕要一好漢任使，有乎？'"東坡《錢顗子敦》詩："人間一好漢，誰似張長史？"《慕容垂歌》："我身自分當，枉殺牆外漢。"漢，即漢子也。

按：漢子之稱起源於漢代，是匈奴對漢朝男子的稱呼，本無貶義。後世以"漢子"爲身份低下的男子之稱，含有貶義。陸游《老學庵筆記》卷三："今人謂賤丈夫曰漢子。"

【市井】《常談考誤》2177

今目人爲市井之人，人必不悅。考經史，用亦無妨。《孟子》曰："在國曰市井之臣。"《東漢書·循吏傳》曰："白首不入市井。"蓋市，交易之處；井，共汲之所。因井爲市，交易而退，故稱市井也。則市井之人，豈盡不美者乎？

按：市井本爲交易的場所，并無貶義。後世以之爲城市流俗之人，含有貶義。如：李白《行路難》詩之二："淮陰市井笑韓信，漢代公卿忌賈生。"市井與公卿對舉，可見地位卑賤。

【成心】《常談考誤》2180

《莊子·齊物論》篇云："夫隨其成心而師之，誰獨且無師乎？"郭象注云："心之足以制一身之用者，謂之成心。人自師其成心，則人各自有師矣。"本自美談，而今以人先定主張者，謂有成心，則若不美談矣。

按：成心本指"足以制一身之用"的成熟心智，含有褒義。後用來指成見，成了貶義詞，如：《二刻拍案驚奇》卷十二："可見有了成心，雖是晦庵大賢，不能無誤。"

【宴爾】《常談考誤》2207

《詩·邶·谷風》篇曰："宴爾新昏，以我御窮。"爲淫新昏而棄舊室者作，言安樂爾之新昏，但以我御窮苦之時，至於富貴則棄我。今賀人初娶稱宴爾，非惟詩意不合，且又再娶事，詞大不美。

按：宴爾爲新婚的代稱，而觀其出處，實爲喜新厭舊、富貴而更娶之事，毫無喜慶之義。而後世以之指代新婚之喜，與原意不合，感情色彩已發生變化。

【婦人稱奴】《談》1193

男曰奴，女曰婢。故耕當問奴，織當問婢。至宋時，婦女以奴爲美稱，貴近之家，其女、其婦自稱曰奴。宋季二王航海，楊太后垂簾，對群臣猶稱奴，可證矣。

按：《周禮·秋官·司厲》："其奴，男子入於罪隸，女子入於舂、槀。"鄭玄注："奴，從坐而没入縣官者，男女同名。"奴本爲因罪被罰充當奴僕之人，男女皆曰奴，後多指男性。宋代始見作爲婦女自稱。如：《宋史·忠義傳六·陸秀夫》："楊太妃垂簾，與群臣語，猶自稱奴。"宋人張先的《菩薩蠻》詞："花若勝如奴，花還解語無？"遂爲受人愛憐的美稱。

【醋大】《談》1237

今人稱秀才謂酸秀才。《資暇錄》云："世稱士流爲醋大，言其峭酸冠士民之首也。"按：秀才本爲措大，言其能措大事也。如"韓休真措大""桑維翰窮措大"，解者紛紜其説。要之，措大皆讚美之詞。後人以措爲醋，因其峭酸，又措音近醋，故嘲之曰醋大。

按：醋大，即爲措大，唐李匡乂《資暇集》卷下云："醋，宜作'措'，正言其能舉措大事而已。"本指能措大事之人，含有褒義。後以之爲尖酸之人，變爲貶義詞。

2. 詞義的尊敬與輕蔑色彩變化

【秀才】《俚》23

秀才之名，自晉宋以來，實爲貢舉科目之最。今庠士厭習舊名，聞人以此稱之，輒以爲輕己。……按：古史趙公子成諫武靈王，有"吴越無秀才"之説，《後漢·光武紀》作"茂才"，避光武諱也。

按：秀才本爲優秀人才之義，含有尊敬之義。後爲科舉之科名，元明以後爲書生之稱，因在科名中處於最末，故含輕蔑之義。

【先生】《俚》24

先生之稱，多見經傳，或稱父兄，或稱師，或稱長老，或稱同輩，或稱臣下，所指不一。然亦有止稱"先"者，《史記·匈奴傳》：匈奴"見漢使非中貴人，其儒先，欲説，折其辨。"① 注："儒先，儒生也。"或有止稱"生"者，秦有侯生、廬生；漢有魯兩生、韓生、賈生、伏生、董生、歐陽生之類，師古注："生，猶言先生也。"後世以生爲賤薄語，不稽古耳。

按："生"作爲"先生"的省稱曾爲尊稱，後以之稱書生，遂失尊敬之義。

【爾汝】《俚》25

戰國孟子時，以爾汝爲輕賤之稱，三代盛時則不然。蓋古人心口一致，事從其真，雖君臣父子之間，出言不復顧忌。觀《詩》《書》所載，如箕子陳《洪範》，對武王而汝之。《金滕》策祝，周公所以告太王、王季、文王三世祖考也，而呼爾三王，又自稱曰予。至云："爾之許我，我其以璧與珪歸俟爾命；爾不許我，我乃屏璧與珪。"又《天保》報上之詩也曰："天保定爾，俾爾戩穀。"《閟宮》頌君之詩也曰："俾爾富而昌""俾爾昌而熾"，及《節南山》《正月》《板》《蕩》《卷阿》《既濟》②《瞻卬》諸詩，皆呼王爲爾。又《太明》曰"上帝臨女"，指武王也。《民勞》曰"王欲玉女"，指屬王也。至或稱爲小子，雖幽、厲之君，亦受之而不怒。又晉武公請命於天子，其大夫賦《無衣》，所謂"不如子之衣"，亦指周王也。東坡云："凡人相與稱謂，貴之則公，賢之則君，其下則爾、汝之。雖王公之貴，天下貌畏而心不服，則進而君公，退而爾、汝者多矣。"此三代以

---

① 此處引文不全，《史記》原文爲："見漢使非中貴人，其儒先，以爲欲說，折其辨；其少年，以爲欲刺，折其氣。"見（漢）司馬遷：《史記》卷一百一十《匈奴列傳》，中華書局，2000 年，第 2218 頁。

② "濟"當爲"醉"之誤。《詩·既醉》有"既醉以酒，爾肴既將"。《既濟》乃《易》之卦名。

後之説也。

按：作爲人稱代詞，爾、汝在戰國以前并無輕賤之義，爲泛稱。戰國時用於稱呼輕賤之人，帶有輕蔑之義。

四、詞義輕重變化

詞義不但有範圍上的擴大、縮小與轉移，還有詞義輕重的變化。這種變化在詞義性質和範圍上都没有改變，祇是詞義的輕重程度略有變化。《集成》中也有討論詞義輕重變化的例子。如：

【老先生】《土》362

王弇州《叢記》云："京師偁謂老先生爲極尊。外自方伯以至僉憲，偁撫臺曰老先生，按臺則曰老先生大人。二十年來，凡宣大之守巡與南直隸之兵備，皆以老先生偁按院矣。"此可見老先生之重。今則苟膺一命，無不曰老先生者，而老先生之偁不足貴，是有明中葉風俗已如此。

按：王弇州，即明人王世貞，據其所記可知，明時"老先生"爲極尊之稱，用以呼達官要員。而後庶人亦可稱"老先生"，不再爲貴稱，詞的情感義有所淡化。

【稱人曰公】《里》1443

今人稱謂例公爲尊，而君次之，古殊不爾。東西周天子之正系也，戰國時稱周君；田文，齊公子耳，稱薛公，豈必公之尊於君哉？有父稱子爲公者，見《晁錯傳》；有稱臣爲公者，如漢文帝稱田叔，武帝稱車千秋，皆是。

按：清代以"公"爲極尊之稱，而"君"次之。然先秦及漢代稱"君"爲極尊，而"公"則祇爲一般尊稱。可見"公""君"古今情感義輕重有别。

【三不知】《常談考誤》2197

《左傳·哀公二十七年》:"文子曰:'吾乃今知所以亡。君子之謀也:始、衷、終皆舉之,而後入焉。今我三不知而入之,不亦難乎?'"味此語,關繫事體甚大。世俗以人忽然至曰"三不知而入",是割雞而用牛刀矣。

按:《左傳》"三不知"是指不知事件的開始、發展和結果,事關整體大局,語義較重。後世"三不知"爲事先沒有預料,語義變輕。

第五章 《明清俗語辭書集成》對詞源的探析

　　詞源又稱語源，有狹義和廣義之分。狹義的詞源是指詞語的語音和意義的起源。任繼昉曾給狹義的詞源下了個定義，他説："詞的詞源，是一個詞的音義來源、造詞理據（音義結合的理由、根據），即一個具體的詞音義最初結合的緣由；若該詞爲名詞，則指其所以得名的由來。"① 而廣義的詞源還應包括詞語在文獻中的最早出處和詞語在流傳過程中產生的流俗詞源。我們這裏所説的詞源是指廣義的詞源。廣義詞源所包括的上述三個方面的内容，在《集成》對詞語的訓釋中均有涉及，在此我們分三節討論。

第一節　詞語歷史溯源

　　詞語的歷史溯源是指探求詞語在文獻中的最早出處。詞語的歷史溯源是漢語詞彙史研究的重要内容，通過溯源可以瞭解詞語

---

① 任繼昉：《漢語語源學》（第二版），重慶出版社，2004 年，第 1 頁。

形成的最早年代，從而由源頭出發來探求詞語意義和用法的流變，探索詞彙發展的規律，最終達到瞭解漢語詞彙系統形成和發展過程的目的。《集成》特別注重對詞語進行歷史溯源，其中的求義類辭書和溯源類辭書在這方面做了大量的考證工作，爲我們研究漢語詞彙史和辭書編纂提供了大量頗有價值的參考材料。

一、探求詞語在文獻中的最早用例

【不中】《俚》24

中，音眾。俗以不可爲不中。何燕泉云："蕭參《希通錄》引杜預注《左傳》'無能爲役'曰'不中爲役'，是晉已有此語。不知漢高祖與太子手勅內已有'不中立'之語矣。"《序錄》所載如此，余謂不始漢也。秦始皇聞盧生竊議亡去，怒曰："吾將收天下書不中用者，盡去之。"是秦已有此語。

按：本條所引秦始皇語未標出處，實出自《史記·秦始皇本紀》，認爲"不中"始見於秦，提前了何燕泉所據書證。其實，"不中用"義爲"不宜用"，"中"爲"適合""合於"義，這個意義在先秦文獻中即有用例，如：《左傳·定公元年》："未嘗不中我志也。"《禮記·月令》："律中大蔟。"鄭玄注："中，猶應也。"後方言"中"讀爲平聲，表"行""好"之義，當從此引申而來。如：宋楊萬里《午熱登多稼亭》："祇有炎風最不中。"《竇娥冤》第一折："婆婆，這個怕不中麼！"

【獵婢】《俚》26

獵，音搔。《南史》："王琨，乃獵婢所生。"俗罵獵奴、獵婢，本此。

按：本條以爲"獵婢"始見於《南史》。《通俗編·婦女》：

"按：今罵者之義，乃謂婦人妖淫，并不謂其賤陋。"今"獩"作"騷"。

【腳錢】《俚》42

公私顧役錢曰腳錢，其名自唐有之。《唐書》："德宗以宦者爲宮市，使抑買人物，仍索進奉門戶及腳價錢。"又《朝野僉載》："李審請祿米，送至宅，母問：'車腳錢幾何？'"

按：腳錢實爲搬運費之義，確始見於唐代。又如《舊唐書·食貨志》："并取所減腳錢，更運江淮變造義倉，每年剩得一二百萬石。"亦作"腳價"，如：唐陸贄《冬至大禮大赦制》："如山路險阻，車乘難通，仍召貧人，令其般運，以米充腳價。"

【浮財】《俚》43

錢貨由貿易以致，非由土著，謂之浮財。《唐書》："王釗爲洺州都知兵馬使，王協請稅商人，籍編家貲，雖什器無所遺，皆估爲絹匹，十取其三，率高其估。民竭浮財及糗糧輸之，不能充。"浮財二字始見此。

按：亦見《資治通鑒·唐武宗會昌四年》："民竭浮財及糗糧輸之，不能充，皆悒悒不安。"胡三省注："民財非地著，轉易以致利者爲浮財。"唐時"浮財"爲"動產"之義，與本條中義不同。

【黔首】《雅》1902

李斯刻石頌秦曰："黔首康定。"太史公因此遂謂秦更民曰黔首。朱子注《孟子》亦曰："周言黎民，猶秦言黔首。"蓋祖太史公也。然《祭統》《內經》寔先秦出，黔首之稱，當不自秦始也。

按：此條據《祭統》《內經》以爲"黔首"始見於先秦，是

187

也。又如：《禮記·祭義》："明命鬼神，以爲黔首則。"鄭玄注："黔首，謂民也。"孔穎達疏："黔首，謂萬民也。黔，謂黑也。凡人以黑巾覆頭，故謂之黔首。"

【曆日】《俚》7

《學齋佔畢》云："《堯典》雖曰'曆象日月星辰'，然未嘗連文說'曆日'字，後世言'曆日'竟莫明其所始。坡詩：'老去怕看新曆日。'雖百家注，亦無一人及之者。"按：《周禮·馮相氏》："以會天位。"鄭注："若今曆日，太歲在某月某日某甲朔日直某也。"是漢時已稱曆日矣。

按：曆日，即曆書。此條據鄭玄《周禮》注以"曆日"始見於漢，是也。而《漢語大詞典》舉：南朝陳徐陵《雜曲》："立春曆日自當新，正月春幡底須故。"宋蘇軾《除夜野宿常州城外》詩之二："老去怕看新曆日，退歸擬學舊桃符。"書證較晚。

【張三李四】《土》303

《五燈會元》云："欲會佛法，但問取張三李四。"俗泛言某某曰"張三李四"，本此。

按：此語出於釋氏語錄。又《祖堂集·落蒲》："瞥爾暫起見聞，便有張三李四，胡來漢去，四姓雜居，各親其親，相參是非互起，致使玄關固閉，識鎖難開，疑網籠牢，智刀方剪。"《五燈會元》爲宋代語錄，《祖堂集》則成書於五代時期，略早於《五燈會元》。

【嚼蠟無味】《土》309

《楞嚴經》："我本無心，應汝行事，于橫陳時，味如嚼蠟。"箋云："無味也。"俗云"嚼蠟無味"，本此。

按：《楞嚴經》爲唐時印釋般剌蜜帝所譯，故"嚼蠟"始見於唐。

【五逆不孝】《直》419

  四字見梁釋僧祐《宏明集》載劉勰《滅惑論》。《十輪經》云："五逆罪爲最極惡，何爲五？故心殺父母、阿羅漢，破壞聲聞和合僧事，乃至惡心出佛身血，諸如是等，名爲五逆。"見《法苑珠林》卷十二。

  按：此條據《宏明集》所載劉勰《滅惑論》，以六朝首見"五逆不孝"四字連用，是也。原"五逆"并非專指不孝。項楚說："'五逆'本指五種大逆不道之罪：弒君及弒父、母、祖父、祖母；佛經則以殺父及母、阿羅漢，破壞聲聞和合僧，出佛身血爲'五逆'（見《佛説十輪經》）。而民間則往往以'五逆'專指不孝，這是詞義的縮小。"① 而後世亦作"忤逆不孝"，應由此音轉而來。如：《敦煌變文集·父母恩重經講經文》："棄德背恩多忤逆，惟行不孝縱癡咍。"《全元南戲·高明·蔡伯喈琵琶記》："張大公，憑著你留下我這一條拄杖，怕這忤逆不孝子蔡邕回來，把這拄杖與我打將出去！"

二、通過溯源繫聯異形同義詞語

  在漢語當中，存在用多個不同詞語表達同一意義的情況，造成這種情況的原因是多方面的，有的是因爲命名角度不同而形成的同物異名，有的是因爲流行地域不同而形成的各種方言變體，有的是因爲時代演進而形成的古今差異，還有的本爲同一個詞語，由於所用記音字不同而形成的同詞異寫，總之情況比較複雜。如果不認清這些異形同義詞語之間的關係，將會產生很多誤解，給考察這些詞語的意義、用法的流變帶來諸多困難，所以繫聯此類詞語，揭示它們之間意義上的内在聯繫很有必要。《集成》在這方面就做了大量工作，其繫聯異形同義詞語的主要方法就是

---

① 項楚：《王梵志詩校注》，上海古籍出版社，1991年，第154–155頁。

歷史溯源，找到詞語在文獻中的較早用例，結合語境分析詞語意義，并進行比勘對照，來確定詞語的異形同義關係。比如：

【白身】【赤身】【空身】《俚》"白身"條18

　　空身無所得，謂之白身。宋徐疑詩"欲別朱門淚先盡，白頭遊子白身歸"是也。空身又謂赤身，釋典云："在他豪與富，惟我赤窮身。"唐皇甫湜赤然一身。

按：白，爲"空無所有"義，如：《新唐書·苗晉卿傳》："奭持紙終日，筆不下，人謂之'曳白'。"故白身爲空身。赤亦有"空盡無物"之義，故空身也謂赤身。白身、赤身同爲空身義。

【背單】【背子】【割袖】【裲襠】【䈿背衣】【背搭】《土》"背單"條200

　　馬縞《古今注》謂"背子"起于隋大業末。按：《拾遺記》："漢哀帝命董賢易輕衣小袖，宮人皆効其斷袖，亦曰割袖。"此蓋背子所由起。《玉篇》謂之"裲襠"，其一當背，其一當䈿，此即背子之製。朱謀㙔《駢雅》所謂"䈿背衣"也。《南史·柳元景傳》："薛安都著絳衲裲襠衫，馳入賊陳。"今俗號曰"背單"，亦曰"背搭"，言可搭背心也。

按：背子即背心之類的貼身內衣。其特點是無袖，祇罩住胸和背，這些名稱的命名理據都與其特點有關，割袖之名來源於無袖，其餘的皆來源於背和胸，數名實指一物。

【壁虎】【蝘蜓】【蜥蜴】【蠑螈】【守宮】【蠍虎】《土》"壁虎"條234

　　陶宏景《本艸》："蝘蜓，吳人呼爲壁虎。"案：《說文》："在壁曰蝘蜓，在艸曰蜥蜴。"《尒疋·釋虫》則以"蠑螈""蜥蜴""蝘蜓""守宮"爲一物。邢昺疏云："一物形狀相類而四名也，亦作蠍虎。"東坡詩："窗間守宮稱蠍虎。"以此蟲善啖蠍，故名。

按：以上六名古書中常混用，因形似而以爲一物，其實不然。如：馬縞《中華古今注》卷下："蝘蜓，一曰守宮，一曰龍子。善於樹上捕蟬食之。其細長五色者，名曰蜥蜴；其長大者，名曰蠑螈。"大體上看，此類動物應分"在壁"和"在地"兩種：在壁的壁虎、蝘蜓、守宮和蠍虎爲一物，《荀子·賦》："螭龍爲蝘蜓，鴟梟爲鳳皇。"楊倞注："蝘蜓，守宮。"清人李慈銘《越縵堂讀書記·夏小正補傳》："蝘蜓，守宮也。在壁曰蝘蜓，在艸曰蜥易。世稱它蠍之類，五日節必伏，興者生也。此説爲前人所未發。"在地的有蜥蜴和蠑螈兩種，如馬縞所言"其細長五色者，名曰蜥蜴；其長大者，名曰蠑螈"。而章炳麟《新方言·釋動物》中説："今呼在壁者爲壁虎，紹興謂在地者爲蝘蜓。"亦將"蝘蜓"作"在地"之類，可見在某些方言中，此類動物的歸類標準并不一致。

【招子】【零丁】《土》"貼招子"條197

高士奇《天禄識餘》云：《齊諧記》有"失兒女零丁"，謝承《後漢書》戴良有"失父零丁"。零丁，今之尋人招子也。

按：此二詞皆爲尋人招貼。漢時稱"零丁"，明清稱"招子"，是時代變遷導致的用詞變化。

【蚯蚓】【曲蟮】【螾衍】【衍蚓】【曲蟺】《土》"曲蟮"條220

蚯蚓曰曲蟮，見《考工記》"却行"。《釋文》："螾衍。劉云：'或作衍蚓，今曲蟮也。'"宋俞琰《席上腐談》："諺云：'螻蟈叫得腸斷，曲蟮乃得歌名。'"史容注《山谷外集》引東坡説云："歷試筆鋒如著鹽曲蟮，詰曲紙上。"《玉篇》"蟮"注："曲蟮也。"《古今注》作"曲蟺"，蟺與蟮同。

按：此五名實爲兩物。晉崔豹《古今注·魚蟲》："蚯蚓，一名蜿蟺，一名曲蟺。"又據劉昌宗所云，蚯蚓、曲蟮、曲蟺、衍蚓同爲蚯蚓；而螾衍與蚰蜒音近義同，實爲一詞，并非蚯蚓。

【瞌睡】【瞜睡】【渴睡】【貉睡】《里》"打瞌睡"條1503

《正字通》："人勞倦、合眼坐睡曰瞌睡。"《朱子語錄》言"秦兵曹瞌睡"。貫休《畫羅漢》詩："瞌睡山童欲成夢。"又作瞜睡，坡公云："司馬長卿作《大人賦》，武帝覽之飄飄有凌雲之氣，近學者作"拉雜變"，便自謂長卿。長卿固不汝嗔，但恐覽者瞜睡落床，難以凌雲耳。"又曰渴睡，《眉公讀書鏡》引胡旦謂呂文穆作"渴睡漢"。又曰貉睡，《懶真子》載舉人尤易韻事，曰"老人渴睡"。實當用貉睡，言貉好睡也。又王中立詩："華山宮殿白雲中，不見當年打睡翁。"謂陳摶。

按：此四詞皆爲"倦極思睡"之義，因人們對此詞的造詞理據的理解各有不同，故而導致書寫用字不用，造成一詞多形。《集韻·盍韻》："瞌，欲睡兒。"《正字通·目部》："瞌，人勞倦合眼坐睡曰瞌睡。"睡，同睡。可見詞應作"瞌睡"，瞜、渴、貉皆爲"瞌"之記音字。

三、通過歷史溯源看詞語形成的途徑

《集成》對詞語進行歷史溯源的過程，也是一個古今詞語對比的過程。不但比較詞義的古今異同，還據現有詞語與其歷史語源相比較，從而探索新詞語產生的方式。這種探索大致有兩種情況，一是在詞語訓釋過程中直接揭示詞語的構成途徑，二是羅列詞語用例，向讀者展示詞語的歷史來源。依據《集成》所做的此

第五章 《明清俗語辭書集成》對詞源的探析

類探索分析，我們可以看到新詞語形成有以下幾種途徑：

1. 古語省略

古語省略是在古代詞語全稱的基礎上省去部分語素或詞，祇用剩餘的部分來代替原詞語全稱，這體現了詞語本着經濟的原則而不斷簡化的趨勢。如：

【伯叔】《俚》10

　　伯叔者，兄弟長幼之稱，謂伯仲叔季之次。今人稱伯父、叔父，止稱伯、叔，如古兄弟長幼之稱，減去父字，非禮也。又，婦稱夫之兄弟曰伯叔，或稱伯公、叔公，或稱伯伯，皆俗呼也。《漢書·陳平傳》："張負以女孫妻平，戒之曰：'事伯兄如事父，事嫂如母。'"又《爾雅》："婦稱夫之兄爲兄公。"則伯公之稱有自來矣。《容齋三筆》亦謂"婦稱夫之兄爲伯"，於書無所見。

【鄉里】《俚》11

　　俗言：鄉里夫妻，步步相隨。言鄉不離里、夫不離妻也。然古人有呼妻爲鄉里者。沈約"山陰柳家女"詩[①]："還家問鄉里，詎堪特作夫。"又《南史·張彪傳》："我不忍令鄉里落他處。"亦見《西溪叢話》。

按：稱伯父、叔父祇稱伯、叔，省去"父"字；婦稱夫之兄本爲伯兄、伯公，後祇稱作"伯"或"伯伯"，省去"兄"字；以"鄉里"代稱夫妻，亦是從古語"鄉里夫妻"而來，這皆爲古語省略而形成的詞語。伯叔、鄉里在原詞語本祇作限定成分，中心成分省去後，發生了語義偏轉，限定成分變成了中心成分。

---

　　① 詩名應作《少年新婚爲之詠》，"山陰柳家女"爲該詩首句，並非題目。"詎堪特作夫"之"特"一本作"持"。見（陳）徐陵編；（清）吳兆宜注；程琰刪補：《玉臺新詠箋注》，中華書局，1985年，第184-185頁。

【不受曰璧】《土》330

　　饋贈不受曰璧。蓋本《左傳》"公子重耳受飧反璧"事，後相沿去反字，只稱璧。又稱奉璧、謹璧，失其義矣。或亦稱完璧，此用《史記》"藺相如完璧歸趙"事，然非不受之謂。

　　按：重耳之典中的"反璧"本爲退還璧玉之義，後引申泛指不受饋贈。明代起省作"璧"，如：張居正《答廉憲王鳳洲》："疊辱慰奠，深荷至情。但厚惠概不敢當，仍璧諸使者。"清人胡鳴玉《訂譌雜錄》卷八"反璧"條曰："《左·僖二十三年》，晉公子重耳及曹，僖負羈饋盤飧，置璧焉，公子受飧反璧，今人却餽曰璧，本此。俗誤爲藺相如事，見《史·廉藺列傳》有'臣請完璧歸趙'語，因寫作'完謝'，大非。相如紿秦，間使懷璧歸趙，并非秦之不受璧也。"①

【打春】《土》177

　　漢晉時無打春之事，《隋書·禮儀志》始有"綵仗擊牛"之文。宋孟元老《東京夢華錄》云："立春前一日，開封府進春牛入禁中鞭春。縣置春牛於府前，至日絕早，府僚打春，府前百姓賣小春牛。"晁冲之詩："不上譙樓看打春。"

　　按：打春亦曰鞭春，由"打春牛"省略而來。顧祿《清嘉錄·正月·打春》："立春日，太守集府堂，鞭牛碎之，謂之打春。農民競以麻麥米豆拋打春牛，里胥以春毬相餽貽，預兆豐稔。""打春牛"之事甚明。

【廳】《俚》33

　　今之廳，古稱聽事。師古云："聽事，古者治官之處。"《正韻》："中庭曰聽事，言受事察訟於此也。"《漢書》《晉

---

① （清）胡鳴玉：《訂譌雜錄》，中華書局，1985年，第91-92頁。

194

第五章　《明清俗語辭書集成》對詞源的探析

書》皆作聽事。六朝以來始加广作廳，如"李文靖廳事令容旋馬"是也。广，音儼。

按：後世的廳本爲聽事，爲官府辦公的場所。《風俗通·怪神·世間多有見怪驚怖以自傷者》："郴還聽事，思惟良久。"其實在《三國志》中已作"廳事"，《吳志·諸葛恪傳》："出行之後，所坐廳事屋棟中折。"南朝始見單用"聽"字，如《世說新語·黜免》："大司馬府聽前有一老槐，甚扶疏。"後又變作"廳"。此詞屬於古語省略加變形。

【定奪】《俚》47

文移申詳取裁決謂之定奪。按前代文移有"覆定與奪"四字，今但言"奪"，則"與"在其中矣。

按："定奪"從文移套語"覆定與奪"離析省略而來，義與"覆定與奪"相同。"定奪"一詞始見於《舊唐書》，卷一七三《列傳》第一二三："德裕以元藻無定奪，奏貶崖州司户。"

2. 化典成詞

化典成詞是指詞語的語源爲典故，包括語典和事典，從典故敘述語句中挑選能代表文義的關鍵詞語加以改寫整合，凝練成詞或俗語。有的是從典故的叙述語句中挑選現成的詞語直接組合成詞語，有的是衹在句中選取部分詞語，另依據句義添加新詞，與所選詞語組合成詞語。如：

【對牛彈琴】《土》309

語非其人曰對牛彈琴，見牟融《理感論》："公明儀爲牛彈清角之操，伏食如故，非牛不聞，不合其耳。"又郭象《莊子注》云："猶對牛而鼓簧。"亦此意。

按：《理感論》和郭象《莊子注》所言皆爲後世所謂對牛彈琴之義，但還未凝練成詞，直到唐代始於禪宗語錄中得見"對牛

195

彈琴"之説，如：《雲門匡真禪師廣録》卷上《對機三百二十則》："問：'如何是衲僧孔竅？'師云：'放過一著。'進云：'請師道。'師云：'對牛彈琴。'"

【海水不可斗量】《俚》9

《淮南子·泰族篇》："海水不可斗斛也。"俗語本此。又《東方朔傳》"以蠡測海"注："蠡，瓠也。言海大不可以瓠測。"

按："海水不可斗量"是"海水不可斗斛"的變體，《東方朔傳》注也爲此義，但用散句表達，没凝練爲俗語。海水不可斗量始見於東漢，如支婁迦讖所譯佛經《道行般若經》卷第九："菩薩隨般若波羅蜜教，當如是，譬如大海，水不可斗量。"但作"大海"，似也非當今之俗語。元代纔有真正俗語用例，如：《全元南戲·柯丹邱·荆釵記》第二十一齣："凡人不可貌相，海水不可斗量。誰想王十朋得了頭名狀元，除授饒州僉判。"

【囫圇吞棗】《常談搜》432

《湛淵静語》："客有曰：'梨益齒而損脾，棗益脾而損齒。'一呆子思久之曰：'我食梨則嚼而不嚥，我食棗則吞而不嚼。'狎者曰：'你真是混淪吞却一個棗也。'"

按："囫圇吞棗"是從句子"混淪吞却一個棗也"中直接選取詞語組合而成，後"混淪"寫作"囫圇"，成爲成語。又作"渾淪吞棗"，宋代始見。如：《朱子語類》卷第一百二十四："而今不欲窮理則已，若欲窮理，如何不在讀書講論？今學者有幾個理會得章句？也祇是渾淪吞棗，終不成又學他，於章句外別撰一個物事，與他鬥。"

【妙不可言】《土》304

郭景純《江賦》："妙不可盡之于言。"俗謂大好曰妙不可言，本此。

按："妙不可言"由句子"妙不可盡之于言"緊縮形成。宋代始凝固成俗語，如：《雲笈七籤》卷五十八："及成之後，更不服氣，氣亦自足。窮神極理，妙不可言。"又《朱子語類》卷六五："看他當時畫卦之意，妙不可言。"

【昆玉】《俚》11

宋王銓與弟錫齊孝行，人稱曰："銓錫二王，玉昆金友。"昆指兄，友指弟也。俗稱人兄弟曰賢昆玉，似有脱誤。

按："昆玉"是從"銓錫二王，玉昆金友"一句中選取出來兩個詞組合而成的。昆指兄，友指弟，昆和友處於同樣的句法位置，而没提煉成"昆友"，是用了"錯舉以見"的方法。另外一個原因就是在此之前已經出現了"昆友"一詞，指兄弟的朋友，如：唐韋應物《自尚書郎出爲滁州刺史留別朋友兼示諸弟》詩："徘徊親交戀，愴恨昆友情。"以"昆玉"指兄弟，亦爲避免與"昆友"混同。以昆玉指兄弟始見於元代，如：《全元南戲·徐畹·殺狗記》第三十四出："大哥，賀喜賀喜！聞知賢昆玉和順了，特宰一隻羊與哥哥吃杯和順酒。"

【作伐】【作綫】《俚》12

稱媒妁曰作伐、作綫。《詩》曰："伐柯如之何？匪斧不克。娶妻如之何？匪媒不得。"《淮南子》："綫因針而入，不因針而急；女因媒而成，不因媒而親。"俗語本此。

按："作伐"從《詩經》語句提煉而來，選取詩句的首字來指代全句語義重心所在的"媒"。"作綫"來源於《淮南子》的語句，提煉方式與"作伐"相同。"作伐"宋代始見用例，如：郭彖《睽車志》卷一："適見其婢自外來，云與小娘子作伐。"

【渭陽】《談》1192

　　舅謂之渭陽。《左傳》云："秦康公之母即晉獻公之女也。康公送獻公之子文公至渭陽，曰：'見我舅氏，如母存焉。'"是康公送舅至渭水之北，因曰渭陽。

　　按：此典亦見《詩·秦風·渭陽》："我送舅氏，曰至渭陽。"朱熹《集傳》曰："舅氏，秦康公之舅，晉公子重耳也。出亡在外，穆公召而納之。時康公爲太子，送之渭陽而作此詩。"後以此分別之地的名稱（或詩名）代指舅父。如：《後漢書·馬防傳》："舅氏一門，俱就國封，四時陵廟無助祭先後者，朕甚傷之。其令許侯思愆田廬，有司勿復請，以慰朕渭陽之情。"

　　在《集成》中還有大量的化典成詞的例子，下邊再羅列一些，由於成詞途徑相同，不再一一説明。如：

【宅相】《談》1193

　　外甥謂之宅相。魏舒，字陽元，少孤，爲外家甯氏所養。甯氏起宅，相者曰："此宅合出貴甥。"魏舒聞之，曰："吾爲外家成此宅相也。"舒後位至晉卿，果如宅相者之言，因呼外甥爲宅相。

【汗衫】《俚》32

　　汗衫本古中單之制。崔豹《古今注》："漢高祖與項羽戰，汗透中單，因改今名。後世或綴珠及結細竹爲之。"

【垂青】《常談考誤》2204

　　今求人盼睞，輒曰垂青，蓋本《晉書》："阮籍能爲青白眼，見禮俗之士，以白眼對之，及嵇喜來吊，籍作白眼，喜不懌而退；弟康聞之，乃齎酒挾琴造焉，籍大悦，乃見青眼。"是青眼雖美，自處不甚美，況乃增一垂字，似覺無謂。

【一字直千金】《俚》46

呂不韋作《呂氏春秋》，布咸陽市，懸千金其上，延諸侯遊士賓客有能增損一字者，與千金。俗語本此。

【不知丁董】《土》317

《後漢·呂布傳》："曹操欲緩布縛，劉備曰：'公不見丁建陽、董太師乎？'"俗語"不知丁董"蓋出此。

【抱佛腳】《里》1504

《紀聞》："雲南之南，一番國人有犯罪應誅者，國王捕之，急奔往某寺中抱佛腳，知悔過，願爲僧，王許貰之，遂禿髮、環耳、衣襌衣。"諺云："閒時不燒香，急時抱佛腳。"本此。孟東野詩云："垂老抱佛腳。"《中山詩話》："王丞相嗜諧謔，一日論沙門道曰：'投老欲依僧。'客遽對曰：'急則抱佛腳。'王曰：'投老欲依僧是古詩一句。'客曰：'急則抱佛腳是俗諺全語，上去投、下去腳，豈不的對？'"王大笑。

3. 詞彙化

詞彙化是指由非詞單位凝固成詞的過程。董秀芳將雙音詞的主要歷史來源歸納爲三個：一是"從短語演變爲雙音詞"，二是"由句法結構變爲雙音詞"，三是"由跨層結構變爲雙音詞"。①在《集成》中，通過詞彙化形成的詞不單單有雙音詞，還有三音詞。從詞彙化的類別來看，多屬於第一種，即由短語凝固成詞，也有第三種"由跨層結構變爲雙音詞"的例子，沒發現由第二種方式成詞的例子。

---

① 董秀芳：《詞彙化：漢語雙音詞的衍生和發展》，四川民族出版社，2002年，第32－34頁。

（1）短語凝固成詞

不同類型的短語在具體的句子中往往表現爲連用的句子成分，因爲連用，常常同時出現，逐漸從短語凝固成詞。比如：

【猶子】《俚》11

　　俗稱兄弟之子皆曰姪。《檀弓》："兄弟之子猶子也。"注云："姪對姑而言也。"言惟姑於兄弟之子可稱姪、稱猶子耳。《爾雅》："父之姊妹曰姑。"《左傳》"姪其從姑"是也。今人於伯叔父前皆稱猶子。《文選》亦云："篤猶子之愛。"盧邁再娶，無子，曰："猶子可以主後。"是兄弟之子稱猶子久矣。《朱子語録》云："記禮者主喪服，而言姑謂姪爲猶子，如夫子謂：'回也，視予猶父。'"若謂兄弟之子爲猶子，則伯叔父可爲猶父矣。

按：在"兄弟之子猶子也"一句中，猶子爲短語，在句中爲謂賓關係，尚未成爲一詞。意爲兄弟的兒子如同（自己的）兒子一樣。後猶子凝固成詞，指稱姪子。如：南朝梁任昉《爲齊明帝讓宣城郡公第一表》："太祖高皇帝篤猶子之愛，降家人之慈；世祖武帝情等布衣，寄深同氣。"宋文天祥《寄惠州弟》詩："親喪君自盡，猶子是吾兒。"

【如夫人】《稱》670

　　《左·僖十七年傳》："齊侯好内，多内寵、内嬖，如夫人者六人。"案：今稱人之妾爲如夫人，當本此。

按："如夫人"爲動賓短語，《左傳》中并未成詞，猶言跟夫人一樣。後凝固成詞，指代夫人以外的妾。如：《儒林外史》第二十三回："他第七位如夫人有病，醫生説是寒症。"

【將軍】《談》1211

　　《春秋傳》："晉獻公作二軍，公將上軍，太子申生將下軍。"是已有將軍之文，而未以爲名也。至《昭公十二八年》，閻沒、女寬對魏獻子曰："豈將軍食之而有不足。"《正義》曰："此以魏子將中軍，故謂之將軍。"及六國以來，遂以將軍爲官名，蓋其元起於此。

按：在《春秋傳》的第一例中，"將"和"軍"中間有插入成分，顯然不是一詞，而是動賓短語，在句子中充當謂語和賓語。而《昭公十二八年》中的用例已經處於短語到詞的過渡階段，後終凝固成名詞。如：《墨子·非攻中》："昔者晉有六將軍。"孫詒讓《閒詁》："六將軍，即六卿爲軍將者也。春秋時通稱軍將爲將軍。"

【點心】《土》239

小食曰點心，見吴曾《漫録》："唐鄭傪爲江淮留後，家人備夫人晨饌，夫人謂其弟曰：'治妝未畢，我未及餐，爾且可點心。'俄而，女僕請備夫人點心，傪詬曰：'適已點心，今何得又請？'"周煇《北轅録》云："洗漱冠櫛畢，點心已至。"又《癸辛雜識》："趙温叔丞相善啖，阜陵謂曰：'我欲作小點心相請。'"俗語"小點心"亦有出。

按：在這一條中有兩種形式的"點心"，一種是作爲動賓短語，指在正式吃飯之前吃零食暫且充飢，如："且可點心。""適已點心，今何得又請？"另一種是作爲名詞，指小食品，如"點心已至""我欲作小點心相請"，此時已經由短語凝固成詞。

（2）跨層結構凝固成詞

吴競存、梁伯樞説："不在同一層次上的兩個成分在發展過程中跨越原有的組合層次，彼此靠攏，逐漸凝固，最後組合成爲一個新的結構體，這種新的結構體可稱之爲'跨層結構'。"① 雖不屬於同一個層次，但因總是前後連用，人們逐漸將其錯歸入同一個語段，最終凝結成詞。《集成》中對此類構詞方式已經有所覺察。認識到了詞彙化趨勢以及"相沿日久，轉謬爲真"約定俗成的語言發展規律。比如：

【容易】《常談考誤》2180

《漢書·東方朔傳·非有先生論》曰"談何容易"。何容，猶言豈可也，則容字不連易字讀。今人稱事之易舉者曰容易，相沿日久，轉謬爲真矣。

按：《非有先生論》中完整的句子爲："先生曰：於戲！可乎哉？可乎哉？談何容易！"本指在君王面前談論得失不可輕易去做。"何容"同在一個層次，即"豈可"，"易"屬於與之相連的另外一個層次，後"容易"連用，凝固成詞，表輕易、不費事。如：唐元稹《酬李相公并啓》："況貴賤之隔，不啻於車笠之相懸，而相公投眽珍重，又豈唯一揖之容易哉？"

【有司】《常談考誤》"司存"條2196

《論語》："籩豆之事，則有司存。"朱注："謂其分則有司之守，而非君子之所重矣。"至今人遂以籩豆爲有司之事，而存字置之無用。古注不然，謂籩豆行禮之事，則有所主者存焉，《周禮》"籩人""醢人"是也。漢陳平對文帝決獄"錢穀有主"者，正是此意，故《弘明集》載沈約文云："五情各有分域，耳目各有司存。"可知有司不當連，司存當連。

按：《論語》中的"司存"爲執掌之義，"有"在句子充當

---

① 吳競存、梁伯樞：《現代漢語句法結構與分析》，語文出版社，1992年，第352頁。

第五章 《明清俗語辭書集成》對詞源的探析

其謂語，"有"與"司"本不屬於同一個語法層次。後世將"有司"連用表"官吏"義，遂成一詞。如：漢桓寬《鹽鐵論·疾貪》："今一二則責之有司，有司豈能縛其手足而使之無爲非哉？"

4. 析音成詞

周俊勛將此類詞語形成方式稱爲"音節裂變法"。[①] 即根據反切的原理，用一個詞的反切上下字組成一個雙音詞來代替原單音詞。在《集成》中，對此類造詞方式已經有了很清晰的認識，探索出了一定的規律性。需要說明的是，這裏的析音成詞，由於時代不一，有些詞語讀音發生了變化，與反切字的古聲韻不一定完全相符，而以今音拼讀卻往往能相合。

【唿塗】《土》286

陸伸《儂渠錄》云："北人謂鼾睡聲曰打呼，南人則曰打唿塗。"疑"唿塗"即"呼"字之反切，如"孔"爲"窟寵"、"團"爲"突欒"之類。

按：《集韻》："唿，呼昆切。"《説文·土部》："塗，泥也。从土涂聲，同都切。"二字正可切"呼"。

【鯽溜】《土》288

《西湖志餘》："杭人有以二字反切成聲，如鯽溜爲秀是也。"則鯽溜即伶俐之意。吳梅村《詠涼枕》詞"眼多唧溜爲知音"作唧溜。

按：依《廣韻》："鯽，資昔切。又子力切。""唧，子力切。"二字音同。"溜，力救切。""秀，息救切。"同屬"尤"韻。"鯽""唧"屬"精"母，"秀"屬"心"母，聲母相近。

【潦倒】《里》1479

杜牧之《示姪》曰："我若自潦倒，看汝爭翱翔。"《湘

---

① 周俊勛：《中古漢語詞彙研究綱要》，巴蜀書社，2009年，第100頁。

素雜記》宋黄朝英著："古語有二聲合成一字者，如不可爲叵，何不爲盍，從西域二合之音，切字之元也。龍鐘、潦倒正如二合之音，龍鐘切癃字，老倒切潦字，老羸癃疾，即以潦倒、龍鐘目之者，正此義也。"潦倒龍鐘即是老羸癃疾，特委曲而言耳。

按：此條引自宋人黄朝英的《湘素雜記》，可知至少在宋時，學者們就已經總結出了析音成詞的規律。

【骨路】《目》2141

市中有補治故鐵器者，謂之骨路，莫曉可①義。《春秋正義》曰："《説文》云：'錮，塞也。'鐵器穿穴者，鑄鐵以塞之，使不漏。禁人，使不得仕宦，其事亦似之，謂之禁錮。"骨路正是錮字反語。

按：《廣韻》：骨，古忽切，見母没韻；路，洛故切，來母模韻；錮，古暮切，見母模韻；暮，莫故切，明母模韻。骨、錮聲母相同，路、暮韻母相同。"骨路"正是"錮"的分音詞。

5. 合音成詞

合音成詞亦是根據反切原理而形成新詞的一個方式，祇是方嚮與析音成詞相反，是用雙音詞拼合成單音詞。在《集成》中也有對此類造詞方式的解析。如：

【弄】《談》"衖衕"條1214

今之巷道，名爲胡同，字書不載，或作衖衕，又作峿峒，皆無據也。《南齊》："蕭鸞弒其君于西弄。"註："弄，巷也。"南方曰弄，北方曰峿峒。弄之反切爲峿峒，蓋方言耳。

按：衖衕、峿峒、胡同爲同一個詞的不同書寫形式，此詞爲

---

① "可"當爲"何"字之誤。

204

蒙古語"gudum"的音譯詞，南方方言稱"弄"，爲"捂侗"的合音。

【嬸】《談》"世父"條1179

父之兄妻爲世母，父之弟妻爲叔母。"嬸"字即"叔母"二字合音。

又《談》"嬸妗"條1189

宋張文潛《明道雜志》："經傳中無嬸、妗字，嬸字乃'世母'字二合呼，妗字乃'舅母'字二合呼也。"二合如真言中合兩字爲一。

按：真言，即梵語。反切之法正是參照梵語注音方法而創製。

6. 合字成詞

合字成詞即爲利用會意原理，將兩個字疊加合爲一個新的單音詞，而新詞意義亦爲原兩字義的疊加。用這種造詞法產生的新詞相當有限。比如：

【休】【提休】《稱》988

揚子《方言》："稱傀儡戲曰休，亦曰提休。"案：傀儡以木人爲之，提之以索，故曰提休。

按：傀儡爲木人，合"木""人"爲一字即爲"休"，故以"休"代稱傀儡。

【爪子】《談》1234

今山西人有爪子之稱，唐代宗以孚名賀之章子，蓋戲其爲爪子也。

按：爪子，指愚鈍的人。合"爪""子"字爲"孚"，稱人爲"孚"，即是罵人愚鈍。

7. 相因成詞

相因成詞的造詞方式與修辭學上的仿詞類似，即依照原有詞語的構詞類型，仿造結構相同的新詞語，所造新詞一般含有原詞中的部分語素，且新詞與原詞處於同一個義域內。相因成詞與仿詞修辭格不同，仿詞是爲了達到某種修辭效果，在行文中臨時造用新詞，離開上下文語境則不能成詞。而相因成詞一旦成詞，則具有相當高的穩固性，將會長期存在於詞彙系統當中。比如：

【泰水】《稱》690

《合璧事類》："俗呼妻母爲泰山①，此何義耶？"案：此即因妻父之爲泰山而推之，知此稱宋時已然耳。

按：因爲妻父稱泰山，而妻母因之得稱泰水。因爲妻父與妻母爲配偶，而山與水正可相對，故仿泰山一詞造泰水以稱妻母。如：清人烏有先生《繡鞋記》第九回："二人相見，禮畢，葉爺便把拜見岳母之事敘了一番。鶡舉答道：'雖乃泰水見容，但不知泰山如何。'"

【郡馬】【縣馬】《稱》747

趙葵《行營雜記》："宗室女封郡主者，夫爲郡馬；封縣王者，夫爲縣馬。"②

按：《行營雜錄》中還説："皇女爲公主，其夫必拜駙馬都尉，故謂之駙馬。"駙馬都尉爲官職名稱，因常由公主之夫充任，因稱之駙馬。而郡主和縣主之夫并不充任"郡馬""縣馬"，也不存在這樣的官職，但依然如此稱呼，古人多不解其意，如：歐陽修《歸田錄》卷二："宗室女封郡主者，謂其夫爲郡馬，縣主者爲縣馬，不知何義也？"其實"郡馬""縣馬"原稱"郡駙馬""縣駙馬"，後與"駙馬"相因而省略成詞。

誠然，以上所列舉的詞語訓釋材料大都是爲詞語溯源而做。

---

① "泰山"應爲"泰水"之誤。
② 《行營雜記》應爲《行營雜錄》；"封縣王者"應爲"封縣主者"，原文誤。

但這些材料爲研究近代漢語詞語的形成途徑提供了許多啓發，我們能够從中强烈地感受到諸辭書編者清晰的歷時語言發展觀。他們已經在有意識地探索、歸納詞語發展的規律，雖然尚未形成系統的詞彙研究理論，但也能給當今的漢語詞彙史研究提供許多有意義的綫索。作爲廣義上的辭書，較之經史文學語料，明清俗語辭書中的訓詁材料更爲集中，含金量更高，其在訓詁學與漢語詞彙史研究中的作用是顯而易見的。

第二節 《明清俗語辭書集成》對詞語理據的考察

什麽是詞語理據？在很長一段時間内，我國語言學家認爲詞語理據就是詞的内部形式。如張永言説："所謂詞的内部形式，又叫詞的詞源結構或詞的理據，指的是某一語音表達某一意義的理由或根據。"① 蔣紹愚也認爲："這裏所説的'追溯語源'還包括探求詞的'内部形式'。詞的内部形式，就是用作命名根據事物的特徵在詞裏的表現，又叫詞的理據。簡單地説，探求詞的'内部形式'，就是要探求詞的'得名之由'。"② 隨着研究的進一步深入，學者們逐漸認清了詞語理據和詞的内部形式之間的區别。如王艾録、司富珍説："理據和内部形式是既有緊密聯繫，又有很大差異的兩個概念。一方面，内部形式是合成符號中的語法結構和語義結構的總和，而理據則是一切語言符號發生和發展的動因，二者有着不同的語言哲學内涵，所以單純符號衹有理據，没有内部形式；而合成符號則既有理據，又有内部形式。另

---

① 張永言：《關於詞的"内部形式"》，《語言研究》1981 年第 1 期，第 9 頁。
② 蔣紹愚：《古漢語詞彙綱要》，北京大學出版社，1989 年，第 264 頁。

一方面，内部形式作爲一個結構實體，它是理據在語言符號系統內的影射，它像年輪，像化石，記録着合成符號發生發展的理據信息。藉助於内部形式的分析，我們既可以推求潛藏在其後的語言理據，又可以在很大程度上藉以考察詞義。也可以説，理據與内部形式的關係是因果關係，理據是因，内部形式是果。"① 譚汝爲也有類似的觀點："構詞理據是一個既與内部形式有關聯，但在性質上又根本不同的術語，它指語言符號發生、發展的最根本的動因。理據也是造成合成符號内部形式的原動力。詞語的理據和詞語的内部形式之間形成因果關係。二者之間既存在着千絲萬縷的聯繫，又有質的差異。"②

由此可見，詞語理據就是詞的讀音與意義相結合的動因，而不是内部形式。

王艾録、司富珍認爲探求單純詞與合成詞的理據各有各的方法，説："漢語詞彙的發生和發展大致經歷了原生、派生和句段等三個階段。這三個階段造出的詞分别叫做原生詞、派生詞和句段詞。……理據的階段特徵不同，探究它們的方法也不同。"③ 從詞的結構上看，原生詞和派生詞屬於單純詞，而句段詞屬於合成詞。"探究單純詞的理據，在於探究最初詞音和詞義結合的動因，即'得名之由'。……原生詞的理據探究是采用直接考證方法，即從能指和所指之間的叫喊、摹聲等自然得音着手，以所指的特徵去説明能指被確定的因由。派生詞的理據探究則采用間接考證方法，即依據'音近義通'的原則，抓住派生孳乳的造詞模式，

---

① 王艾録、司富珍：《漢語的語詞理據》，商務印書館，2001年，第3頁。
② 譚汝爲：《内部形式、構詞理據和流俗詞源》，馬慶株、石鋒、王澤鵬主編：《劉叔新先生七十華誕紀念文集》中國廣播電視出版社，2004年，第201-202頁。
③ 王艾録、司富珍：《漢語的語詞理據》，商務印書館，2001年，第5頁。

説明同一義類中的新的能指所以被確定的因由。"① 在我國傳統訓詁學中，探求單純詞理據的主要方法就是因聲求義，包括同源詞的繫聯，《集成》也是這樣，這些在前邊的章節中我們已經討論過，在此就不再重復。在這一節我們主要討論《集成》對合成詞理據的探求。王艾録、司富珍還認爲："探究複合詞理據的基本方法之一是認識詞中每一個語素。……雖然語素義和語素義的相加不就是詞義，但是語素義和詞義之間有着千絲萬縷的聯繫，所以抓住了語素義就等於抓住了探究複合詞理據整體工作的基礎，而且也抓住了考察語素義同複合詞内部形式及詞義的關係的基礎。"② 確實如此，《集成》在考釋詞語時，源流并重，爲我們揭示了諸多詞語的構詞理據，其分析合成詞理據時，正是采用了這種方法，通過揭示詞語中主要語素的意義，來説明整個詞語的構詞理據。根據《集成》諸書對詞語理據的分析，我們可以看出，其中詞語的得名方式有以下幾種：

一、因事物自身特點而得名

1. 因形狀得名

這種得名方式來源於人們的視覺對事物的直觀感受，因與某物外形相似，故而以之爲名。如：

【糖心雞卵】《俚》30

雞蛋煮未熟，中心如清糖，謂之糖心蛋。

按：因半熟的蛋黃狀如清糖，故名糖心蛋。其實"糖"亦作"湯"，如：蒲松齡《琴瑟樂》："把俺將息，把俺將息，湯心雞子補心虛，我的手兒酸，仔是拿不住。"《大詞典》："溏，像糊狀

---

① 王艾録、司富珍：《漢語的語詞理據》，商務印書館，2001年，第15頁。
② 王艾録、司富珍：《漢語的語詞理據》，商務印書館，2001年，第20頁。

的，不凝結的。如：蛋黄未全凝結者俗謂'溏心蛋'。"可見"糖""湯"爲"溏"的借字。但此得名之由可爲一説。

【氅衣】《俚》32

鶴毛曰氅，作服以象之，謂之鶴氅。今呼氅衣。《晉書》："王恭被鶴氅雪中行。"《後唐》：梁震被鶴氅，稱"荆臺處士"。

按：氅爲鶴毛，好似鶴之外衣，人的外衣穿在身上，亦像鶴毛包裹在鶴身上一樣，故而稱之鶴氅。稱氅衣亦爲同理。

【流蘇】《雅》1838

《書蕉》云："流蘇，古者樂器之飾，見《前漢·禮樂志》。而後世用爲幃帳之飾，自晉以後始也。"① 蘇者，紫蘇，取其芬香也。以五綵盤線，錯爲同心而下垂，如水之流下，故曰流蘇。一曰：蘇，猶鬚也，又散皃。今人謂縧頭藥爲蘇是也。

按：流蘇得名於下垂如流水之形。《文選·張衡〈東都賦〉》："飛流蘇之騷殺。"李善注引摯虞《決疑要注》："凡下垂爲蘇。"《説文·頁部》："須，面毛也。从頁从彡。"段注："引申爲凡下垂之稱。""蘇"與"須"實爲同源詞，從讀音上看爲"心母雙聲，侯魚旁轉"的關係，"須是下巴上的鬍子，蘇是須狀下垂的飾物"。②

【丫頭】《土》372

婢曰丫頭，見劉賓客《咏樂天小樊》詩："花面丫頭十

---

① 此處引文不全。原書"流蘇"條爲："五彩同心而下垂者曰流蘇。《晉書》'割流蘇爲馬幨'，皆後世帷帳間所懸耳。蓋古者樂器之節，而後世用爲幛帳之飾，自晉以後始也。"見（明）陳繼儒著；王雲五主編：《筆記 書蕉》，商務印書館，1939年，第7頁。

② 劉鈞傑：《同源字典再補》，語文出版社，1999年，第38頁。

三四，春來綽約向人時。"花面，未開臉也。丫者，頭上雙髻之象。歐陽詩："小婢立我前，赤腳兩髻丫。"

按：丫頭本爲兩分的丫杈形的雙髻之象，後因此髮型產生了借代義，以之代指年輕女孩，是以部分代整體。

【木犀花】《土》222

桂曰木犀，見張邦基《墨莊漫錄》："浙人呼巖桂曰木犀，以木紋理如犀也。"曾幾詩："團團巖下桂，表表木中犀。"後人加木作樨，非是。《羅湖野錄》：晦堂和尚謂黃山谷曰："聞木犀香乎？"

按：因桂木紋理與犀牛相似，故稱桂樹爲木犀。後人不明此得名之由，因爲木名，遂加木作樨，犀、樨并行，各有用例，如：宋趙師秀《池上》詩："一樹木犀供夜雨，清香移在菊花枝。"又宋朱敦儒《菩薩蠻》詞："新窨木樨沈，香遲斗帳深。"可見宋代已然。

【廂房】【箱房】《俚》33

俗稱堂廳左右側室爲廂房，古字作箱。《漢書·周昌傳》："呂令側耳東箱聽。"又《晁錯傳》："趨避東箱。"師古注："王寢之東西室皆曰箱，言似箱篋之形也。"後世東廂、西廂不作箱字。《唐韻》"廂"注："廊廡"；"箱"注："器物"。至今千餘年，二字不混用，或有書箱房者，群然笑矣。

按：堂廳左右側室本稱箱房，因其形方正如同箱篋，故稱。而今做廂房，爲同音借用。《說文新附·广部》："廂，廊也。從广，相聲。"廂本爲東西廊，并無側室之義。《明史》卷四九《志》第二五："壇之東爲採桑臺，臺東爲具服殿，北爲蠶室，左右爲廂房，其後爲從室，以居蠶婦。"而未見"箱房"用例，可見流謬已久。

【端匹】《俚》51

　　俗謂布帛一匹爲一端。按：《左傳》："幣錦二兩。"注："二丈爲一端，二端爲一兩。所謂匹也，二兩二匹也。"若然，則俗謂端爲匹，非矣。又《爾雅》："倍兩謂之匹，二丈爲兩，倍兩四丈也。"《淮南子》："四丈而爲匹。"《南史》："宋沈慶之年八十，夢人以兩匹絹與之，曰：'此絹足度。'悟曰：'今年不免矣！兩匹，八十尺也。'"①《五代史》：周顯德三年，勅："納官紬絹，依舊長四十二尺。"蓋四十尺爲一匹，多二尺羨餘也。又馬之光景，其長如匹，故數馬亦曰匹，或作疋。

按：此條認爲馬因其身長與布帛的一匹長度相類，故稱馬亦用量詞"匹"。然這種推測似有可商榷之處。《説文·匚部》："匹，四丈也。"此長度與馬身長度相差甚遠，很難繫聯在一起。《廣雅·釋詁四》："匹，二也。"匹又可作"一"，表單獨無二之義，朱駿聲《説文通訓定聲·履部》："匹者，先分而後合，故雙曰匹，隻亦曰匹。"《左傳·僖公三十三年》："晉人與姜戎要之殽而擊之，匹馬隻輪無反者。"何休注："匹馬，一馬也。"由此可見，稱馬用量詞用"匹"應該來源於"一""單獨"之義。

2. 因習性得名

【偷瓜螢】《土》234

　　《舊蘇府誌》"刺蝟"注云："俗名偷瓜螢。"按：螢，當爲"窅"字之訛，窅，音血，鑿穴居也，以其好竊瓜，常負以入穴，故名。窅，音杳，目深皃。

---

① 此引文與《南史》原文略有出入。原文爲：慶之夢有人以兩疋絹與之，謂曰："此絹足度。"瘳而謂人曰："老子今年不免矣。兩疋，八十尺也，足度，無盈餘矣。"見馬宗霍《南史校證》，湖南教育出版社，2008年，第619頁。

第五章　《明清俗語辭書集成》對詞源的探析

按：因刺蝟具有好竊瓜、穴居的習性，故稱之爲偷瓜盜。

【壁虎】《土》234

陶宏景《本艸》："蝘蜓，吴人呼爲壁虎。"……亦作"蠍虎"，東坡詩："窗間守宫稱蠍虎。"以此蟲善啖蠍，故名。

按：壁虎又稱蠍虎，是因其喜捕食蠍子而得名。清薛福成《庸盦筆記·述異》"物性相制"條："壁虎復以尾逗之，迅速縮去，蠍螫之不中，又自中其身，如是者三次，蠍遂不復動，蓋已死矣。壁虎於是恣啖其軀，僅存殼焉。聞壁虎以是術制蠍，百不失一，蓋其以蠍爲糧也久矣，故又謂之蠍虎云。"[①] 可證此説。

【放鵰】《目》2141

俗語訐人私者謂之放鵰。按：《埤雅》曰："鵰性刻制，其毛能食諸鳥羽，如羣錯草中，有雕毛則衆鳥毛羽自落。"蓋鵰性害衆，故以訐人私者比之也。又，俗云放雕把雁者，譬獵者藉此以捕飛走，猶利己害物也。

按：訐，揭露别人的隱私或短處。《論語·陽貨》："惡訐以爲直者。"何晏集解引包咸曰："訐，謂攻發人之陰私。"因鵰害衆，訐人之私亦爲害衆，兩者習性相仿，故以鵰名。翟灝《通俗編》卷二十九《禽魚》"放鵰"條："《朱子大全集》多見之，猶言'使乖'也。今俗用刁字，非。"[②] 蔣禮鴻不認同以上觀點，他説："今謂放刁、刁詐之刁在古爲窵。《廣韻》上聲二十九篠韻：窵，徒了切，與刁音近。不盈爲窵。……不盈爲虚，引申則有虚詐之義。"又説："膠言即窵言。《廣雅·釋詁二下》：'膠，欺也。'窵亦欺矣。凡言放刁、刁詐者皆有欺與虚詐之義，故曰刁

[①] （清）薛福成著；丁鳳麟、張道貴點校：《庸盦筆記》，江蘇人民出版社，1983年，第135頁。

[②] （清）翟灝：《通俗編》（附直語補證），商務印書館，1958年，第642頁。

在古爲窔也。膠，古韻屬幽部，窔，古韻屬宵部，幽、宵二部相近，故窔、膠義相通。《廣雅·釋詁二下》又云：'調，欺也。'王氏《疏證》引《潛夫論·浮侈篇》云：'事口舌而習調欺。'調與窔亦聲近而義通。"① 可見，窔、刁、膠、調皆爲同源關係，其義爲欺詐、虛詐，而鵰爲借字。

3. 因所居位置、地位、職務得名

【掖門】《談》1171

見《成帝紀》。服虔曰："正門之旁小門，如人臂掖也。"

按：因小邊門位於正門的兩側，如同腋窩位於人體兩側一樣，故以掖名。《漢書·高后紀》："章從勃請卒千人，入未央宮掖門。"顏師古注："非正門而在兩旁，若人之臂掖也。"掖，後作腋。

【蕭墻】《目》2124

《論語》："季孫之憂在蕭墻之內。"解者以爲蕭墻謂門屏也，蕭，肅也，人臣至此，加肅敬也。夫子豈以季孫爲人君乎？《爾雅翼》謂：周人祭宗廟，焫蕭，使臭陽達于墻屋，則墻內乃焫蕭之地，故曰蕭墻。與《論語》之意益遠矣。或曰夫子但言其憂之切近耳，切近之地，自當肅敬也。

按：面對宮門的矮牆稱蕭墻，是因其居於切近之地，人臣至此應肅敬，故稱。《説文·艸部》段注："蕭，古音在三部，音修，亦與肅同音通用。"蕭即肅也。

【從母】《證》2349

母之姊妹也。案：母之姊妹有母名，母之昆弟獨無父名者，以女子與女子尤親愛故也。其曰從母，言從母而得此稱，猶宗族之有從父也。

---

① 蔣禮鴻：《義府續貂》（增訂本），中華書局，1987年，第102頁。

第五章　《明清俗語辭書集成》對詞源的探析

【從父】《稱》"諸父　從父"條635

《詩》："既有肥羜，以速諸父。"諸，眾也。亦稱曰從父。從，從也，言與父類從也。

按：從母，母之姊妹；從父，父之兄弟。皆因與父母類從的地位而得名。

【表子】《談》"圾老　表子"條1196

俗謂娼家曰表子，私娼者曰圾老。表子對内子而言，即外婦也。

按：妻子在内，娼家在外，娼家稱表子因相對位置而得名。此條實引明人周祈的《名義考·人部·圾表》，而未有注明。

【駙馬】【副馬】《稱》745

《漢書·百官表》："駙馬都尉掌駙馬。武帝初置，秩比二千石。"注："駙馬，副也，非正駕車，皆爲副馬。"《初學記》："魏晉之後，尚公主，皆拜駙馬都尉。"趙葵《行營雜錄》："皇女爲公主，其夫必拜駙馬都尉，故謂之駙馬。"《南史·袁樞傳》："凡尚公主，必拜駙馬都尉。魏晉以來，因爲瞻准。"……又考駙馬都尉，漢武初置，掌御馬，歷兩漢皆以宗室、故外戚與諸公子孫任之。魏晉始有以主婿爲之者，至唐以後，則專爲尚主者之職。

按：副馬，駕副車之馬，而管理副車的官員即稱駙馬都尉，漢時始置。魏晉以後因公主之夫常充此職，故以駙馬稱之，此是因職務得名。駙馬，爲駙馬都尉的簡稱，後逐漸成爲公主之夫的專名，而不再以之爲官名，駙馬也未必任駙馬都尉。

4. 因性狀特徵得名

【摽説】《俚》20

言語無據曰摽説，謂摽取他人之説也。或云摽當作漂。

215

漢班固《賓戲》："亡命漂說。"師古注云："漂，浮也。"謂浮浪之說也。猶《谷永傳》"瞽說"、《文選》"華說"也。瞽說，不中道如無目人；華說，無實也。或作聽說，謂道聽塗說也。

按：此條以爲無據之言稱"摽說"，是因其浮浪無據的特性而得名。亦有可商榷之處。摽取他人之說的"摽"應作"勡"或"勦"，爲強取義。《廣韻》："勡，強取也。"《集韻》："勡，劫也。"如：《史記·酷吏列傳》："攻勡爲羣盜。"《說文·力部》："勦，劫也。"段注："以力脅止人而取其物也。《賈誼傳》曰：'盜者白晝大都之中，勦吏而奪金。'《貨殖傳》曰：'攻勡椎埋。'按：此篆諸書多從刀，而許《刀部》'剽'下曰：'一曰剽劫人也。'是在許時固从力、从刀竝行，二形不必有是非矣。"可見，漢時"剽"即與"勦"通用。故又說"剽竊"，如：司馬光《涑水記聞》卷十一："緣道縱兵士剽竊民家。"

【老頑皮】《俚》27

奸狡詼謔謂之頑皮，又曰滑皮，言如駕轅之牛，項毛盡脫，其皮頑滑而堅厚也。《隋書》蘇威告煬帝天下多盜，帝不懌，威出。帝曰："老革多姦，以賊脅我。"《綱目集覽》注："革，兵也。罵爲老革猶罵老兵。"此說非也。又《三國志》彭羕罵先主曰："老革荒悖。"注："革，獸皮也。老革，皮色枯瘁之形。"余謂古人罵老革，猶今人罵老頑皮耳。

按：頑皮本指老革，即頑滑而堅厚的獸皮。亦可指人的臉皮厚，如：《敦煌變文集新書》卷三《降魔變文》："六師既兩度不如，神情漸加羞惡，強將頑皮之面，衆裏化出水池。""奸狡詼謔"之人亦稱頑皮，是因其性情刁頑，好耍無賴，跟老獸皮一樣，臉皮頑滑堅厚，刀槍不入，難以對付。如：元康進之《李逵負荊》第四折："由你便直打到梨花月上來，若不打這頑皮不改。"清李漁《風箏誤·鷂誤》："風箏偸放，也學頑皮戚大郎，從今不敢笑伊行。"

【草鞋】《目》2124

不借，草履也，謂其易辦，人自有之，不待假借，故名曰不借。

按：此條認爲因其易得，不需假借，因此特徵而得名。劉熙《釋名·釋衣服》："齊人謂革履曰扉。扉，皮也，以皮作之。或曰不借，言賤易有宜，各自蓄之，不假借人也。齊人云搏臘，搏臘猶把作，粗貌也。荊州人曰粗，絲麻韋草皆同名也。"崔豹《古今注·輿服第一》："不借，草履也。以其輕賤易得，故人人自有，不假借也。"《急就篇》卷二："裳韋不借爲牧人。"顔師古注："不借者，小履也，以麻爲之，其賤易得，人各自有，不須假借，因爲名也。"《瑯嬛記》引《致虛閣雜俎》："昔有仙人鳳子者，欲有所度，隱於農夫之中。一日大雨，有鄰人來借草履，鳳子曰：'他人草履則可借，我之草履乃不借者也。'其人怒詈之，鳳子即以草履擲與，化爲鶴飛去，故後世名草履爲不借。"① 此爲神話傳説，固不可信，可視作流俗詞源。其實以上諸説皆不確。王念孫《廣雅疏證·釋器》云："《釋名》以'搏臘'爲粗貌，是也。搏、臘疊韻字，轉之則爲'不借'，非不假借於人之謂也。"錢繹《方言疏證》亦云："《廣雅》：薄，履也；烏，亦履也。薄與搏聲近，烏與臘同聲，薄烏猶搏臘，分言之則曰薄曰烏，連言之則曰搏臘，轉言之則曰不借、曰不惜，義并同也。劉熙、顔師古以爲不假借於人，趙岐、賈思勰以爲敝且賤而不惜，皆望文生義之失也。"楊劍橋認爲："'搏臘'音轉爲'不

---

① 袁珂編著：《中國神話傳説詞典》，上海辭書出版社，1985年，第464頁。

借'，其'借'字當讀如'臘（xī）'。《廣韻》'借'有子夜切、資昔切兩讀，雖然與'臘'（思積切）聲母有所不同，但是同在昔韻，因此'借'字在上古有可能讀如'臘'。進而論之，《廣韻》'舄'也是思積切，與'臘、惜'完全同音，則'臘、借、惜'并爲'舄'字的不同書寫形式，因此所謂'搏臘、薄借、不惜、不借'并爲'薄舄'的不同書寫形式而已，而'薄舄'自然就是粗陋之鞋之意。這樣，從語音上看，劉熙連字音都未讀準，所謂'不假借人'之説是完全落空了。"① 此説甚是。

【雷同】《俚》4

言語文詞相同謂之雷同。《曲禮》"毋雷同"注："雷之發聲，物無不同時應者。"《楚辭·九辨》："世雷同而炫曜。"晦庵注："雷聲相似，有同無異也。"《後漢書·朱暉》云"順旨雷同"，注："雷震驚百里。"而《周禮》："百里一同。"故，事無可否而同之者，謂之雷同。

按：之所以稱相同爲雷同，是因萬物對於雷聲的反響是相同的，因此特性得名。各家均主此説。《後漢書·桓譚傳》："略雷同之俗語，詳通人之雅謀。"唐李賢注："雷之發聲，衆物同應，言無是非者謂之雷同。"後泛指相同，如：清錢泳《履園叢話·藝能·營造》："造屋之工，當以揚州爲第一，如作文之有變換，無雷同。"

【鼻祖】《稱》612

《漢書·揚雄傳》："有周氏之嬋嫣，或鼻祖於汾隅。"顏師古注："鼻，始也。"又揚子《方言》："鼻，始也。獸之初生謂之鼻，人之初生謂之首。梁益之間，謂鼻爲初，或謂

---

① 楊劍橋：《"不借"者，鞋也》，楊劍橋、楊柳：《楓窗語文札記》，復旦大學出版社，2009年，第131頁。

之祖。祖，居也。"郭璞注："鼻、祖皆始之別名，轉復訓以爲居，所謂代話者也。"王楙《野客叢書》："凡人孕胎，必先有鼻，然後有耳目之屬，今之畫人亦然。"

按：此條認爲動物胚胎初生，先由鼻始，故鼻有始義。鼻祖同義連用，表最初的祖先。《説文・王部》："皇，大也。从自。自，始也。始皇者，三皇，大君也。自，讀若鼻，今俗以始生子爲鼻子。"明張自烈《正字通・鼻部》："人之胚胎，鼻先受形，故謂始祖爲鼻祖。"方以智《通雅・十八》："胚具命門，生鼻隧爲小環，而漸長成形，即爲任督二脈之宗隧。"皆主此説。

5. 因用途、職能、功能等得名

【鋪】《證》2373

《韻會》："賈肆也。"案：鋪，陳也，設也。賈肆所以陳列貨物，故曰鋪。讀去聲，《廣韻・十一暮》有"鋪"字可證。俗作舖。

按：因賈肆可用於鋪排貨物故名之鋪，是因用途得名。如：《醒世姻緣傳》第六回："晁大舍出去，見了報喜衆人，差人往鋪中買了八匹大桃紅揀布與衆人掛紅。"

【郎中】《里》1465

《鶴林玉露》云："郎中知五府六部事，醫人知五臟六腑事，故醫人亦曰郎中。"按：《藝文志》："五臧六府，後人加草肉作臟腑。臟陽，通於氣喉；腑陰，通於食喉，人身惟此二道。"

按：此條以爲醫人稱郎中是因其司職相類，故而同用此名。郎中本官名，掌管門户、車騎等事；内充侍衛，外從作戰。戰國時期始置此職，直至清末纔廢。如：《韓非子・孤憤》："郎中不因則不得近主，故左右爲之匿。"注："郎中，爲郎居中，則君之左右之人也。"《二十年目睹之怪現狀》第二一回："這位王伯

219

述……補缺之後，升了員外郎，又升了郎中，放了山西大同府。"宋代醫人亦有官階，洪邁《容齋三筆·醫職冗濫》："三年五月始詔大夫以二十員，郎以三十員，醫效至祇候，以三百人爲額，而額外人免改正，但不許作官户。"① 可見此時醫官分四等，即：大夫、郎、醫效和祇候。後作爲醫官稱呼的"郎"與之前掌管内外事務的"郎中"相混同，無論醫人有無官職，皆稱"郎中"，二義并行。如：洪邁《夷堅支甲志·杜郎中驢》："杜涇郎中，河府榮河縣上原村人也。世爲醫，貲業稍給。"《儒林外史》第三回："衆人扶起，借廟門口一個外科郎中'跳駝子'板凳上坐着。"

【抽替】《土》204

廚桌有版如匣、可出入者曰抽替。按：周密《癸辛雜識》云："李仁甫撰《通鑑長編》，作木廚十版，每廚作抽替匣二十枚，每替以甲子誌之"云云。蓋取抽出而有所替代之意。又《南史·孝武帝紀》："殷淑儀死，帝思之，爲抽替棺，欲見輒引替。"此又仁甫抽替之所本。俗作屉。案：字書有屟無屉，惟《字彙》："屉，音替，鞍屉也。"《類篇》"屟"注："履中薦也，音替，亦作屧。"

按：此條以爲抽替因其"抽出而有所替代"的功能而得名。然南北朝時已見"抽屟"的用例，庾信《鏡賦》："暫設裝匳，還抽鏡屟。"而李仁甫乃宋人，晚於庾信，可見此得名之由不可信。屉，應爲"屟"的借字。《説文·尸部》："屟，履中薦也。从尸枼聲。"王筠《説文句讀》："屟以木爲之而空其中也。"朱駿聲《説文通訓定聲·謙部》："屟，今籤匣中抽屉字當以此屟爲之。"由此可知，抽屟與"履中薦"皆"木爲之而空其中"，形貌相似，因以爲名。"替""屉"皆爲"屟"之借字。明清之時

---

① （宋）洪邁撰；孔凡禮點校：《容齋隨筆》，中華書局，2005年，第619頁。

第五章 《明清俗語辭書集成》對詞源的探析

已寫作"抽屉",如:《兒女英雄傳》第二十九回:"祗見靠西牆分南北擺兩座墩箱,上面一邊硌著兩個衣箱,當中放著連三抽屉桌,被格上面安著鏡臺妝奩,以至茶筅漱盂許多零星器具。"《二十年目睹之怪現狀》第八十九回:"姨媽覷個便,悄悄的把那個小紙卷兒,放在少奶奶的梳妝抽屉裏。"

【合同】《里》1470

　　鄭康成《書契》注云:"書之於木,刻其側爲契,各持其一,後以相考於①。傅別爲大手書於一札,中字別之。質劑則兩書一札,同而別之。"疏:"半分而合者質劑,傅別則分支合同,各得其一者。"《老子》:"圣人執左契而不責於人,有德司契,無德司撤。"林希逸云:"左契如今合同文字,一人得左,一人得右,有德者則司主此契,而無求索。"
　　《紀始》

按:此條以爲合同之名來源於各執其半、合而同之的驗證用途。翟灝《通俗編·貨財》:"今人產業買賣,多於契背上作一手大字,而於字中央破之,謂之合同文契。商賈交易,則直言合同而不言契。其制度稱謂,由來俱甚古矣。"説解甚明。明清亦有用例,如:《初刻拍案驚奇》卷一:"遂叫店小二拿出文房四寶來,主人家將一張供單綿料紙摺了一摺,拿筆遞與張大道:'有煩老客長做主,寫個合同文書,好成交易。'"《官場現形記》第八回:"你去同他説,説我都已明白,帳也開好,合同也弄好,叫他明天來簽字,我們好去替他辦。"

---

① "於"當爲"合"之誤。《易·繫辭》鄭注爲:"書之於木,刻其側爲契,各持其一,後以相考合。"見李圃主編;古文字詁林編纂委員會編纂:《古文字詁林》第4冊,上海教育出版社,2001年,第584頁。

二、因相關事物得名

1. 因創始人得名

【朱松鄰】《土》233

婦女簪釵有名朱松鄰者，初不解，後見王應奎《柳南隨筆》云："即以創始之人爲名。"按：松鄰，名鶴，嘉定人，曾以竹刻簪釵等物。宋荔裳《竹嬰草堂歌》注云："嶁城朱松鄰，白門濮仲謙，皆以竹器擅名。"《嘉定誌》："明邑人朱松鄰，善竹刻，其子小松、孫三松益精其技。"按：小松名纓，三松名稚徵，亦見王氏《隨筆》。

按：朱松鄰以擅刻竹器聞名，故出於朱氏之手的簪釵亦稱朱松鄰，創始人的名字已經成爲一種品牌。清人王應奎《柳南隨筆‧竹器》所述甚詳："嘉定竹器爲他處所無，他處雖有巧工，莫能盡其傳也。而始其事者，爲前明朱鶴。鶴號松鄰，子纓，號小松，孫稚徵，號三松。三人皆讀書識字，操履完潔，而以雕刻爲遊戲者也。今婦人之簪，有所謂'朱松鄰'者，即以創始之人名之耳。"[①]明人徐學謨所撰《朱隱君墓誌銘》曰："松鄰爲人，博雅嗜古，而特攻雕鏤之技。其所制簪匜圖刻諸器，爲世珍玩，有傳其一器者，不以器名，直名之曰朱松鄰云。"[②]皆爲其證。

【顧繡】《土》246

刺繡稱顧繡。案：前明松江府顧氏女善繡，因得名。華亭周茂源子縨撰門聯云："問文章似談箋顧繡，換得錢無？"二物皆松江土産。吳園次《韓繡行》云："泖水曾傳顧氏娥。"指顧繡也。詩載徐釚《本事詩》。

[①] （清）王應奎：《柳南隨筆　續筆》，中華書局，1983年，第161-162頁。
[②] （明）徐學謨：《歸有園稿》卷六，萬曆刊本，第28頁。

按：顧繡因其最初製造者顧名世家族而得名。徐蔚南《顧繡考·顧繡之起源》曰："天下稱刺繡爲顧繡者，以明代上海顧氏刺繡之名，震溢海内故也。上海顧氏以明嘉靖三十八年進士顧名世而始著稱。"又"家姬刺繡，巧奪天工。露香園及其嘉桃、糟疏、刺繡，乃由座上佳客之揄揚，而名震天下矣。尤以其刺繡，口碑皆是。姜紹書《無聲詩史》稱顧會海妾刺繡人物，氣韻生動，字亦有法，得其手製者，無不珍襲之。《嘉慶上海縣志》采此，謂'識顧繡之始'。"① 明清之時，顧繡馳名大江南北，如：《醒世姻緣傳》第六五回："他説丈往南京買貨捎來的新興顧繡。"《儒林外史》第四一回："毗陵女士沈瓊枝，精工顧繡，寫扇作詩。"

2. 因產地得名

【燕脂】《俚》33

燕脂起自紂，以燕國紅藍花汁凝作脂，故曰燕脂。俗作臙脂，誤。韻書又作䵑枝，俗又稱紅粉。

按：燕脂因出於燕國而得名。明張自烈《正字通》："燕脂以紅藍花汁凝脂爲之，燕國所出。"宋張淏《雲谷雜記·補編卷二·燕脂》："燕脂，今或書作燕支，又作煙支、煙脂，然各有所據。《中華古今注》：'燕脂蓋起於紂，紅藍花汁凝作，以其燕所生，故曰燕脂。'《蘇氏演義》曰：'燕支葉似薊，花似蒲，出西方。土人以染，名爲燕支，中國亦謂爲紅藍。以染粉爲婦人面色，謂之燕支粉。'《北户録》載：'習鑿齒書云：此有紅藍，北人采取其花作燕支，婦人裝時作頰色，殊覺鮮明。匈奴名妻作閼

---

① 徐蔚南：《顧繡考》，中華書局，1937年，第1—2頁。

氏，言可愛如煙支也。"[1] 燕脂、燕支、煙支、煙脂同爲一物。南朝梁蕭統《美人晨妝》詩："散黛隨眉廣，燕脂逐臉生。"

【瓜子稱汴梁】《土》349

西瓜子有大汴梁之稱。按：今河南開封府，元之汴梁路也，瓜子出於此，非吳中所出西瓜也。以所產之地名物，如廣東之新會皮、程鄉繭，新會縣屬廣州府，程鄉縣今爲嘉應州。福建之將樂紙、浦城烟，將樂縣屬延平府，浦城縣屬建寧府。杭州之於潛紙、天目筍，天目山在臨安、於潛二縣境。嘉興之濮院紬、馬嗥魚，僕院鎮以元時寧遠將軍濮樂閒名鑑[2]居此得名。馬嗥城在海鹽縣東南，朱竹垞《鴛鴦湖櫂歌》："罷客最憐鄉味好，屠墥秋鳥馬嗥魚。"自注云："馬嗥城殆即《水經注》所云'馬皋城'也。"嗥，本音豪，俗呼作皋，又訛爲膠。安徽之青陽扇，青陽縣屬池州府。皆是。又有以姓名者，如松江之顧繡，詳卷六。湖州之薛鏡，若嘉定之朱松鄰，并以人名物矣。詳卷三[3]。

按：此條列舉了一批因產地得名之物，已經總結出了這種命名方式的規律。

3. 因所用工具得名

【刀筆】《俚》47

俗呼吏爲刀筆。古者書用簡牘，筆誤則以刀削之，吏皆以刀筆隨。《史記》張釋之曰："秦任刀筆之吏。"又《淮南子》："商鞅察於刀筆之跡。"又"蕭曹起秦刀筆。"《莊子》："刀不利，筆不銛。"是刀筆不始於秦，三代時有之。

又**【刀筆吏】**《目》2128

---

[1]（宋）張淏著；張宗祥校録，中華書局上海編輯所編：《雲谷雜記》，中華書局，1958年，第105頁。
[2] 濮樂閒乃寧遠將軍濮鑑之長子名，此誤。
[3] "卷三"當爲"卷五"。"朱松鄰"條在《土風録》卷五。

第五章　《明清俗語辭書集成》對詞源的探析

古者記事于簡册，謬誤者以刀削除，故曰刀筆吏。漢蕭曹起秦刀筆吏。

按：刀筆爲刀筆吏的省語，因記事的小吏常用刀和筆處理公事，故稱。此稱起於先秦，如：《戰國策·秦策五》："臣少爲秦刀筆，以官長而守小官，未嘗爲兵首。"直至明清還有用例，如：《水滸傳》第十八回："起自花村刀筆吏，英靈上應天星，疏財仗義更多能。"孔尚任《桃花扇·迎駕》："牛馬風塵，暫屈何憂，刀筆吏丞相根由；人笑罵，我不羞。"

【便旋曰出恭】《里》1467

《會典》："監規：每班給與出恭入敬牌一面。"又崔學古《幼訓》："諸生出大小恭及晨起未櫛沐者，先令盥手就坐，攤書須去桌邊二寸許，凡揭書，以右手大指側襯書左邊尖角抬起，以食指撚之，毋以指爪亂撮，毋以唾粘。"又胡鼎《蒙養詩教·出恭》詩："諸生領著出恭牌，須擇無人僻地來。若犯日星俱有罪，正當門路一招[①]災。登牏應記寬衣去，下厠還該淨手回。或是清池令齷齪，喪心無行豈良才？"

按：明國子監學規，出入要持"出恭入敬牌"，故將起出如厠稱出恭。後學生在私塾讀書亦行此法，如：《醒世姻緣傳》第三十三回："一日裏，見先生坐在那裏看書，他不好睡覺，妝瞭解手，摘了出恭牌，走到茅廁裏面，把茅廁門裏邊閂了，在門底鋪了自己一條夏布裙子，頭墊了門枕，在那裏'夢見周公'。"《喻世明言》第十八卷："夜間起來出恭，聞得廊下哀號之聲，其中有一個像關中聲音，好生奇異！"

[①] "一招"當爲"亦多"。見徐梓、王雪梅編《蒙學輯要》所收錄《蒙養詩教·出恭》，山西教育出版社，1992年，第120頁。

《明清俗語辭書集成》研究

【青史】《談》1170

夏燮曰："史者，紀事之籍。謂之青者，蓋古人以火炙簡，令汗出取青，易書，故其簡謂之青，而史亦謂之青史。"

按：古以竹簡書寫，竹簡表層多呈青色，故稱爲青，其上所記之事爲青史。竹簡青色的表層所含水分較多，不易刻寫，所以刻寫前要經過一道處理竹簡的工序叫做"殺青"。《太平御覽》卷六〇六引漢劉向《別錄》："殺青者，直治竹作簡書之耳。新竹有汁，善朽蠹。凡作簡者，皆於火上炙乾之。"《後漢書·吴祐傳》："恢欲殺青簡以寫經書。"李賢注："殺青者，以火炙簡令汗，取其青，易書，復不蠹，謂之殺青，亦謂汗簡。"

【轅門】《土》209

官署兩旁作木柵護之曰轅門。按：《周官·掌舍》："掌王會同之舍，設車宫轅門。"注："以車爲宫，仰轅爲門也。"《史記·項羽紀》："召見諸侯，將入轅門。"注："軍行以軍車爲陳，轅相向爲門，故曰轅門。"黃度《五官解》引《掌舍》文云："今猶稱將幕爲轅門。"陶翰詩："將軍鬭轅門，耿介當風立。"杜詩："飛鳥避轅門。"皆指將幕也。今之轅門，名是而實非矣。蓋蒐以講武事，故設爲轅門之形。

按：古狩獵或行軍止宿時，爲防野獸或敵軍的侵襲，用車圍成藩籬，以車轅爲門，因此稱轅門。後泛指營門或官署大門。如：清孔尚任《桃花扇·撫兵》："轅門之外，何人喧譁？"清昭槤《嘯亭雜錄·馬彪》："少無賴，嘗衝突固原提督儀仗，提督命杖於轅門。"

三、因社會禮制得名

【見丁】《俚》16

俗語見丁著役,謂照名當差也。《北史》:燕王儁"令州郡校實見丁",《集覽》注:"見,音現,謂見在民丁也。所謂丁者,人壽百年爲期,天干一字十年,則丁當四十强壯之時,故曰丁也。"又《晉書》:武帝初,有司奏:"男子年十六以上至六十爲正丁,十五以下至十三、六十以上至六十五爲次丁,十二以下、六十六以上爲老小不丁之數。"又,《宋書》武帝時,王敬弘言:"十五至十一宜爲半丁,十七爲全丁。"又《唐書》:"男女始生爲黄,四歲爲小,十六爲中,二十爲丁,六十爲老,歲造計帳,三年爲户籍。"

按:依十天干,丁處於第四位,一字十年,如人生四十,正值壯年,故成年男子稱男丁。而後泛指男性,無論大小,皆可稱男丁。如:《兒女英雄傳》第二十三回:"因他家現無男丁,所以就在荒塋代他料理,并且就要在這塋地的東首擇地安葬。"

【首級】《常談搜》427

秦法:斬敵一首,拜爵一級,故謂一首爲一級。

按:依此秦法,一首一級,後因此稱頭顱爲首級。如:《後漢書·南匈奴列傳》:"其歲,單于遣兵千餘人獵至涿邪山,卒與北虜温禺犢王遇,因戰,獲其首級而還。"明清亦多有用例,如:《鏡花緣》第二十六回:"今奉駙馬將令,特請徐將軍回國,立時重用;如有不遵,即取首級回話。"《儒林外史》第二十回:"這仇人已銜恨十年,無從下手,今日得便,已被我取了他首級在此。"

【什物】《目》2126

  器用謂之什物者，蓋成周軍法：以五人爲伍，二伍爲什，供其器物，故器用謂之什物。

按：此條應源於顔師古的觀點。《匡謬正俗》卷六"什器"條："或問曰：'生生之具謂之什器，什是何物？'答曰：'此名原起軍戎，遂爲天下通稱。'軍法：五人爲伍，二五爲什，一什之内，共有器物若干，皆是人之所須，不可造次而廢者，或稱'什物'，猶今軍行戍役工匠之屬，十人爲火，一火内共畜器物，謂之火幕調度耳。"① 《後漢書·宣秉傳》："即賜布帛帳帷什物。"李賢注："軍法：五人爲伍，二五爲什，則共其器物，故通謂生生之具爲什物。"可見，器用稱什物來源於此制。

【公主】《常談考誤》2188

  《石林燕語》曰："帝女謂之公主，蓋婚禮必稱主人，天子不可與群臣敵，故以同姓諸侯主之。主者，言主婚耳。而漢又有稱翁主者，諸侯之女也。翁，老人之稱，古人謂父爲翁。諸侯自主婚，無嫌，故稱翁，爲其父自主之也。"六朝隋唐以後，其制漸異。至國朝，天子之女仍名公主，諸侯之女名郡主，郡王而下，女則名郡君、縣君，於古意寖失，其名稱亦無謂，誰則有能正之者？

按：皇帝之女謂之公主，是因其結婚時以同姓諸侯爲主婚人之故，因稱公主。翁主是因其父爲之主婚，故稱。二者皆因古代的婚禮儀制而得名。

  總之，探索詞語的理據也是《集成》訓釋詞語的重要内容，在尋求詞語理據的過程中，諸編者非常注重吸收前人的考證成

---

① （唐）顔師古著；劉曉東平議：《匡謬正俗平議》，山東大學出版社，1999 年，第181 - 182 頁。

果，大都能正確地説明詞語來源，爲讀者理解詞語意義帶來許多方便。不過，其中也有失察的例子，對前人的説法不加辨別，而盲從其説，誤入歧途，對此類訓釋我們在論述中也一一做了説明。從總體上看，失誤的例子衹占很少一部分，不至於抹殺《集成》的詞源研究參考價值。

第三節　《明清俗語辭書集成》對流俗詞源的探索

一、流俗詞源的提出與探討

流俗詞源這個概念是由德國語言學家佛爾斯特曼（Forstemann）最先提出的，後索緒爾、布龍菲爾德、布達哥夫、鮑林格和西爾斯等人對流俗詞源皆有探討，但看法并不一致。這個概念被引入我國後，學者們對它的解釋亦是五花八門，名稱也有多種，如俚俗詞源、通俗詞源、民間詞源、俗詞源、假詞源等等。張紹麒首次對漢語的流俗詞源進行了系統的研究，撰成《漢語流俗詞源研究》一書，他認爲："流俗詞源是語言發展過程中產生的一種詞源現象。這種現象是由語詞内部形式的變異而造成的。它的本質特徵是，語詞在發展過程中，在儘量參照和保留語音形式的前提下，更換内部語義形式。語詞'後天'獲得的内部語義形式與語詞的原有内部語義形式之間的關係往往是風馬牛不相及的。從詞源學角度看，語詞内部語義形式的這種變異，就叫做流俗詞源。"[①] 根據語詞内部形式變異的不同情況，他又將流俗詞源可分爲傳承型、排斥型和跨系統型三種類型：

[①] 張紹麒：《漢語流俗詞源研究》，語文出版社，2000年，第19頁。

傳承型流俗詞源是由於語詞内部形式的歷時變異而產生。它的特點是語詞在傳承中發生詞源模糊、中斷，人們以這些語詞的語音外殼爲依據，通過聯想，自以爲是地去理解它們的詞源，從而臆造出一個新的内部形式。

　　排斥型流俗詞源是由於詞源對抗，人們對語詞已有的内部形式不喜歡或認爲不合適，因而使用諧音的方法爲之更換一個内部語義形式。它與傳承型流俗詞源的根本區別在於新的内部語義形式是在於舊的内部語義形式相比較、相對抗中產生的。創造新的内部語義形式是爲了替換舊的，而傳承型流俗詞源則是在對舊的内部形式無知的情況下的臆造，人們通常是以假爲真的。

　　跨系統型流俗詞源主要指外來詞的流俗詞源，它是在引入外來詞時產生的。它的特點是，外來詞進入漢語時内部形式被漢語系統"過濾"掉了，人們在它的語音框架裏爲它創造了一個漢語的内部形式。①

　　張紹麒對漢語流俗詞源的分析非常透徹，在一定程度上澄清了前人對流俗詞源的模糊認識，并在原有基礎上，大大拓寬了流俗詞源的範圍，在流俗詞源的研究方面有一定的開創意義。

　　王艾録、司富珍將流俗詞源稱爲"民俗理據"，他們認爲："民俗理據亦稱'虛擬理據'，它并非最初的造詞理據，而是後來人在無法明瞭其原始理據却又想使之理據化而附會和杜撰出來的一段故事。"② 譚汝爲說："所謂流俗詞源，就是有些在民間口耳

---

① 張紹麒：《漢語流俗詞源研究》，語文出版社，2000年，第19頁。
② 王艾録、司富珍：《漢語的語詞理據》，商務印書館，2001年，第102頁。

第五章 《明清俗語辭書集成》對詞源的探析

相傳的詞語，人們在搞不清它的真正意義時，往往就按照自己的理解去分析解説，這樣就産生了流俗詞源。"①

相比較而言，在以上幾種觀點中，張紹麒的流俗詞源理論無疑是更爲全面的。

二、《明清俗語辭書集成》中詞語流俗詞源的類型

在上一節探討複合詞的理據時我們已經提到，複合詞的語素義和詞義之間往往有着非常緊密的聯繫。也就是説，在詞語産生之始，其語素義與其内部語義形式一般都有對應關係，事物命名的主要依據往往是它的獨有特徵或屬性。但隨着時間的推移，有些事物的名稱會與反映其獨有特徵或屬性的内部語義形式發生偏離，致使詞語的外部形式與内部形式産生新的對應關係，這種變化表現在兩個方面，一是語義未變，而指稱它的詞語發生了變化；二是詞語詞形未變，而其所指稱的詞義發生了變化。

依張紹麒對流俗詞源所作的分類來看，《集成》中揭示的流俗詞源多屬於傳承型的流俗詞源，其他兩種類型的流俗詞源衹占少數。

1. 近音訛變

有些詞語在經過長時間的流傳後，人們對它的原有的造詞理據已不甚清楚，在使用這些詞語時，往往不考慮詞語的外部形式與内部形式的對應關係，而衹注重讀音的相似性，想當然地改變詞語原有的書寫形式，以常見的近音字替代原詞語用字，原有詞源變得模糊難辨，導致詞語的内部形式發生變異，這樣就形成了流俗詞源。如：

---

① 譚汝爲：《内部形式、構詞理據和流俗詞源》，馬慶株、石鋒、王澤鵬主編：《劉叔新先生七十華誕紀念文集》，中國廣播電視出版社，2004年，第205頁。

【山兒】《俚》41

　　釋氏《傳燈録》呼獼猴爲山兒。俗呼三兒，音訛也。

按：獼猴又稱山兒，是因其常生活在山中而得名。山、三音近，故又稱獼猴爲三兒，遂失詞語的原造詞理據。在當今的某些歇後語中還保留對猴子這樣的稱呼，如：猴（兒）上牆——三（兒）爬（爬諧八音）；猴（兒）撲螞蚱——三（兒）捂（捂諧五音）。①

【打秋風】《土》301

　　以物干求人曰打秋風。案：《米元章帖》作打秋豐，《雪濤諧史》作打抽豐，言于豐多處抽分之也。時有慣打抽豐者，謁宜興令，諛之云："公善政，不獨百姓感恩，境内羣虎亦皆遠徙。"忽有役稟："昨夜有虎傷人。"令詰之，答曰："這是過山虎，討些喫了，就要去底。"令大笑而贈之。

按：打秋風本爲"打抽豐"，因不明造詞原意，音近而訛。明代郎瑛《七修類稿·辨正上》曰："米芾劄中有抽豐二字，即世云秋風之義，蓋彼處豐稔，往抽分之耳。"米芾爲北宋時人，可見宋代即作"抽豐"。唐末五代王定保《唐摭言》卷十五載："當今北面官人，入則内貴，出則使臣，到所在打風打雨。"此"打風打雨"即爲打秋風之義，因爲"風雨"正可諧音"豐裕"。陸嘘雲《世事通考·商賈》云："打抽豐，因人豐富而抽索之，故曰打抽豐，俗語謂之打秋風者是也。"其來源已明。明清時期"打秋風"與"打抽豐"皆有用例，如：湯顯祖《牡丹亭·訣謁》："你説打秋風不好，茂陵劉郎秋風客，到後來做了皇帝。"《儒林外史》第四回："張世兄屢次來打秋風，甚是可厭。"明人楊廷《龍膏記》："且把衙門掩上，如有星相求見與鄉里來打抽豐

---

① 閆乾福編：《中國民間歇後語集萃》，學苑出版社，1997年，第384、426頁。

第五章　《明清俗語辭書集成》對詞源的探析

的，不可放進。"

【牢角底】《土》302

偏僻處曰牢角底。按：《崇明志》："諸沙有高家嘴、廖家嘴。"胡長孺《何長者傳》作"料角嘴"，云："水淺處爲角，竿料度之，故名。"《輟耕録》載："朱清亡命海中，不逢淺角。"注云："浮海者，以竿料淺深，此淺生角，故曰料角。後譌爲廖角嘴，又譌角爲家。"黃與堅《渡七鴉口記》作"撩角嘴"。今呼料爲牢，以嘴爲底，音之轉也。

按："牢角底"本爲"料角嘴"，"水淺處爲角"，以竿料度故稱料，因此得名料角嘴。後"料"音轉爲"牢"，"嘴"訛爲"底"，遂失本意。

【酒胴肛】《直》400

俗稱釀酒者。胡身之《通鑑》二百廿三卷注："酒翁，釀酒者也。今人呼爲酒大工。"大作惰音，故致譌俗。

按："酒胴肛"本爲"酒大工"，在吳語中，"大作惰音"，"工"與"肛"音近，故而訛變。"酒胴肛"爲方言稱呼，明清文學作品中仍用"酒大工"，如：《警世通言》第三十三卷："一年有半年不在家，門首交賽兒開張酒店，雇一個酒大工叫做洪三，在家造酒。"《石點頭》第八回："到第二日夜間，三個家人，并王夥計、酒大工，五命齊休。"

【秋老虎】《里》1505

夏至土王金相，上①、相并去聲，星家選擇干支有"孤虚王相"之說。迨三庚之後，金畏火而自伏。韓詩云："含柔氣常低，秋老火愈熾。"初秋時令，宜曰秋老火。俗以謂秋老虎，無理。《方言瑣辯》

---

① 依文意，"上"當爲"王"之誤。

233

按：按五行之説，三庚之後，火起而金伏，故三伏之後的初秋時節稱"秋老火"。後人不解此意，因此時炎熱，氣勢甚猛，遂以"秋老虎"稱之，與本意不合。

【停澤】《直》409

　　檐冰俗呼停澤，以其停而不流也。按：《廣韻》"泠"字注："泠澤，吴人云冰凌。"靈字紐，郎丁切，收入青韻，則停乃泠字聲之訛也。

按："停澤"本爲"泠澤"，吴音"停""泠"相近而訛。清胡文英《吴下方言考》："吴中稱冰筋爲停澤。"

【毛飯】《俚》"白飯　毛飯"條31

　　楚蜀呼無曰毛，又轉呼音如耄。凡飯無肉食曰白飯，又曰光飯；茶無果實曰白茶，又曰光茶、清茶。按：《魏王語録》："文潞公説，頃年進士郭震、任介，皆西蜀豪逸之士。郭致柬於任曰：'來日請餐皛飯。'任不曉厥旨，如約以往。將日中，方具粗飯一盂，蘆菔、鹽各一盤，更無別物。任曰：'何爲皛飯？'郭曰：'白飯、白蘆菔、白鹽，豈非皛飯耶？'任强勉食之而退。任一日復致柬於郭曰：'來日請餐毳飯。'郭亦如約而往。迨過日中，迄無一物，郭問之，任答曰：'昨日已曾上聞。'郭曰：'何也？'任曰：'飯也毛、蘆菔也毛、鹽也毛，只此便是毳飯。'大噱而退。"皛字三白，毳字三毛，故二人相戲如此。皛，音渺；毳，音翠，又呼爲毛者，不止楚蜀而已。《佩觿集》云："河朔謂無曰毛。"注云："《漢書》注：'毛，音無。'"余嘗讀《漢書》，今偶忘此注。

按："毛飯"本爲"無飯"，方言"毛""無"音近而訛。

234

第五章 《明清俗語辭書集成》對詞源的探析

【滴蘇】《土》"注子"條203

　　明人《山家清事》云："偏提，即今之酒鱉。"按：酒鱉之稱，以其形似也。又曰："滴蘇，當爲急須之譌。"沈括《忘懷錄》有"行具二肩"，共附帶雜物，内有虎子、急須子。陸容《菽園雜記》云："急須，溺器也。以其應急而用，故名。趙襄子漆智伯頭以爲飲器。注：'飲，於禁切，溺器也。'今人以暖酒器爲急須，飲字誤之耳。吳音須與蘇同。"又轉急爲滴，遂呼爲滴蘇。

　　按："滴蘇"本爲"急須"，《説郛續·三餘贅筆》："吳人呼暖酒器爲急須，……急須者，以其應急而用；吳人謂須爲蘇，故其音同。"吳語"急""滴"音近，而"須""蘇"同源義通，故"急須"轉爲"滴蘇"，失其"應急而用"的理據。清人樹臣著《潛庵蘇臺竹枝詞百首草》第十七首："卓氏門前金線柳，折腰有意倩人扶，盈盈十五當壚女，夜半猶聞喚滴蘇。"[1]滴蘇即作暖酒器。

【嬉遊曰白相】《土》347

　　《姑蘇志·方言》"薄相"注云："嬉劣無益，兒童作戲。薄音如敉。"今吾俗呼薄作白，又作別，音之轉也。南郭《州志》云："白音鼻。"非是。鼻音避，作入聲者，土音之訛。

　　按：翟灝《通俗編》有"勃相"條："《吳江志》：'俗謂嬉遊曰孛相。'《太倉志》作'白相'，《嘉定志》作'薄相'。按：皆無可證，惟東坡詩有'天公戲人亦薄相'句。"[2]乾隆《崇明縣志》卷十二"孛相"條云："俗以嬉遊爲孛相。《吳江志》作

---

[1] 見蘇州市地方誌編纂委員會辦公室編：《蘇州史志資料選輯》，1997年1輯（總第22輯），第84頁。

[2] （清）翟灝撰；顔春峰點校：《通俗編　附直語補正》，中華書局，2013年，第165頁。

235

白相。《寶山志》作薄相。"① 此語曾有多人探討，如：王鍈説："薄相，細分有二義：一義等於説促狹、有意開玩笑。""另一義則略同'薄劣'之引申義，猶言'頑劣、調皮'，一般衹有輕微的調侃意味而不含貶義。"② 張惠英認爲："就來歷説，'孛相'的本字可能是'薄相'。根據是：一、'薄'有搏擊，摔跤遊戲的意思；二、吳語方言'薄'有'孛'音一讀；三、'相（陰上調）'可能是詞尾，所以作'相'作'想'都無關緊要。因此，'孛相（孛相相）'一語是由'薄'的摔跤遊戲的意思引申而來。"③ 黄侃認爲："孛相，即婆娑、媻姍、婺嫢、勃屑之轉。"④《詩經·陳風·東門之枌》："子仲之子，婆娑其下。"毛傳："婆娑，舞也。"黄庭堅《滿庭芳》詞："堪聽。微雨過，媻姍藻荇，瑣碎浮萍。"婆娑、媻姍、婺嫢、勃屑乃一聲之轉，皆有盤旋飄動義，由此引伸爲嬉遊義。黄氏之説可信。而寫作白相、別相、孛相、薄相等，皆因方言音近而轉，與原理據不合。

【布袋】《稱》704

《猗覺寮雜記》："世號贅壻爲布袋，多不曉其義。或以爲如入布袋，氣不得出頂，故名。附舟入浙，有一同舟者，號季布袋。或問曰：'如何入舍壻謂之布袋？'衆無語，忽一人曰：'此語訛也。昔人家有女無子，恐世代自此絶，不肯嫁出，招壻以補其代，故謂之補代耳。'"《潛居録》云：

---

① 《崇明縣志》卷十二，乾隆二十五年刊本，第7頁，波多野太郎編《中國方志所録方言彙編》第六編，橫濱市立大學，1968年，第149頁。
② 王鍈：《詩詞曲語辭例釋》（第二次增訂本），中華書局，2005年，第21頁。
③ 張惠英：《釋"孛相（白相、鼻相、薄相）"》，《漢語方言代詞研究》，語文出版社，2001年，第6頁。
④ 黄侃箋識；黄焯編次：《量守廬群書箋識》，武漢大學出版社，1985年，第423頁。

第五章　《明清俗語辭書集成》對詞源的探析

"馮布少時，贅於孫氏，其外父有煩瑣事，輒曰：'俾布袋①之。'至今吴中以贅壻爲布袋。"

又【倩】《談》1254

今人稱壻爲倩。《老學庵筆記》云："昭德諸晁謂壻爲借倩之倩，近世方訛爲倩盼之倩。予幼小不能叩所出，至今悔之。"○按：倩，代也。借倩即代倩之意。馮布少時絶有才幹，贅于孫氏，其外父有煩瑣事輒曰"畀②布代之"，故吴中至今有呼倩爲"布代"者，則稱壻爲倩，其義或本諸此。

按：贅婿本應爲"補代"，後因音近訛爲"布袋"。王雲路贊成《猗覺寮雜記》之説，她説："此説甚是。吕叔湘先生也找到了答案：元雜劇《薛仁貴》中有這樣兩句話：'劉太公家菩薩女，招那莊王二做了補代。'贅婿入家門，是要在人家祖孫二代之間補足中間一代，因而稱爲'補代'。"③ 此在元雜劇中多有用例，又如：《全元雜劇·武漢臣·散家財天賜老生兒》第一折："我在這城中住六十年，做富漢三十載。無倒斷則是營生的計策，今日個眼睁睁都與了補代。那裏也是我的運拙時乖。"人們不解"布袋"的真正來源，强與馮布之事相繫聯，實爲流俗詞源。

【雞鴨】《目》2146

淮南諺曰："雞寒上樹，鴨寒下水。"驗之皆不然。有一嫗曰："雞寒上距，鴨寒下嘴耳。"上距，謂足縮一；下嘴，謂藏其味于翼間。

按：此説來自陸遊《老學庵筆記》卷二。《景德傳燈録》卷

---

① "袋"當爲"代"之誤。
② "畀"應爲"卑"的形誤字。"畀"同"畀"，爲"給與"義，與文意不合。"卑"同"俾"，爲動詞"使"義，合于文意，且正與前《稱謂録》之例相合。
③ 王雲路：《望文生訓舉例與探源》，《詞彙訓詁論稿》，北京語言文化大學出版社，2002年，第157頁。

237

二十二亦引此諺："師住後，僧問：'祖意教意，是同是別？'師曰：'雞寒上樹，鴨寒入水。'"此諺用來比喻面對困難各有各的處理辦法，而通過觀察目驗發現雞鴨的反應皆非如此，應爲"雞寒上距，鴨寒下嘴"音近而誤。王雲路分析了產生這種錯誤的原因："原來'上距'一詞生疏，不易理解，於是就有了音近的'上樹'，而'下嘴'也就相應成爲'下水'了。"①

【琵琶】《雅》1837

昔昭君琵琶壞，使胡人重造，而其形小，昭君曰："渾不是。"今訛爲"胡撥四"，曰撥四者，琵琶四絃也。

按：胡撥四，是突厥語 qobuz 的音譯，本爲柯爾克孜族古老的彈撥樂器。清俞正燮《癸巳類稿·火不思》："琵琶直頸者，宋以來謂之'火不思'。俞玉吾《席上腐談》云：'渾撥四'形較琵琶小，胡人改造琵琶，昭君笑曰：'渾不似也。'後譌爲'渾撥四'。案：'火不思''渾撥四'皆單字還音，非有改造不似義。……求火不思之名，實出於回部。元楊瑀《山居新話》云：鑌鐵胡不思，世所罕有，乃回回部中上用之樂，製作輕妙，每詢之鐵工，皆不能爲也。……蓋火不思十四名：火不思、和必斯、渾不似、渾不是、渾撥四、胡撥四、胡不思、胡博詞、虎拍詞、虎撥四、虎珀思、琥珀思、琥珀詞、琥珀搥。皆就音近字書之，古直項琵琶也。"②俞正燮已經認識到爲音譯（單字還音）詞，并非來源於昭君所說的"渾不似"，可見昭君之典爲流俗詞源。

【打降】《證》2384

俗謂手搏械鬭爲打降。降，下也，打之使降服也。方語

---

① 王雲路：《望文生訓舉例與探源》，《詞彙訓詁論稿》，北京語言文化大學出版社，2002年，第156頁。
② （清）俞正燮撰；安徽古籍叢書編審委員會編纂：《俞正燮全集》（貳），黃山書社，2005年，第436-438頁。

第五章　《明清俗語辭書集成》對詞源的探析

不同，字音遂變，或讀爲打架，蓋降聲之轉也。一讀爲打將，去聲。亦降之譌語耳。

按：打降的理據爲"打之使降服"，而作"打架""打將"，皆爲音近而訛，已於原理據不合。明清時期"打架"和"打降"皆有用例，如：《檮杌閑評》第三十四回："適值西城禦史倪文焕經過，也是他該管地方，便叫長班查甚麼人打降。"《狄公案》第二十二回："周氏聽了罵道：'小賤貨，又造反了。老鼠打降，有什麼大驚小怪。'說著，祇聽撲咚一聲，將房門關起。"《紅樓夢》第二十四回："原來這倪二是個潑皮，專放重利債，在賭博場吃閒錢，專管打降吃酒。"《紅樓夢》第十回："誰知昨日學房裏打架，不知是那裏附學的學生，倒欺負他。"《兒女英雄傳》第十一回："但見空落落的院子靜悄無人，祇有馬棚裏撒著四個騾子，餓的在那裏打晃兒；當院裏兩條大狗，因搶著一個血淋淋的東西，在那裏打架。"

【喫醋】《土》262

婦人妒忌曰喫醋。按：《嶺南錄異》："相思豆有雌雄，合置醋中，輒相就不可解。"蓋以豆喻之。又以醋而轉爲撚酸。

按：張紹麒認爲："喫醋，指産生嫉妒情緒（多指在男女關係上）。本爲'忌妒'之疊韻音轉。《詩·召南·小星》序：'夫人無妒忌之行。'箋云：'以色曰妒；以行曰忌。'"[①] 可見由詞語字面義附會而生的各種傳説詞源都爲流俗詞源。"喫醋"一詞在明清文學作品中常見，如：《喻世明言》第二十二卷："有詩爲證：喫醋撚酸從古有，覆宗絶嗣甘出醜。紅花定計有堂尊，巧婦怎出男子手？"《醒世姻緣傳》第十九回："將近一年，那小鴉兒

---

① 張紹麒：《漢語流俗詞源研究》，語文出版社，2000年，第50頁。

239

異常喫醋，那唐氏也不敢有甚麽邪心，同院住的人也不敢有甚麽戲弄。"

2. 同音替代

經過長時間的流傳，有些詞語語素的原本意義已經少有人知曉，人們按照自己的理解，用常用的同音字來替代原語素用字，從而使詞語的外部形式和内部語義形式發生改變，形成流俗詞源。

【瘦如柴　醉如泥】《談》1232

《埤雅》："柴，豺也。豺體細瘦，謂之豺。瘠人骨立，謂之柴毀①。"豺、柴通。小説：南海有蟲，無骨，在水中則活，去水醉如一塊泥，因名曰泥。人醉，肢體軟如泥蟲然。然柴未有不瘦，泥未有不軟者，即謂如木柴之柴，土泥之泥，亦未嘗不可。

按：瘦如柴本爲"瘦如豺"，其理據是"豺體細瘦"，故以"豺"比。而後人不知此來源，寫作"瘦如柴"，以爲像木柴一樣乾瘦，其理據已經改變。明清之時兩種寫法皆有用例，但絶大多數寫作"瘦如柴"，如：《警世通言》第四卷："如延及歲餘，奄奄待盡，骨瘦如柴，支枕而坐。"《蕩寇志》第一〇三回："騰蛟看那章匪骨瘦如豺。"《二十年目睹之怪現狀》第六十八回："再看那小子時，却是生得骨瘦如柴，臉上更是異常瘦削。"而"醉如泥"詞語外部形式没有改變，但其内部形式已經改變，"泥"由指稱"泥蟲"已經轉爲指稱"土泥"。

【不識瞎字】《土》"目不識丁"條308

又云：一個瞎字不識。吴任臣《字補》云："臧武仲與

---

① "毀"爲衍文。《埤雅》卷三《釋獸》原文在"謂之柴"後有"毀義取諸此"一句，"毀"屬後。

第五章　《明清俗語辭書集成》對詞源的探析

孔子父名紇，許軋切，音瞎，俗多呼爲核，蕭穎士每笑之曰：'汝紇字也不識。'"今人誤以爲"瞎字不識"，是不識瞎字之語其來亦久。

按："不識瞎字"之"瞎"本爲"紇"，因此字常爲人所誤讀，故譏笑人"紇字不識"，此爲詞語的原始理據。而此典故後人多不知曉，遂以同音字"瞎"替換"紇"，於是"紇字"變爲"瞎字"，理據盡失。如：《續紅樓夢》第二十五回："可憐我當日也上了會子學，就連一個瞎字兒也沒認下。如今不拘遇個什麼事兒，兩眼煤黑子。"《醒世姻緣傳》第四十二回："讀了五六年書，一個瞎字也不曾教會，這功勞是没有的了。"

【常儀】《常談考誤》2171

儀，叶音娥。《淮南子》因屈原《天問》載嫦娥事于《鴻烈解》，許慎、張衡注而引之。至《開天遺事》稱唐明皇遊月宮，怪誕極矣。宋史繩祖《學齋佔嗶》引《漢志》："黃帝使羲和占日、常儀占月。"儀、娥通，《詩》每用以叶阿、河。近代《潘塤楮記室》又引《通鑑前編》："常儀爲帝嚳四妃，人惑其妃，遂以爲女。"合兩說觀之，知嫦娥之必爲常儀，而因常儀能占月，故遂以奔月附會之耳。

按：儀、娥皆從"我"得聲，上古儀、娥同爲疑母、歌部，讀音相同。常儀本爲占月之官，後同音替代寫作"嫦娥"，人們誤以之爲女性，又與嫦娥奔月之傳說混爲一談，實與詞語原理據相去甚遠。嫦娥奔月之說即爲"嫦娥"一詞的流俗詞源。直至晚清仍有寫作"常儀"的用例，如：秋瑾《憶蘿月》詞："多事却笑雲癡，不肯現出常儀。"但大絶大多數已被"嫦娥"替代，例子不勝枚舉。

3. 形近誤寫

因字形相似而誤甲爲乙，誤寫後的詞語長期保留在漢語詞彙中，導致詞語的外部形式發生改變，而不能與其内部語義形式相吻合，造成詞語理據的變化，從而形成新詞，這也屬於流俗詞源。如：

【目不識丁】《土》308

　　譏不通文墨曰目不識丁。案：《唐書·張宏靖傳》："而輩挽兩石弓，不如識一丁字。"孔平仲《續世說》及王楙《野客叢書》並作"一个"，謂篆文丁作individuals，形與个近。然《元史·許有壬傳》云："憒不識丁。"若作"識个"，似未妥。

　　按："識一丁字"應爲"識一个字"之誤，篆文丁作个，與"个"形似。宋人吳曾《能改齋漫録》卷五："竇蘋《唐書音訓》云：'丁恐當作个。'予嘗以竇説雖當，而無所據。偶讀孔毅父《續世説》，引宏靖曰：'汝曹能挽兩石弓，不若識一个字。'乃作此个字。因知个誤爲丁，無可疑者。"明清因之，皆作"丁"。如：《金瓶梅》第四十八回："理刑副千户西門慶，本係市井棍徒，夤緣升職，濫冒武功，菽麥不知，一丁不識。"《醒世姻緣傳》第一回："那邢生後來做到尚書的人品，你道他眼裏那裏有你這個一丁不識的佳公子？"

【赤章冐枝】《俚》48

　　稱人急遽自是者，曰赤章冐枝。《吕氏春秋》："智伯伐仇猶，仇猶臣赤章曼枝諫，不聽，因斷轂而馳。"《韓非子》亦載其事。赤章，複姓，曼枝，名也。俗語訛曼爲冐耳。

　　按："赤章冐枝"源自赤章曼枝諫仇猶國君之典，"冐"與"曼"形近而誤，遂成"赤章冐枝"。《正字通·门部》："冐，俗冒字。"與原詞源不合。

【糾纏】《常談搜》435

《史記·賈誼傳》應劭曰："福禍相爲表裏，如糾纏繩索相附會也。"玫《説文》："繩三合曰糾，兩股曰纆。"《易》曰"係用徽纆"是也。纆、纏二字相似，故誤耳。又案：《長笛賦》引《漢書音義》："二股謂之糾，三股謂之纆。"賈誼《新書》："威之與德，交若糾纏。"黃庭堅文："柳公權筆勢往來，如用鐵絲糾纏。"顏延年《陶徵士誄》曰"纆纏幹流"，注引賈誼賦句，則皆作糾纏。

按：據《説文》，糾、纆義近，皆爲索名。"糾纏"本作"糾纆"，如：《史記·屈原賈生列傳》："夫禍之與福兮，何異糾纆。"裴駰《集解》："瓚曰：'糾，絞也；纆，索也。'"後因形近，"纆"誤作"纏"，遂作"糾纏"，至今猶然。

【疆場】《常談考誤》2175

場，音亦，从土从易，《説文》注："疆也。"塲，音長，从土从昜，《説文》注："祭神道""田不耕""治穀田也"。經傳中"疆場"甚多，絶無"疆塲"。……場皆音亦，皆言邊境。而今人論邊事，多以爲疆塲，章、奏、表、聯公然登用，豈不悖謬！

又**【疆塲】**《雅》1777

疆場之場，音亦，从日不从旦，邊境也。《左傳》"疆場之事，慎守其一，而備其不虞"是也。又，疆場，瓜田也。《詩》"疆場有瓜"是也。世俗用疆場者，多从旦作場圃字，讀如長短之長。即古今聞人，如駱丞"疆塲歲月窮"，李于鱗"盡道疆塲懸節鉞"，亦有誤者。

按："疆塲"應爲"疆場"。《大詞典》："場，邊界；邊境。

《左傳·桓公十七年》：'疆埸之事，慎守其一，而備其不虞。'孔穎達疏：'疆埸，謂界畔也。'楊伯峻注：'埸音易，邊境也。疆埸爲同義連綿詞。'"從《說文》"場"的釋義看，其并無邊界義，因形近"埸"誤作"場"。徐傳武分析了發生這種訛誤的原因，他說："隨着時代的進展，可能因爲'埸'字越來越冷僻，而可能又受指戰地之義的'戰場''沙場'一詞的影響，況且'場'字越來越成了常用字、習見字，指戰場之義的'疆埸'一詞便常常被人寫成了'疆場'了。"① 元代以後始作"疆場"。如：元宮天挺《七里灘》第一摺："坐籌幃幄，竭力疆場，百十萬陣，三五千場，滿身矢簇，遍體金瘡。"《歧路燈》第十回："目今料朝中必有挑撥人員，兵前聽用之舉，若說弟有心規避，這效命疆場，弟所不憚，此情固可見信於兄。"《儒林外史》第三十九回："像長兄有這品貌材藝，又有這般義氣肝膽，正該出來替朝廷效力。將來到疆場，一刀一槍，博得個封妻蔭子，也不枉了一個青史留名。"

【牙行】《俚》44

　　古稱度市者，合兩家交易，又謂之駔儈。《史記·貨殖傳》"節駔儈，貪賈三之，廉賈五之"、《呂氏春秋》"叚干木，晉之駔儈"、《漢書》"趙王彭祖使郡縣爲賈人権儈"是也。後世則稱牙人。韓昌黎《贈盧仝》詩："少室山人索價高，兩以諫官徵不起。"王直嘲曰："韓與仝處士作牙人，商度物價也。"牙人之名，唐以前有之。劉道原云："本稱互郎，主互市，唐人書互爲牙，因訛爲牙。"劉貢父亦以此說爲然。余按：《唐書》："安祿山幼爲互市牙郎。"互牙二字并出，則牙非互字之訛也。

---

① 徐傳武：《左思左棻研究》，中國文聯出版社，1999年，第106頁。

第五章　《明清俗語辭書集成》對詞源的探析

又【牙行】《談》1197

《周禮·牛人》："凡祭祀，共其牛牲之互。"徐音乍，是昔人以乍爲互字，因乍與牙①相似訛爲牙耳。《舊唐書·史思明傳》："互市郎，主互市也。"《安禄山傳》："互市牙郎。"今《通鑑》亦作"互市牙郎"，又爲後人添一牙字。顏師古解《漢書·劉向傳》"宗族盤互"之義曰："互，或作乍，謂若犬牙相交入之意。"乃曲爲之解，非也。

按：明人陶宗儀也認爲"牙郎"爲"互郎"之誤，他在《南村輟耕録》卷十一"牙郎"條下説："今人稱馹儈爲牙郎，本謂之互郎，謂主互市事也。唐人書'互'作'乍'，'乍'與'牙'相似，因訛爲牙耳。"②後人不解此誤，又稱"互市牙郎"，平添一"牙"字。唐時已作"牙郎"，如：《北夢瑣言》卷四："詰其所苦，青衣曰：'某雖賤人，曾爲柳家細婢，死則死矣，安能事賣絹牙郎乎。'"《古今奇觀》第七十五卷："這個丫鬟徐徐答道：'我并無中風之病，我曾服侍柳家郎君，寬洪大度，一生豪爽，怎生今日可去服侍這賣絹牙郎？我心慚愧，所以假作中風，非真中風也。'"

【以袠爲十】《談》1263

袠，音秩，書衣也。本作帙，从巾義，失聲。重文作袠，从衣。今或以袠代數目之十，不知何取。一説《廣韻》"帙"訓"書帙"，又"次序也"。或作袠、袟，或又譌袟爲秩。《唐·蕭至忠傳》："官袟益輕。"杜甫賦："六官咸袟。"本秩序之秩，譌作袟。从衣者，禾之誤。今以袠代十者，蓋次序之義。但十之借袠，不知始自何時。《容齋隨筆》云：

---

① 據文意，"乍"當爲"牙"之誤。
② （明）陶宗儀：《南村輟耕録》，中華書局，1959年，第139頁。

245

"十年爲一袟。白公詩云：'已開第七袟，飽食仍安眠。'又云：'年開第七袟，屈指幾多人。'是時年六十二元日詩也。"據此唐人以袟爲十矣。然袟有次序義，可借袠則無義可取，且音與十亦別。一説《禮·王制》："九十日有秩。"故以九十爲九秩。據此當借秩，非袠，亦止九十可稱秩，餘不當通用。秩，音袠，《説文》："積也，从禾，失聲。"今訓積之次第也。袠爲書衣，無次第義，袠之代十，大抵從袟代秩誤來。

按："袠"爲書衣義，又寫作"袠"或"袟"，皆無"次序"之義。"袟"因與"秩"形近而誤作"秩"，"秩"有次序之義，《廣雅·釋詁三》："秩，次也。"《集韻·屑韻》："秩，序也。"《書·堯典》："寅賓日出，平秩東作。"孔傳："秩，序也。"因此，"袠"也被用來表"次序"之義，又以袠代十。如：清毛大瀛《戲鷗居詞話·黄永減字木蘭花》："夫人以六袠初度，從而捧觴。"《聊齋志異·牛成章》："年已六袠，貧寡無歸，遂與居處。"

4. 誤讀文意

錯誤地理解文意或不恰當地斷句有時也能造成詞語的外部形式與内部形式的改變，致使詞語與原理據不合，形成流俗詞源。如：

【捉刀人】《稱》964

《世説》："魏武將見匈奴使，自以形陋，不足以雄遠國，使崔季珪代，自捉刀立牀頭。既畢，令閒諜問：'魏王何如？'使曰：'魏王雅望非常。然牀頭捉刀人，此乃英雄也。'"案：世稱代作文者爲捉刀，以作者非正身，乃捉刀人替爲之也。後遂以捉刀爲替身，非正身矣。今觀此事，則知

第五章 《明清俗語辭書集成》對詞源的探析

捉刀人正爲正身，相習稱之而失其考耳。附辨於此。

按：從典故內容來看，捉刀人應爲被替之人，而世俗以替身爲捉刀人，對象顛倒，流俗致誤，宋代已然，如：劉子翬《建康六感·吳》詩："龍翔大耳兒，虎視捉刀人。"明清多有用例，如：清郭則沄《紅樓真夢》第四十五回："元妃道：'若在天宮，壓倒群仙倒還容易，祇怕床頭捉刀人，不容他不低首呢。'"《聊齋志異》卷九《張鴻漸》："質審一過，無所可否。趙以巨金納大僚，諸生坐結黨被收，又追捉刀人。"諸例捉刀人皆指替身。

【螭虎】《土》234

衣飾、器皿繪畫龍像呼曰螭虎。按：蔡邕《獨斷》："天子璽以玉，螭虎紐。"衛宏《漢舊儀》云："秦以前用金玉朱印，龍虎紐。"《正字通》云："或龍或虎爲紐，非謂螭虎一物也。今俗連螭讀，誤合爲一物"云云。則以龍曰螭虎，自明已然。

按：《說文·虫部》："螭，若龍而黃，北方謂之地螻。从虫离聲。或云無角曰螭。丑知切。"《楚辭·九歌·河伯》："乘水車兮荷蓋，駕兩龍兮驂螭。"王逸注："言河伯以水爲車，驂駕螭龍而戲遊也。"《後漢書·張衡傳》："伏靈龜以負坻兮，亘螭龍之飛梁。"李賢注："《廣雅》曰：無角曰螭龍也。"螭，皆指一種龍。螭虎，應指螭和虎兩物，後以螭虎合指龍而不含"虎"義，形成偏義複詞，如：《菽園雜記》卷二："螭虎，其形似龍，性好文彩，故立於碑文上。"清人戴璐《藤陰雜記》卷七引王士禎《池北偶談》曰："己亥於慈仁市上見'客氏拜'三字敞刺，朱克生以三錢得之，賦《客氏行》。予笑曰：'使當天啟時，此一紙過詔旨遠矣。'又買正德錢二枚，背有螭虎形。"《官場現形記》第三十六回："師四老爺下得車來，身上穿了一件米色的亮紗開氣袍，竹青襯衫，頭上圍帽，腳下千層板的靴子，腰裏羊脂玉螭虎龍的扣帶。"

【鍾離權】《談》1204

仙家稱鍾離先生者，唐人鍾離權也，號雲房，與呂嵒同時。韓潤泉選《唐詩絕句》，卷末有鍾離一首，可證也。近世稱漢鍾離，因權嘗自號爲"天下都散漢鍾離權"，人誤以漢字屬下，猶漢壽亭侯人稱壽亭侯，誤以漢字屬上也。

按：漢鍾離本爲鍾離權，壽亭侯本爲漢壽亭侯，皆因斷句不當，後人不察，而流俗致誤。明人楊慎《詞品》"鍾離權"條云："近世俗人稱漢鍾離，蓋因杜子美《元日》詩有'近聞韋氏妹，遠在漢鍾離'流傳之誤，遂傅會以鍾離權爲漢將鍾離，昧矣，可發一笑也。"① 杜甫詩中的"漢鍾離"爲地名，《漢書·地理志》："鍾離縣，屬九江郡。"與鍾離權無干，故楊氏認爲是"流傳之誤"。近代作品以"漢鍾離""壽亭侯"習用爲常。如：《歧路燈》第一百零一回："中殿是漢鐘離像，頭挽雙髻，長須，袒腹，塑的模樣，果有些仙風道骨。"《全元雜劇·高文秀·劉玄德獨赴襄陽會》第三折："某拜夏侯惇爲前部先鋒，戰劉、關、張在徐州失散。某領雲長到於許都，加爲壽亭侯之職。"《聊齋志異》卷六《董公子》："忽聞靴聲訇然，一偉丈夫赤而修髯，似壽亭侯像，捉一人頭入。"清胡鳴玉《訂訛雜錄》卷五亦明辨此誤："唐時仙人鍾離雲房，名權，與呂嵒同時，嘗自稱天下都散漢鍾離權。今人稱漢鍾離，此誤以'漢'字屬下。因遂傅會以鍾離權爲漢將鍾離，昧！可笑其妄。"②

---

① （明）楊慎：《詞品》，上海古籍出版社，2009年，第42頁。
② （清）胡鳴玉：《訂訛雜錄》，中華書局，1985年，第50頁。

5. 沿襲舊名

有些詞語的得名與當時的文化背景有關，但隨着時代的變遷，文化背景已經發生了改變，而詞語詞形却依舊沒變，造成理據與其內部語義形式不符，形成流俗詞源。如：

【山門】《土》215

寺門曰山門。案：老杜《三川觀水漲》詩："乘陵破山門。"注："謂土門山也。"山有二土門，故曰山門。樂天《寄天竺師》詩："一山門作兩山門。"指天竺山言。蓋舊時廟宇多在山中，故名。今城市中亦稱之矣。

按：山門指寺廟的外門，因廟宇多建在山中，故其門曰山門。後城中廟宇的外門亦稱山門，而城中無山，是沿襲舊名而不改。如：《水滸傳》第九十回："轉到山門外，祇聽寺內撞鐘擊鼓，衆僧出來迎接。"《二十年目睹之怪現狀》第三七回："山門外面，有兩家茶館。"

【錢糧】《土》226

完納官課皆以銀，而謂之錢糧，蓋沿舊稱。玫《宋史·仁宗紀》："景祐二年，詔諸路緡錢，福建、二廣易以銀，江東以帛。"則其餘尚皆以錢可知。又玫唐以前通用錢，至韓退之奏狀始言"五嶺買賣一以銀"。金時，鑄銀有承安元寶，每兩折錢二貫，行之未久，銀價日貴，寶泉日賤，民但以銀論價。至元光二年，錢幾不用。哀宗正大間，民間但以銀市易。此上下用銀之始。

按：錢糧指賦稅，可以粟帛形式上交，也可折合成銀兩，故曰錢糧，實包括錢和糧兩物，後祇以銀錢形式完納，雖不再交糧，但沿襲舊名仍稱錢糧。顧炎武《錢糧論》（上）曰："今之言賦必曰錢糧。夫錢，錢也；糧，糧也，亦惡有所謂銀哉？"① 後錢糧亦泛指銀錢，如：《初刻拍案驚奇》卷二十四："亦且這些遊客隨喜的多，佈施的少。那閣年深月久，没有錢糧修葺，日漸坍塌了些。"

【稱人曰漢】《里》1443

年老曰老漢，少壯曰漢子。《南宋書》：青衣小兒見王懿驚曰："漢已食未？"謂華人爲漢者，因漢武帝威震外國，故外國畏而稱之曰漢人。歷數幾更，猶不遷改。古銘曰："漢德威盛，永布宣揚。"不虛矣。《大明會典》："殿前有大漢將軍。"《蜀語》。

按：漢人本爲我國北方少數民族對漢朝中原人的稱謂，如：《漢書·匈奴傳下》："近西羌保塞，與漢人交通。"後經改朝換代，依然不改其稱，雖不再是漢朝人，却仍稱漢人。如：唐司空圖《河湟有感》詩："漢兒盡作胡兒語，却嚮城頭駡漢人。"清文康《兒女英雄傳》第一回："本朝的定例，覺得旗人可以吃錢糧，可以考翻譯，可以挑侍衛，宦途比漢人寬些，所以把這一甲三名留給天下的讀書人，大家巴結去。"《資治通鑒·漢武帝太始四年》"秦人"胡三省注："漢時，匈奴人謂中國人爲秦人，至唐及國朝則謂中國爲漢，如漢人、漢兒之類，皆習故而言。"

6. 避諱變體

言語避諱屬於排斥型流俗詞源，其有三種情况：一是詞語用字容易讓人聯想起不雅的事物，故而改寫詞語；二是避諱君主或其他尊長的名字，改讀詞語讀音或改寫字形；三是爲避凶求吉而形成的言語禁忌，不直接將某些犯忌諱的詞語説出，而改用其他

---

① （清）顧炎武：《錢糧論》（上），載李敖主編：《顧炎武集 二曲集 唱經堂才子書》，天津古籍出版社，2016年，第14頁。

第五章 《明清俗語辭書集成》對詞源的探析

詞語。這種情況皆能改變詞語的最初造詞理據，形成流俗詞源。在《集成》中通過這三種避諱途徑產生的詞語皆有論及。如：

【鳥卵曰蛋】《土》341

吳任臣《字彙補》云："俗呼鳥卵爲蛋。"思按：蛋即蜑之省。《説文》："蜑，南方夸也。"音但。上从延，音征，與蜿蜒字从延者別。《正字通》："江上地名有鴨蛋洲。"陸容《復孫博士書》云："楊廉夫《冶春口號》有'鮫卵千斤'之句，今改卵曰蜑。"按：蜑，南粵蠻名，海南取珠者曰烏蜑户，以彼易此，得無避吳人呼男陰爲卵之嫌乎？吳人避此，故呼諸禽之卵爲彈。今又轉而爲蛋，于義遠甚，將不識蜑爲何物矣。彈音去聲。難彈見顧元慶《雲林遺事》。卵，篆作卵，音鷺上聲，今俗讀如魯，殆以音不雅馴而避之。俗呼鳥作刁上聲，蓋以梅氏《字彙》有"屌"字注"男子陰，丁了切"，而元明演義皆作"鳥"字故也。

按：鳥蛋之"蛋"本稱卵，《説文·卵部》："卵，凡物無乳者卵生。象形。"卵又指睾丸。如：《素問·診要經終論》："厥陰終者，中熱、嗌乾、善溺、心煩，甚則舌卷、卵上縮而終矣。"稱"卵"容易使人聯想起睾丸而顯不雅，故改稱"蜑"，後作"彈""蛋"。《字彙補·虫部》："蛋，徒歎切，音但。古作蜑。"

【正月】【端午】《俚》"初月　端月　一月"條5

俗呼正音政月爲正音征月。宋公《筆記·釋俗》篇云："宦者宫人言：正月與上諱同音，故共易爲初月。王珪脩起居注，頗熟其聞，因上言：秦始皇名政，改正月爲端月，以正爲征音，乞廢征音，正字不用，遂下兩制議，表去其字。"[①] 後不果，至今猶以正月爲征音。唐之初月即秦之端月。韻書"端"注："正也""首也""初也"。俗以五月初

———

① 見（宋）宋祁《宋景文公筆記》卷上，引文略有出入。

五日爲端午，端即初也。《歲時紀》云："五月一日爲端一，二日爲端二，三日爲端三，四日爲端四，五日爲端五。"亦見《武林舊事》。唐玄宗八月五日生，以其日爲千秋節，張説《上大衍曆序》云："謹以開元十六年八月端午赤光照室之夜獻之。"《唐類表》有宋璟《上千秋節表》云："月惟仲秋，日在端午。"是凡月五日皆可稱端午，不獨仲夏也。《漢書》：王莽改十二月爲正月。《唐書》：武后天授二年，改十一月爲正月，又改建寅月爲一月。

按：呼正（音政）月爲正（音征）月，是因避諱秦始皇之名嬴政，故而改變讀音聲調。而"端午"本爲"端五"，唐李匡乂《資暇集·端午》："端午者，案周處《風土記》：'仲夏端五，烹鶩角黍。'端，始也。謂五月初五日也。今人多書'午'字，其義無取焉。余家元和中端五詔書并無作'午'字處。"其實是因避諱唐玄宗的生日改"五"爲"午"，沿用至今。

【華表柱】《土》211

貴家墓前立石柱曰華表柱，見任昉《述異記》："廣州東界文種墓前有石華表柱。"《搜神記》："燕昭王墓前有千年華表樹。"《續搜神記》："丁令威死後化鶴歸集城門華表柱。"李遠《失鶴》詩所云"華表柱頭留語後"也。魏鶴山《師友雅言》云："華表即古之桓楹。《檀弓》：'三家視桓楹。'漢時避諱改作華楹，後復避宣帝廟諱改爲華表，今官府前亦豎之。"《説文》"桓"字注："郵亭表[①]也。"徐鉉[②]云："表雙立爲桓。"漢法：亭表四角建大木，貫以方板，名曰桓表，縣所治兩邊各一。《漢書·尹賞傳》："葬寺門桓東。"崔豹《古今

---

① 《説文》實作"亭郵表"。
② "徐鉉"當爲"徐鍇"之誤，語出徐鍇《説文繫傳》。

第五章　《明清俗語辭書集成》對詞源的探析

注》：" 堯設誹謗之木。"即今之華表。《西京記》謂之交午柱。

按：從以上諸例可知，華表本作"桓楹"，因避漢桓帝諱改稱"華楹"，又避宣帝廟諱改爲"華表"，至今猶然。

【罪人】《目》2135

罪，謂身有愆犯者，古字从自从辛。秦以辠字似皇字，故改爲罪。

按：此説來源於許慎，《説文・辛部》："辠，犯法也。从辛从自，言辠人蹙鼻苦辛之憂。秦以辠似皇字，改爲罪。徂賄切。"

【顯考】《土》352

父殁稱顯考，母曰顯妣。按：孔穎達《祭法正義》以爲高祖之稱居四廟最上，故以顯明目之。唐宋碑誌多偁皇考、皇妣。徐師曾《曲禮注》："皇，美也。"元潘昂霄《金石例》引韓魏公《祭式》云："後代疑皇爲君，於是易皇偁顯，然尚無明禁。"徐氏《讀禮通考》云："元大德中，始詔改皇爲顯，士庶不得偁皇。"顯考二字始于武王之誥："康叔曰：'惟乃丕顯考文王。'"

按：指亡父的"顯考"本爲"皇考"，因疑皇爲君，元代詔令改"皇考"爲"顯考"。

【敘　引】《談》1174

蘇東坡祖名"敘"①，故爲人作序皆用"敘"字，又以爲未安，遂改作"引"，而謂《字序》曰《字説》。今人效之，非也。

按：此説源自陸游《老學庵筆記》。蘇洵《族譜後録》下篇曰："先子諱序，字仲先，生於開寶六年，而殁於慶曆七年。"②

---

① 依文意，"敘"當爲"序"之誤。
② 王水照、羅立剛選注：《蘇洵散文精選》，東方出版中心，1998年，第360頁。

可證事實果如此。

【呼奴爲邦】《雅》"便了"條1922

　　呼奴爲邦者，蓋童僕未冠曰豎。東魏高歡諱樹，因以奴爲邦，義取"邦君樹塞門"之句。

　　按：此説出自唐人李匡乂的《資暇集》卷下。《楚辭·天問》："有扈牧豎，云何而逢？"洪興祖《補注》："豎，童僕之未冠者。"高歡之父名"樹生"，故高歡諱"樹"。本呼奴爲"豎"，與"樹"音同，避高歡之父諱，改爲"邦"。

【秀才】《俚》23

　　秀才之名，自晉宋以來，實爲貢舉科目之最。今庠士厭習舊名，聞人以此稱之，輒以爲輕己。……按：古史趙公子成諫武靈王，有"吴越無秀才"之説，《後漢·光武紀》作"茂才"，避光武諱也。

　　按：秀才因避光武帝劉秀之諱改稱"茂才"，如：《後漢書·黄琬傳》："舊制，光禄舉三署郎，以高功久次才德尤異者爲茂才四行。"《南史·劉之遴傳》："年十五，舉茂才，明經對策，沈約、任昉見而異之。"明清因之，亦有此稱，如：侯方域《賈生傳》："閒讀書爲文詞，干謁當世，舉茂才第一。是時，賈生年二十餘。"

【快子】《俚》35

　　俗諱各處有之，吴楚爲甚。舟中諱住、諱翻，謂筯爲快兒，翻轉爲定轉，幡布爲抹布。又諱離散，謂梨爲圓果，傘爲竪笠。又諱狼藉，謂柳頭爲興哥、爲響槌、爲發槌。今士夫亦有稱筯爲快子者。又《遁齋閒覽》舉子落榜曰康了。柳冕應舉多忌，謂安樂爲安康，忌樂、落同音也。榜出，令僕探名，報曰："秀才康了。"世傳以爲笑。

第五章　《明清俗語辭書集成》對詞源的探析

【箸曰快子】《里》1466

　　快本作筷，音仝，竹箭也，可以爲箸，俗作筷，非。吳《菽原雜記》："吳中凡舟行諱住、諱翻，故呼箸爲快子，幡布爲抹布。"又《曲禮》："羹之有菜者，用梜梜。"亦箸之類。

【抹布】《土》202

　　陸伸《儂渠錄》云："船家以幡布爲抹布，忌翻字也。""幡布"見《世說》。今民間多稱抹布，船家曰㦬眼，俗亦呼曰轉布，從翻字轉出。

　　按：以上皆爲趨吉避凶的民間俗諱，由此產生了一批新詞語，而其語素義與詞語的內部語義形式不對應，可視爲來源於流俗詞源。

7. 隱語化形

　　不直說本意而借其他詞語來暗示，這樣就形成隱語。而隱語的字面意義與其真正的意義往往相去甚遠，無直接理據，皆因流俗輾轉產生。如：

【蒙去古兒】《直》419

　　市井以爲銀之隱語，豈知蒙古二字原作"銀"解。予習國語始知之。蓋彼時與金國號爲對耳。其讀蒙作去聲，則口音之訛。

　　按：此條認爲以"蒙古"指稱"銀"是因蒙古與金國對稱金銀相對舉而成。而方齡貴說："訓'銀'的'蒙古'和作爲民族名稱或國號的'蒙古'了無關涉。"又"其'孟古''蒙古'以及'猛骨'等等乃蒙古語 münggü 之對音，指的是銀錢。"[①] 可見，

---

　　① 方齡貴主編：《元明戲曲中的蒙古語》，漢語大詞典出版社，1991年，第198－199頁。

蒙古兒是音譯詞，而并非隱語。

【藁砧】《常談考誤》2225

　　古樂府："藁砧今何在？山上更安山。何時大刀頭，破鏡飛上天。"注："藁砧，夫也；山上安山，出字也；刀頭有環，言還也；破鏡上天謂十六夜也。"此即戰國秦漢間隱語，唐宋至今所謂謎，自元人詞曲以"藁砧"爲夫。而今人稱夫曰藁砧，殊晦。況言砧必言鈇，鈇本鐵鑕，而借爲夫意，尤不美。

　　按：明周祈《名義考》："古有罪者，席藁伏於椹上，以鈇斬之；言藁椹則兼言鈇矣。'鈇'與'夫'同音，故隱語藁椹爲夫也。"藁，稻草。砧，同椹，砧板，古時行斬的刑具。鈇，斫刀。藁、砧、鈇爲一套行刑用具，隱去"鈇"字，祇説"藁砧"，來指稱與"鈇"同音的"夫"。如：明李昌祺《剪燈餘話》卷四《洞天花燭記》："物換星移十載強，尊嫜俎没藁砧亡。屢遭疾疫男捐館，苦迫饑寒媳去房。"《醒世姻緣傳》第八回："執贄方臨廟，操匙便入廚。椿萱相悦懌，藁砧亦歡娛。"

【破瓜】《談》1230

　　樂府："碧玉破瓜時。"而《談苑》載張洎詩云："功成應在破瓜年。"洎後以六十四卒。破瓜者，二八也。老少男女皆可稱破瓜，亦奇。

　　按：以"破瓜"指"二八"，是説將"瓜"字縱嚮劈開，正象兩個"八"字，故稱。二八指十六，也指六十四。《桃花扇》第六齣："妾身李貞麗，祇因孩兒香君，年及破瓜，梳櫳無人，日夜放心不下。"清俞蛟《潮嘉風月·麗品》："沈静常贈小足詩云：'十六芳齡正破瓜，妙於酬應足當家；生成一種銷魂處，眼似秋波臉似霞。'"

第五章　《明清俗語辭書集成》對詞源的探析

8. 傳說詞源

以傳說爲詞語語義來源，其實就是王艾錄、司富珍所說的民俗理據："民俗理據亦稱'虛擬理據'，它并非最初的造詞理據，而是後人在無法明瞭其原始理據却又想使之理據化而附會和杜撰出來的一段故事。"① 這些故事有些屬於神話傳說，顯然不可能真實地存在，而其他典故傳說雖有可能在某個歷史時期發生過，但是否爲詞語的真正來源并不能得到確認，所以我們祗能將這些詞源看作流俗詞源。如：

【貌】《常談搜》440

俗呼無曰冒字，非；以爲没者，亦非。玫《異物彙編》："狗纓國有獸名貌，善遁，入人室中偷食，已，大叫，人覓之即不見矣。故至今吴俗空拳戲小兒，已而開拳曰'貌'。"案：此貌字之由來也。

按：如前所述，《俚言解》"毛飯"條引《佩觿集》云："河朔謂無曰毛。"注云："《漢書》注：'毛，音無。'"可知"無""毛"音同，故"呼無曰冒"有理可循。此處又以爲"無"讀"貌"音來源於狗纓國獸名，其實此祗是流俗詞源。

【呼雞曰朱朱】《談》1250

尸鄉山下有祝雞翁，養雞千餘頭，故呼雞爲祝祝。祝祝即朱朱、喌喌也。《伽藍記》曰："沙門寶公曰：'把粟與雞呼朱朱'。"猶喌喌。

按：此條以爲呼雞曰朱朱是因養雞翁姓祝，而音轉爲"朱朱"或"喌喌"。應劭《風俗通義·佚文·辨惑》對此提出質疑，曰："俗說：雞本朱氏翁化而爲之，今呼雞皆朱朱也。謹案：《說文解字》：'喌，二口爲讙，州其聲也，讀若祝。'祝者，誘致

---

① 王艾錄、司富珍：《漢語的語詞理據》，商務印書館，2001年，第102頁。

禽畜和順之意，'㹛'與'朱'音相似耳。"[1] 應氏從"祝"的字面義來解釋呼雞之聲，實未得其解。《爾雅·釋畜》曰："雞大者蜀。"郭璞注："今蜀雞。"此亦不確。元人白珽《湛淵静語》卷二云："俗以舌音祝祝，可以致犬，脣音汁汁，可以致貓。雞朱朱，豕盧盧……朱朱盧盧，皆象其聲。"此説可信。"朱"又作"㹛""祝""蜀"，皆爲模仿雞鳴之聲以喚之，今北方喚雞曰"咕咕"，更近其叫聲。由此可知，祝翁之典實爲"朱朱"的流俗詞源。

【岳丈】《俚》13

壻稱婦翁爲丈人，又稱岳丈，又稱泰山。玄宗開元十三年封禪泰山，張説爲封禪使，説壻鄭鎰本九品官，舊例：封禪後，自三公以下皆轉遷一階，惟鄭鎰是封禪使之壻，驟遷至五品，兼賜緋服。因大酺次，玄宗見鎰官騰超，怪而問之，鎰無詞以對。優人黄幡綽奏曰："此乃泰山之力也。"因此稱丈人爲泰山，又稱岳丈。或謂泰山有丈人峯故也。今人又呼妻母爲泰水，伯叔丈人爲列岳，可笑。又《神仙傳》有"泰山老父"之説，今呼婦翁爲泰山，本此。又孫持正云："晉樂廣乃衛玠妻父，時有'婦翁水清，女壻玉潤'之謡。後世呼婦翁爲樂丈，訛爲岳丈耳。"

又【岳丈】《稱》688

案：泰山有丈人峰，而《玉匱經》：青城山，黄帝亦封爲五岳丈人。世俗以婦翁有丈人之稱，而丈人又有山岳之典，遂引以爲美稱耳。……然則唐時已有泰山及岳丈之稱矣。又《黄潛筆記》謂《漢·郊祀志》："大山川有嶽山，

---

[1]（漢）應劭撰；王利器校注：《風俗通義校注》（第2版），中華書局，2010年，第603頁。

第五章 《明清俗語辭書集成》對詞源的探析

小山川有嶽壻。山嶽而有壻，則嶽可以稱婦翁矣。"世俗之稱，未必不因此。又因山嶽而轉爲泰山耳。

按：綜上所述，壻稱婦翁爲岳丈或泰山有四個來源，第一個是說因泰山有丈人峰而得名；第二個是因《漢·郊祀志》中有"大山川有嶽山，小山川有嶽壻"而得名；第三個是因樂廣而得名；第四個是因張說之典而得名。車錫倫認爲前三個來源都不是詞語真正的得名之由，他說："第三種說法顯係附會，因爲一種應用至廣的稱謂，不可能是由某人的名字傳訛而來。第二種說法似是而非，因爲女夫稱壻早在先秦文獻中已如此，但對妻父稱'岳'却是唐代後的事。第一種說法，需作點考證。泰山頂上確有一丈人峰，明末泰安人蕭協中在《泰山小史》中說：'丈人峰在嶽頂西南，巨石特立，儼然人狀故名。'清乾隆時泰安人聶劍光的《泰山道記》中說：'泰山絕巔西里許爲丈人峰，狀如老人傴僂。'由此看來，它之所以被稱作丈人峰，是因爲它的形狀似一老人，猶如稱之爲'老人峰'，與妻父稱謂無關，大概是泰山頂上先有了象徵老人的丈人峰在前，後來又發生了泰山之力的故事，這丈人峰也被附會上妻父的含義。"[1] 由此可知，前三個來源都是流俗詞源，張說封禪之典與壻稱婦翁爲岳丈或泰山的起始年代相符合，都在唐代，應爲岳丈或泰山的真正詞源。

【包彈】《俚》22

言語涵褒貶之意，謂之包彈。或云：宋人以包孝肅多所彈劾，時稱包彈。此語流傳至今。

按：此條認爲"包彈"一詞是因包孝肅而成詞，實爲流俗詞源。白兆麟曾說："'包彈'一詞早在唐代就出現了。如唐人著作

---

[1] 車錫倫：《舅姑·丈人·泰山·岳父——對妻子的父母的稱謂》，《民俗研究》1989年第4期。

259

《明清俗語辭書集成》研究

《義山雜纂》卷上'不達時宜'條下有云:'筵上包彈品味。'"又:"明初《老乞大諺解》和晚唐《義山條纂》皆常引'駁彈'一詞。駁,即批駁、批評;彈,即彈劾、指摘。'駁彈'應是兩個意義相近的詞素構成的複合詞,其義爲批評指摘。'駁彈'俗作'包彈','駁''包'爲一聲之轉。"① 這纔是"包彈"的真正來源。

【葉子】《土》227

歐陽公《歸田録》云:"葉子格者,唐中世以後有之。說者云有姓葉號子青者撰此格,因以爲名。非也。骰子格,本備檢用,故亦以葉子寫之,因以名之耳。"宋轅文《筆記》謂:"葉子二字,坼其字,上半乃廿世字;下木字,湊子字作李字,爲唐有二十帝之讖。"姚平山引《品外集》云:"唐同昌公主會韋氏族於廣化里,韋氏諸家好爲葉子之戲。"姚云葉子如今之酒牌、酒令。郭氏《書目》有南唐李後主妃周氏編《金葉子格》。馬氏《經籍攷》有《葉子格戲》。晁氏《讀書志》云:"世傳葉子,晚唐時婦人也,撰此戲。"

按:歐陽修《歸田録》云:"葉子格者,自唐中世以後有之。……唐人藏書,皆作卷軸,其後有葉子,其制似今策子。凡文字有備檢用者,卷軸難數卷舒,故以葉子寫之,……骰子格,本備檢用,故亦以葉子寫之,因以爲名爾。"② 可知葉子源於標識書卷内容以備檢的卡片,後演變成紙牌。清趙翼在《陔餘叢考》中説:"則紙牌之戲,唐已有之,今之以《水滸》人分配者,蓋沿其式而易其名耳。"③ 這樣我們已經很清晰地瞭解了紙牌葉子的源流,而葉子的其他得名之由皆爲流俗詞源。

---

① 白兆麟:《也説"包彈"》,《江淮論壇》1980 年第 4 期。
② (宋)歐陽修:《澠水燕談録 歸田録》卷二,中華書局,1981 年,第 31 頁。
③ (清)趙翼:《陔餘叢考》卷三十三,中華書局,1963 年,第 711 頁。

第五章 《明清俗語辭書集成》對詞源的探析

　　總之，明清俗語辭書在探求詞源時論及的流俗詞源非常多。流俗詞源雖然不是真正的詞源，但既然存在就有其合理性，學界對研究流俗詞源的作用多有論及，如蔣冀騁認爲"俗語源"的作用有："類推産生新詞，豐富了語言的構詞手段"，"增加了語詞的形象性，具有一定的修辭作用"，"爲音韻學研究提供材料"，"能在一定程度上反映民風民俗和民族心理"。[①] 王澤鵬進一步指出："流俗詞源作爲詞源研究中的一部分内容，更具有不可低估的價值。因爲這種詞源具有不同於一般詞語發展的'流俗性'特點，這種特點在語言詞彙的變化中發展凝固下來，使得我們更能看清語言詞彙發展變化的實際情況。從這方面來看，流俗詞源是研究語言變異的重要材料，是漢語詞彙研究的一個不可或缺的重要方面。流俗詞源的研究牽涉到普通語言學、文化語言學、詞彙學、詞典學、符號學等諸多學科的許多問題，值得深入地探討和研究。"[②] 可見，探求流俗詞源對揭示詞語的形成和演變作用重大，對漢語史研究有着重要意義。另外，釋義準確是辭書釋詞的基本要求，因此，我們有必要對明清俗語辭書中的流俗詞源進行全面的梳理補正，揭示詞語的真正詞源與詞義，以助力辭書的編纂與修訂。

---

　　① 蔣冀騁：《俗語源簡論》，《古漢語研究》1990年第2期，第12-18頁。
　　② 王澤鵬：《〈漢語流俗詞源研究〉讀後》，載劉叔新主編：《語言學論輯》（第4輯），天津：南開大學出版社，2002年，第92頁。

全書總結

《明清俗語辭書集成》的内容涉及面非常廣泛，除了語言文字成分以外，還有政治、經濟、歷史、民俗、名物、典章制度、歷史人物、著作篇章等諸多方面，進行全面研究并非易事，本書主要是從語言文字的角度對其進行的研究，依據其内容和體例的特點，選取其中的十部求義類辭書作爲重點研究對象，以其詞條爲實例，對其内容體例、求義方式、詞義演變和詞源探索等幾個方面進行了專項分析，現對分析結果作如下總結：

一、諸辭書的内容

《集成》收録的詞條包括兩大類：一類是考證語言文字方面的内容，另一類是考證語言文字以外的内容。

（一）考證語言文字方面的内容

這類内容主要包括解釋詞語、分析文字、標注讀音、闡述語法、説明修辭、串講句意、校勘文本等七小項。

1. 解釋詞語方面

所解釋的詞語主要包括通語當中的常用詞語、方言詞語、外來詞語、行業用語等，這些詞語大多都是流行於明清時期的日常用語，各書編者抱着爲"常語尋源"的目的，在解釋詞語意義的同時，還考證詞語的最早用例，考證事物的興起原因以及得名之由，考察它們的歷時流變，并揭示其流俗訛誤，其考證結果絕大多數可靠可信，能夠很好地反映漢語詞彙的發展軌迹，并能補正當今歷時性辭書的缺失和訛誤。但因時代和各編者學術視野所限，也有少數詞條考釋言不盡意甚至出現了偏差，對此類詞條，我們在按語中進行了補充和訂正。當然，由於數量衆多，本書篇幅又有限，這種補充和訂正祇是零星的、非系統的，全面的補正工作祇能在後續研究中進行。

2. 分析文字方面

《集成》中關於文字方面的分析主要涉及了形誤字、正俗字、通假字、古今字、異體字、文字省形等六個方面。分析文字時，各編者充分吸收字書、辭書和典籍注解文字等前人的成果，注重形義互證，并依據文字在文獻中的具體用例，排比歸納，梳理流傳過程中所產生的文字問題，爲考察俗語用字的流變提供了很多可靠綫索，也爲正確理解語義提供了不少幫助。

3. 標注讀音方面

標注讀音也是詞語訓釋的重要内容，《集成》諸書對字詞的注音主要利用直音、讀若和反切注音法。在簡單注音以外，還有語音分析的成分，包括對聲調、開合、清濁、方音、歷時音變、多音字等内容進行的考證和分析。在分析讀音的過程中，編者們已經注意到了語音和語義的密切關係，已經意識到了古人以四聲來區別語義的表達習慣，采用音義互證的方法進行考證，依據語義判斷字詞正確的讀法，反過來又通過標注讀音來區別語義。

4. 闡述語法、説明修辭和串講句意方面

《集成》中關於語法方面的分析比較少，祇涉及了語助詞的用法，并意識到了詞綴"子"的存在。《集成》中所説明的修辭方法主要有兩種，即互文和比喻，所見用例并不多。串講句意主要是解釋詞語在具體語境中的意義，糾正人們因對文意理解有誤而導致的對詞語意義的誤解，也是爲訓釋詞語服務的。

5. 校勘文本方面

《集成》校勘文本主要采用了"對校法""他校法"和"理校法"，對文獻做了補綴脱文、勘訂衍文、校訂誤字等項工作。

（二）考證語言文字以外的内容

這類内容主要包括考證民俗、分析名物、考證歷史人物、闡明禮制、闡發思想理念等幾個方面，所占比重不及語言文字方面的内容。

二、各書編纂體例

《集成》所收録的二十種辭書可分爲求義類辭書、釋義類辭書、溯源類辭書和教讀類辭書等四類。總體來説，各辭書收詞以考源溯流、解釋語義或教讀會話爲目的。立目方式主要有以言立目和以事立目兩種，詞條的分類排列方式多以類相從兼顧詞語音節數量，但分類并不嚴謹，詞條編排有些與筆記相似，多以積纍式編成。釋義模式繁簡不一，求義類辭書的基本釋義模式爲"詞目＋釋義＋注音＋書證＋按語"，其他類辭書釋義項目各有省簡。辭書的引證來源非常廣泛，主要包括小學類著作、經史文獻原文或注文、考證性通俗文獻、詩詞曲等近代文學作品、釋氏語録、名人書札、方志材料等等。温端政、周薦認爲古代俗語研究"重典籍而輕口語"[1]，但從《明清俗語辭書集成》諸書來看，并不盡然。《集成》諸書編者雖然非常注重俗語在經典中的出處，但也

---

[1] 温端政、周薦：《二十世紀的漢語俗語研究》，書海出版社，1999年，第34頁。

注重古今對照，常以"今俗曰""今俗呼""今俗稱"等術語來揭示俗語在當時口語中的説法，在訓釋俗語時，所徵引的範圍也非常廣泛，除了經典中的例證外，還包括通俗作品和方志文獻中的例子。

三、詞語求義方式

温端政、周薦還認爲古代俗語研究"重考源輕釋義"①，此種説法亦顯籠統。受明清考據之風的影響，《集成》中的求義類辭書源流并重，釋義詳盡的例子比比皆是。有的詞條釋義達到了相當高的水平，與專門的訓詁著作相比也毫不遜色。例如：

【喫素】【葷素】《土》239

斷魚肉曰喫素。按：當云素食。《漢書·霍光傳》："昌邑王居道上，不素食。"注云："菜食無肉也。"又《王莽傳》："每逢水旱輒素食。太后詔云：'今秋幸熟，公宜以時食肉。'"蓋"素"有"空"義，猶《王制》所謂"徒食"也。云"喫素"，是亦可謂之食徒乎？

俗以蔬菜曰素，魚肉曰葷，亦非。《説文》"葷"注："臭菜"。徐鍇云："通謂芸薹、椿、韭、蔥、蒜、阿魏之屬。"芸薹，即油菜。《本艸》作"薹薑"，一名薑菜。阿魏，香藥名。《玉篇》："葷葉所以辟凶邪。"《士相見禮》"夜膳葷"注："葷，辛物，食之止臥。"《玉藻》"葷桃茢"注："葷者，薑及辛菜也。"《荀子》："志不在于食葷。"與葷同。楊倞注："蔥韭之屬。"羅願《爾雅翼》云："西方以大蒜、小蒜、興渠、慈蔥、茖蔥爲五葷。茖，音恪，山葱。道家以韭、蒜、蕓薹、胡

---

① 温端政、周薦：《二十世紀的漢語俗語研究》，書海出版社，1999年，第34頁。

全書總結

荽、薤爲五葷。"俗以朱子注"齊①必變食"有"不飲酒，不茹葷"之文，六字見《莊子·人間世》篇，顏子語也。遂以魚肉爲葷而戒之，謬已。然魏鶴山《周禮折衷》云："葷，本只薑、桂、韭、薤之類，今人却以爲葷腥。猶國有故，則天子素服減膳，今却又有素食之説。"戴埴《鼠璞》云："程、蘇二公當致齋日，廚人稟造食葷素，程令辦素，蘇令辦葷。"華亭宋轅文《筆記》云："黄山谷在宜州，有曹醇老送肉及子魚來，遂不免食葷。"則是時已以魚肉爲葷。蓋以《管子·輕重》篇"黄帝鑽燧生火，以熟葷臊"，"葷"與"臊"屬，因致譌。《舊唐書·李輔國傳》亦云："不茹葷血，常爲僧行。"《周禮》："王日一舉""齊則日三舉。"舉者，殺牲盛饌也，未聞齊戒有不食之説。梁武帝奉佛戒，不食魚肉，劉勰并請二郊、農社亦從七廟之制，但供蔬果。蓋齊忌魚肉，始于梁武。《玉藻》："卯日稷食菜羹。"惟忌日乃然。

在此條中，編者運用了多種方法，對"葷""素"詞義的形成與演變做了綜合分析，條理清晰，結論可靠，堪稱俗語釋義的典範。在《集成》中，這樣的例子還有很多。

可見，求義類辭書對詞條所做的并不是簡單的釋義，其釋義是建立在大量的考據基礎之上的。其求義方式有"據古求義""析形相證""因聲求義""析詞審義""比較互證""文化求義""方言求義""異文求證"等八種，其中"據古求義"和"因聲求義"用法最爲廣泛。在求義的過程中，編者們引經據典，大量吸收前人成果來證明自己的結論，增強了釋義的可靠性。因聲求義時，各書編者已經開始利用詞語同源來説明語義，普遍應用語轉理論分析詞語的歷時變體和地域變體。在求義過程中，編者們

---

① "齊"同"齋"。本條下文還有三處以"齊"爲"齋"者，同。

267

非常注重對本字和正字的考究，體現了求源溯流的意圖。另外還經常采用考查社會理念、典章制度等文化背景等方式來尋求詞語的得名之由、辨析詞義、糾正詞語用字，這相對於傳統訓詁方法來說是一種突破和創新。辭書在求義方面也有些不足，存在誤析聯綿詞、羅列衆説、不下己見、引例乖誤、望文生義等現象。

四、語義探析方面

漢語史研究歷來都重視共時和歷時相結合，巧合的是，《集成》諸辭書對語義的探析也是從這兩個方面進行的，一是静態的、共時的分析，二是動態的、歷時的分析。前者主要見於對同義詞和近義詞的辨析當中，在這個過程中，可以看出編者們已經具備了樸素的義素觀。後者主要是分析語義的演變方式和演變結果，《集成》中分析的語義演變方式主要屬於"引申"和"詞義感染"兩種，特別是以引申爲主，編者們不但注意到了語義的比喻引申、借代引申、相因引申和反嚮引申，還意識到了詞義的虛化。在分析語義的演變結果時，編者們已經具備了簡單的義位概念，在許多詞條中分析了詞語義位的增減與更替，有很強的發展史觀念。同時還充分意識到了詞義範圍的歷時變化，注重考源溯流，古今對照，對詞義擴大、詞義縮小和詞義轉移皆有考察。另外還分析了詞語情感義的變化和詞義輕重變化等問題。從這些内容我們可以看出明清俗語辭書對漢語史研究的價值所在。

五、詞源探析方面

《集成》不僅僅訓釋詞語意義，還非常注重詞語考源。這種考源是從廣義上説的，包括對詞語音義來源、造詞理據、歷史起源和流俗詞源的探討。《集成》非常注重探求詞語在文獻中的最早用例，這對當今辭書的編纂很有幫助。通過詞語歷史溯源，編者們分析辨別了許多異形同義詞語，并讓我們看清了諸多詞語形成的途徑，其中包括古語省略、化典成詞、詞彙化、析音成詞、合音成詞、合字成詞、相因成詞等等，這對研究漢語詞彙系統的形成和發展具有非常重要的意義。

在《集成》中，分析詞語理據的内容非常多。通過分析，讓我們看到詞語的得名途徑有多種，主要包括因事物自身特點而得名、因相關事物得名、因社會禮制得名三大類。

跟《集成》大量收錄俗語相對應，分析流俗詞源在《集成》中非常普遍，這是《集成》詞語求源的一大特色。《集成》中所揭示的通過流俗詞源產生的詞語非常多，主要有近音訛變、同音替代、形近誤寫、誤讀文意、沿襲舊名、避諱變體、隱語化形、傳說詞源等類型。探求流俗詞源對揭示詞語的形成和演變有着不可低估的意義。

總之，《明清俗語辭書集成》揭示了不少語言文字方面的問題，爲我們進行詞義訓詁、漢語詞彙史、詞源學、文字學、辭書學等方面的研究提供了非常豐富的高價值的參考資料，因此，對《集成》的研究是一件非常有意義的事情。但遺憾的是，在有限的時間内，我們無法對其進行全面的研究，祇能先選擇其中最基礎的幾個方面進行分析。加之個人學術水平有限，研究還有很大的後續空間，比如，《集成》中所涉及的文字、音韻、訓詁等諸多語言學問題還未得到系統的梳理研究，對各辭書的釋詞進行全面的補正也還遠遠没有完成。這些更爲深入、全面的研究，我們祇能寄希望於未來幾年了。

附録： 本書所渉詞條索引

A

矮矬 …………… 48
麼糟 …………… 176

B

拔都 …………… 37
跋扈 …………… 139
白綽 …………… 119
白身 …………… 190
白屋 …………… 133
百金 …………… 177
伯叔 …………… 193
柏樹 …………… 72
拜年 …………… 72
版版六十四 …… 41
包彈 …………… 259
葆 ……………… 37

抱佛腳 ………… 199
背單 …………… 190
背書 …………… 51
鞴馬 …………… 53
鼻就物曰齅 …… 60
鼻祖 …………… 218
壁虎 …………… 190
妣 ……………… 109
便旋曰出恭 …… 225
摽説 …………… 215
波 ……………… 35
菠菜 …………… 40
補償曰賠 ……… 118
布袋 …………… 236
不識瞎字 ……… 240
不受曰璧 ……… 194
不知丁董 ……… 199
不中 …………… 186

C

參條魚	57
曹大家	76
草鞋	217
刹	38
常儀	241
氅衣	210
唱盲詞	112
唱喏	77
車	61
扯淡	41
鐺	102
稱地爲雙	135
稱人曰公	183
稱人曰漢	250
稱壻曰郎	164
成心	180
喫醋	239
喫飯曰頓	157
喫酒非吃酒	50
喫素　葷素	266
螭虎	247
赤章冐枝	242
簐席	45
抽替	220
初月　端月　一月	251
龖	170
穿鼻	153
垂青	198
從父	215
從母	214
醋大	181
簇新　斬新	124
村莊	166

D

打春	194
打降	238
打瞌睡	192
打秋風	232
大竹	69
獃子	178
刀筆	224
刀筆吏	224
道地	169
倒景	52
爹	35
登高	71
登時	101
滴蘇	112
點心	201

丁 …………………… 119
定奪 …………………… 195
豆脯 …………………… 127
都鄙 …………………… 155
端匹 …………………… 212
端午龍舟 ……………… 71
端午百鎖 ……………… 74
對牛彈琴 ……………… 195

E

爾汝 …………………… 182

F

閥閱 …………………… 124
蕃薯 …………………… 74
翻子手 ………………… 32
放鷂 …………………… 213
放債 …………………… 51
肥曰胖 ………………… 105
墳墓 …………………… 145
風 ……………………… 60
風流 …………………… 175
佛郎機 ………………… 40
夫死哭曰天 …………… 130
夫兄曰伯 ……………… 130
浮財 …………………… 187

腐儒 …………………… 123
駙馬 副馬 …………… 215
婦人 …………………… 148
婦人纏足 ……………… 71
婦人稱奴 ……………… 180

G

侅事 …………………… 33
尷尬 …………………… 46
藁砧 …………………… 256
格殺本挌殺 …………… 105
箇 ……………………… 169
宮 ……………………… 173
公主 …………………… 228
及老 表子 …………… 215
骨路 …………………… 204
瞽瞍 …………………… 146
顧繡 …………………… 222
瓜葛 …………………… 154
瓜瓠 …………………… 117
瓜子稱汴梁 …………… 224
乖覺 ………………… 123；179
冠蓋 …………………… 154
官人 …………………… 171

H

擋兜 …………………… 58

273

海水不可斗量	196	家人	160
汗衫	198	家嚴	154
漢子　好漢	179	佳可	54
合同	221	剪柳	115
和尚	141	見丁	227
和頭	117	賤息	172
禾頭生耳	68	礓磜	113
何以從禽	68	疆埸	243
鴬	34	疆埸	243
呼雞曰朱朱	257	將軍	200
呼奴爲邦	254	嚼蠟無味	188
餬背	114	腳錢	187
囫圇吞棗	196	解交	133
觳觫	142	解體	153
華表柱	252	姐	162
畫喜容曰畫影	73	姐姐　姥姥	34
黃河原委	75	金釵十二行	66
豁濁	121	金吾	102
火伴	120	驚畏曰嚇	141
火筒	101	警策	65
		景仰	158
J		糾纏	243
		酒胴肛	233
鯽溜	203	居諸	63
雞鴨	237	郡馬　縣馬	206
忌諱	168		
家公　家家	115		

附錄：本書所涉詞條索引

K

抗	59
考	176
空拳	69
空帖拜年	73
快子	254
款識	147
傀儡	61
跬步	106
昆玉	65；197

L

臘月	42
蠹磋	36
狼狽	138
狼戾	127
郎不郎秀不秀	131
郎中	219
牢角底	233
老儈	32
老酒	172
老婆	161
老頑皮	216
老先生	183
老爺	177
斂衽拜	173
捵水	33
梁顥狀元	76
擂鼓	45
攞鼓	68
雷同	101
冷澤	33
黎明	121
曆日	188
潦倒	203
类真	57
阆皮	104
零落	148
另日	42
流蘇	210
弄	204
臚傳	68
落成	125
旅	37
綠頭巾	155

M

抹布	255
碼頭曰步頭	49
毛飯	234
卯時酒	66

275

貌	257	枇杷	85
蒙古兒	255	琵琶	238
面臉骨	56	平白	141
麪筋	75	屏營	100
妙不可言	196	婆婆	159
厶亼	47	撲滿	57
目不識丁	242	菩提薩	39
木犀花	211	鋪	219
沐猴	86	破瓜	256
沐浴	146		

N

Q

那亨 幾夥	112	欺誑曰紿	155
男風	176	齊眉	134
男左女右	77	帢	101
鳥卵曰蛋	251	前程	154
牛犢曰犅	148	錢糧	249
牛女	149	黔首	187
紐襻 鈕釦	170	倩	135
煖房筵	114	牆門	170
餪盤	100	巧遲不如拙速	171
女功曰鍼黹	120	茄子	75
女子子	66	親家	58
		青史	226
		秋老虎	233

P

泡	34	秋繩	69
		曲蟮	191

去畜勢曰鐩　馬曰騸 …… 147

R

日烏 …………………… 66
日子 …………………… 63
容易 …………………… 202
儒 ……………………… 138
如夫人 ………………… 200

S

撒帳 …………………… 74
薩四十 ………………… 59
三不知 ………………… 184
三伏 …………………… 79
獵婢 …………………… 186
掃興 …………………… 41
僧道賺錢 ……………… 118
山兒 …………………… 232
山門 …………………… 249
扇墜 …………………… 56
上壽 …………………… 173
上頭 …………………… 77
闍黎 …………………… 38
參辰 …………………… 65
參商 ………………… 64；65
嬸 ……………………… 205

嬸妗 …………………… 205
蜃樓海市 ……………… 146
生口 …………………… 160
時氣病 ………………… 86
什物 …………………… 228
始花 …………………… 58
屎惡 …………………… 62
釋氏 …………………… 80
市井 …………………… 179
手鐲　手蠋 …………… 109
首級 …………………… 227
首飾 …………………… 177
瘦如柴　醉如泥 ……… 240
書 ……………………… 100
梳枇 …………………… 110
叔丈人 ………………… 174
束脩 …………………… 44
寺 ……………………… 165
搜括 …………………… 165

T

糖心雞卵 ……………… 209
泰水 …………………… 206
太陽 …………………… 100
天花版 ………………… 102
田莊 …………………… 45

貼招子	191	**X**	
鐵懶	126	嬉遊曰白相	235
鐵馬	161	媳婦　新婦	162
廳	194	先輩	170
輕帶	118	先生	181
停澤	234	鮮魚	47
偷瓜盜	103	顯考	253
骰子四紅	70	廂房　箱房	211
圖書	163	鄉里	193
土音杜	61	衖	53
土著	128	蕭墙	214
W		小家子	129
輓歌	64	笑謔曰詼諧	125
尾巴	106	鞋	72
委蛇魚雅	107	蟹籪	116
娟	86	心花	41
渭陽	198	行李	136
温暾	153	餳糖	43
唔塗	203	休　提休	205
無慮	101	秀才	181
五尺	167	俲徊	59
五尺童子	166	虛名	86
五逆不孝	189	墟場	110
戊巳讀武巳	60	壻	57
物投水聲曰丼	104	聓壻	54

附録：本書所涉詞條索引

續絃	152
敘引	253
學官	111

Y

丫頭	210
牙兒氣	140
牙行	244
牙門	48
睚眦	140
炎涼	79
唁弔	133
宴爾	180
燕脂	223
陽溝	128
羊溝	128
蛘子　烏蛋蟲	117
養瘦馬	153
幺	157
幺麽	145
謠言	107
窈窕	173
要害	125
耶	69
爺巫來	127
葉子	260

掖門	214
一棨　大棨	156
一字直千金	199
以草蓋屋曰苫	58
以褒爲十	245
以木橫門曰閂	46
飲器	136
英雄	148
猶子	200
有司	202
元寶	163
轅門	226
岳丈	258
云云	62

Z

臧獲	31
賊盗竊	146
宅相	198
嶄新	124
張三李四	188
丈母	175
丈人	174
震旦	39
稹埶	113
枝梧	156

置草迎新婦	71	箸曰快子	255
終葵	101	注子　酒鼈　自斟壺　滴蘇	102
鍾離權	248	爪子	205
中興	59	贅壻	122
眾生	61	捉刀人	246
舟	59	罪人	253
妯娌　姆嬸	78	晬日	73
晝寢	132	左右	77
朱松鄰	222	作伐　作線	197
主器	170		

參考文獻

一、古代文獻

［漢］許慎撰；［清］段玉裁注：《說文解字注》，上海：上海古籍出版社，1988年。

［晉］崔豹：《古今注》，北京：商務印書館，1956年。

［北齊］顏之推撰；王利器集解：《顏氏家訓集解》（增補本），北京：中華書局，1993年。

［南朝·梁］顧野王：《玉篇》，北京：中華書局，1987年。

［唐］李匡乂：《資暇集》，北京：中華書局，1985年。

［唐］李涪：《刊誤》，瀋陽：遼寧教育出版社，1998年。

［唐］蘇鶚：《蘇氏演義》，上海：商務印書館，叢書集成初編本，1939年。

［唐］段成式：《酉陽雜俎》，北京：中華書局，1981年。

［五代］馬縞：《中華古今注》，上海：商務印書館，叢書集成初編本，1939年。

［宋］李昉等編：《太平廣記》，北京：中華書局，1961年。

［宋］丁度等：《集韻》，上海：上海古籍出版社，1985年。

［宋］洪邁撰；孔凡禮點校：《容齋隨筆》，北京：中華書局，

2005 年。

［宋］王楙：《野客叢書》，北京：中華書局，1987 年。

［宋］王應麟：《困學紀聞》，瀋陽：遼寧教育出版社，1998 年。

［宋］劉邠：《中山詩話》（《景印文淵閣四庫全書》第 1478 冊），臺北：商務印書館。

［宋］陸游：《老學庵筆記》，北京：中華書局，1979 年。

［宋］羅大經：《鶴林玉露》，北京：中華書局，1983 年。

［宋］歐陽修：《澠水燕談錄　歸田錄》，北京：中華書局，1981 年。

［宋］吳曾：《能改齋漫錄》，上海：上海古籍出版社，1979 年。

［宋］葉夢得：《石林燕語》，北京：中華書局，1984 年。

［宋］張淏：《雲谷雜記》，北京：中華書局，1958 年。

［宋］姚寬：《西溪叢語》，北京：中華書局，1993 年。

［宋］周密：《齊東野語》，北京：中華書局，1993 年。

［宋］朱翌：《猗覺寮雜記》（《景印文淵閣四庫全書》第 850 冊），臺北：商務印書館。

［宋］戴侗撰；党懷興、劉斌點校：《六書故》，北京：中華書局，2012 年。

［元］陶宗儀：《南村輟耕錄》，北京：中華書局，1959 年。

［明］董穀：《碧里雜存》（叢書集成初編本），上海：商務印書館，1937 年。

［明］方以智：《方以智全書·通雅》（第一冊），上海：上海古籍出版社，1988 年。

［明］郎瑛：《七修類稿》，北京：中華書局，1959 年。

［明］焦竑：《焦氏筆乘》，北京：中華書局，2008 年。

［明］陸容：《菽園雜記》，北京：中華書局，1985 年。

［明］朱國楨：《涌幢小品》，北京：中華書局，1959 年。

［明］田藝蘅著；朱碧蓮點校：《留青日劄》，杭州：浙江古籍出版社，2012 年。

［明］徐學謨：《歸有園稿》，萬曆刊本。

［明］葉盛：《水東日記》，北京：中華書局，1980 年。

［明］楊慎：《丹鉛續錄》（叢書集成初編本），上海：商務印書館，1936 年。

［明］楊慎：《丹鉛總錄》（《景印文淵閣四庫全書》第 855 冊），臺北：商務印書館。

［明］楊慎：《俗言》（叢書集成初編本），上海：商務印書館，1936 年。

［清］顧張思撰；曾昭聰、劉玉紅校點：《土風錄》，上海：上海古籍出版社，2016 年。

［清］郝懿行著；安作璋主編：《郝懿行集》，濟南：齊魯書社，2010 年。

［清］胡鳴玉述：《訂訛雜錄》，北京：中華書局，1985 年。

［清］梁章鉅撰；王釋非、許振軒點校：《稱謂錄》，福州：福建人民出版社，2003 年。

［清］錢大昭等著：《邇言等五種》，北京：商務印書館，1959 年。

［清］錢泳：《履園叢話》，北京：中華書局，1979 年。

［清］孫錦標著；鄧宗禹標點：《通俗常言疏證》，北京：中華書局，2000 年。

［清］西周生著；翟冰校點；葛受之批評：《醒世姻緣傳》，濟南：齊魯書社，1994 年。

［清］孫楷著；楊善群校補：《秦會要》，上海：上海古籍出

版社，2004年。

［清］戴震著；戴震研究會等編纂：《戴震全集》（第5冊），北京：清華大學出版社，1997年。

［清］王念孫：《廣雅疏證》，南京：江蘇古籍出版社，1984年。

［清］王引之：《經義述聞》，南京：江蘇古籍出版社，2000年。

［清］王應奎：《柳南隨筆 續筆》，北京：中華書局，1983年。

［清］顧炎武著；周蘇平、陳國慶點注：《日知錄》，蘭州：甘肅民族出版社，1997年。

［清］趙翼：《陔餘叢考》，北京：中華書局，1963年。

［清］薛福成著；丁鳳麟、張道貴點校：《庸盦筆記》，南京：江蘇人民出版社，1983年。

［清］翟灝：《通俗編（附直語補證）》，北京：商務印書館，1958年。

［清］俞樾：《古書疑義舉例五種》，北京：中華書局，2005年。

［清］俞正燮撰；安徽古籍叢書編審委員會編纂：《俞正燮全集》（貳），合肥：黃山書社，2005年。

［清］應劭撰；王利器校注：《風俗通義校注》，北京：中華書局，2010年。

［清］朱駿聲：《說文通訓定聲》，北京：中華書局，2016年。

二、今人著作

1. 專著類

白兆麟：《新著訓詁學引論》，上海：上海辭書出版社，2005年。

（日）波多野太郎編：《中國方志所錄方言彙編》（第六編），橫濱：橫濱市立大學，1968年。

蔡美彪主編：《慶祝王鐘翰先生八十壽辰學術論文集》，瀋陽：遼寧大學出版社，1993年。

陳夢家：《殷虛卜辭綜述》，北京：中華書局，1988年。

陳望道：《修辭學發凡》，上海：上海教育出版社，2006年。

陳垣：《校勘學釋例》，北京：中華書局，1959年。

陸忠發：《現代訓詁學探論》，杭州：浙江大學出版社，2008年。

程俊英、梁永昌：《應用訓詁學》，上海：華東師範大學出版社，1989年。

董秀芳：《詞彙化：漢語雙音詞的衍生和發展》，成都：四川民族出版社，2002年。

董志翹：《中古近代漢語探微》，北京：中華書局，2007年。

方齡貴主編：《元明戲曲中的蒙古語》，上海：漢語大詞典出版社，1991年。

方平權：《漢語詞義探索》，長沙：嶽麓書社，2006年。

方一新：《訓詁學概論》，南京：江蘇教育出版社，2008年。

郭在貽：《訓詁學》（修訂本），北京：中華書局，2005年。

何九盈：《中國古代語言學史》（新增訂本），北京：北京大學出版社，2006年。

黃金貴主編：《解物釋名》，上海：上海辭書出版社，2008年。

黃侃箋識；黃焯編次：《量守廬群書箋識》，武漢：武漢大學出版社，1985年。

黃焯：《經典釋文彙校》，北京：中華書局，1980年。

賈彥德：《漢語語義學》，北京：北京大學出版社，1992年。

姜聿華：《中國傳統語言學要籍述論》，北京：書目文獻出版社，1992年。

蔣冀騁：《説文段注改篆評議》，長沙：湖南教育出版社，1993年。

蔣禮鴻：《義府續貂》（增訂本），北京：中華書局，1987年。

蔣紹愚：《近代漢語研究概要》，北京：北京大學出版社，2005年。

蔣紹愚：《古漢語詞彙綱要》，北京：北京大學出版社，1989年。

李建平：《隋唐五代量詞研究》，濟南：山東人民出版社，2016年。

李慶：《日本漢學史・第三部・轉折和發展1945—1971》，上海：上海外語教育出版社，2004年。

李宗江：《漢語常用詞演變研究》，上海：漢語大詞典出版社，1999年。

雷漢卿：《近代方俗詞叢考》，成都：巴蜀書社，2006年。

雷漢卿：《禪籍方俗詞研究》，成都：巴蜀書社，2009年。

雷漢卿、王長林：《禪宗文獻語言論考》，上海：上海教育出版社，2018年。

劉復共、李家瑞：《宋元以來俗字譜》，北平：國立中央研究院歷史語言研究所單刊，民國十九年。

劉鈞傑：《同源字典再補》，北京：語文出版社，1999年。

劉曉東：《匡謬正俗平議》，濟南：山東大學出版社，1999年。

劉興隆：《新編甲骨文字典》，北京：國際文化出版公司，1993年。

劉葉秋：《中國字典史略》，北京：中華書局，1983年。

劉釗等：《中國文字學史》，長春：吉林教育出版社，1995年。

陸宗達、王寧：《訓詁與訓詁學》，太原：山西教育出版社，1994年。

陸宗達、王寧：《訓詁方法論》，北京：中國社會科學出版社，1983年。

馬慶株、石鋒、王澤鵬主編：《劉叔新先生七十華誕紀念文集》，北京：中國廣播電視出版社，2004年。

齊佩瑢：《訓詁學概論》，北京：中華書局，2004年。

錢伯城主編：《中華文史論叢》（第56輯），上海：上海古籍出版社，1998年。

屈樸：《俗語古今》，石家莊：河北人民出版社，1991年。

曲彥斌：《民俗語言學》（增訂版），瀋陽：遼寧教育出版社，2004年。

任繼昉：《漢語語源學》（第二版），重慶：重慶出版社，2004年。

史有爲：《漢語外來詞》，北京：商務印書館，2000年。

史有爲：《異文化的使者——外來詞》，長春：吉林教育出版社，1991年。

蘇州市地方志編纂委員會辦公室編：《蘇州史志資料選輯》，1997年，第1輯（總第22輯）。

孫畢：《章太炎〈新方言〉研究》，上海：華東師範大學出版社，2006年。

譚偉：《祖堂集文獻語言研究》，成都：巴蜀書社，2012年。

王艾錄、司富珍：《漢語的語詞理據》，北京：商務印書館，2001年。

王力：《同源字典》，北京：商務印書館，1982年。

王水照、羅立剛選注：《蘇洵散文精選》，上海：東方出版中心，1998年。

王雲路：《詞彙訓詁論稿》，北京：北京語言文化大學出版社，2002年。

王興才：《漢語詞彙語法化和語法詞彙研究》，北京：人民出版社，2009年。

吳競存、梁伯樞：《現代漢語句法結構與分析》，北京：語文出版社，1992年。

吳孟復：《訓詁通論》，合肥：安徽教育出版社，1983年。

温端政、周薦：《二十世紀的漢語俗語研究》，太原：書海出版社，2000年。

温端政：《漢語語彙學》，北京：商務印書館，2006年。

温朔彬、温端政：《漢語語彙研究史》，北京：商務印書館，2009年。

項楚主編：《中國俗文化研究》（第5輯），成都：巴蜀書社，2009年。

徐傳武：《左思左棻研究》，北京：中國文聯出版社，1999年。

徐時儀：《漢語語文辭書發展史》，上海：上海辭書出版社，2016年。

徐通鏘：《歷史語言學》，北京：商務印書館，1991年。

徐蔚南：《顧繡考》，北京：中華書局，1937年。

徐宗才：《俗語》，北京：商務印書館，1999年。

閻乾福：《中國民間歇後語集萃》，北京：學苑出版社，1997年。

楊泓、李力：《文武之道——中國古代戰爭、戰略思想和兵器發展》，香港：中華書局（香港）有限公司，1991年。

楊劍橋、楊柳：《楓窗語文札記》，上海：復旦大學出版社，2009年。

楊琳：《訓詁方法新探》，北京：商務印書館，2011年。

楊樹達：《積微居小學述林全編》，上海：上海古籍出版社，2007年。

殷寄明：《漢語同源字詞叢考》，上海：東方出版中心，2007年。

俞理明、顧滿林：《東漢佛道文獻詞彙新質研究》，北京：商務印書館，2013年。

俞理明：《漢魏六朝佛道文獻語言論叢》，北京：中國社會科學出版社，2016年。

曾昭聰：《漢語詞彙訓詁專題研究導論》，廣州：暨南大學出版社，2009年。

曾昭聰：《明清俗語辭書及其所錄俗語詞研究》，上海：上海辭書出版社，2015年。

張富祥：《宋代文獻學研究》，上海：上海古籍出版社，2005年。

張常耕、黃福青、劉雙月：《中國古代文化常識》，開封：河南大學出版社，1996年。

張惠英：《漢語方言代詞研究》，北京：語文出版社，2001年。

張紹麒：《漢語流俗詞源研究》，北京：語文出版社，2000年。

張涌泉：《漢語俗字研究》（增訂本），北京：商務印書館，2010年。

張永言：《詞彙學簡論》，武漢：華中工學院出版社，1982年。

張永言：《語文學論集》（增補本），北京：語文出版社，1999年。

章季濤：《實用同源字典》，武漢：湖北人民出版社，2000年。

趙振鐸：《辭書學論文集》，北京：商務印書館，2006年。

周薦：《詞彙學詞典學研究》，北京：商務印書館，2004年。

周俊勳：《中古漢語詞彙研究綱要》，成都：巴蜀書社，2009年。

周振鶴、游汝傑：《方言與中國文化》，上海：上海人民出版社，2006年。

周祖謨：《漢語音韻論文集》，北京：商務印書館，1957年。

朱宗萊：《文字學形義篇》，北京：北京大學出版部，1936年。

鄒酆：《辭書學探索》，武漢：湖北人民出版社，2001年。

2. 工具書類

（日）長澤規矩也編：《明清俗語辭書集成》，上海：上海古籍出版社，1989年。

（日）宮田一郎、石汝傑：《明清吳語詞典》，上海：上海辭書出版社，2005年。

白維國：《近代漢語詞典》，上海：上海教育出版社，2015年。

丁福保：《佛學大辭典》，上海：上海書店出版社，1991年。

方齡貴：《古典戲曲外來語考釋詞典》，上海/昆明：漢語大詞典出版社/雲南大學出版社，2001年。

蔣致遠主編：《中國方言謠諺全集》，臺北：宗青圖書公司，1985年。

羅竹風主編：《漢語大詞典》，上海：上海辭書出版社，1986—1993年。

徐中舒主編：《漢語大字典》，武漢/成都：湖北辭書出版社/四川辭書出版社，1990年。

許寶華、宮田一郎：《漢語方言大詞典》，北京：中華書局，1999年。

許少峰：《近代漢語大詞典》，北京：中華書局，2008年。

許少峰：《簡明漢語俗語詞典》（修訂本），北京：中華書局，2008年。

袁珂：《中國神話傳說詞典》，上海：上海辭書出版社，1985年。

張智主編：《中國風土志叢刊》，揚州：廣陵書社，2003年。

3. 學位論文

曹文亮：《歷代筆記語言文字學問題研究》，四川大學博士學位論文，2010年。

陳穎：《〈常語尋源〉及其所輯釋民俗語彙和俗語詞研究》，遼寧師範大學碩士論文，2010年。

李登橋：《〈聊齋俚曲〉詞彙研究》，四川大學碩士學位論文，

2007 年。

李陽：《〈常談考誤〉中的民俗語彙研究》，遼寧師範大學碩士論文，2007 年。

李瑩瑩：《〈證俗文〉研究》，暨南大學碩士學位論文，2011 年。

廖宏艷：《俗語辭書〈證俗文〉研究》，上海師範大學碩士論文，2011 年。

劉慧：《〈土風錄〉研究》，暨南大學碩士學位論文，2010 年。

解曉旭：《〈常談妄〉及其民俗語彙和俗語詞研究》，遼寧師範大學碩士論文，2010 年。

4. 期刊論文

白兆麟：《也說"包彈"》，《江淮論壇》1980 年第 4 期。

車錫倫：《舅姑·丈人·泰山·岳父——對妻子的父母的稱謂》，《民俗研究》1989 年第 4 期。

陳東輝：《長澤規矩也在編纂、刊刻漢文叢書方面的貢獻》，《史學史研究》2002 年第 1 期。

陳東輝：《中日學術交流與漢語訓詁學研究》，《古籍整理研究學刊》2006 年第 1 期。

程必英：《"宰予晝寢"再詁》，《寧夏大學學報》2010 年第 3 期。

儲玲玲：《〈雅俗稽言〉芻議》，《上海師範大學學報》1997 年第 3 期。

儲玲玲：《〈諸書直音〉摭言》，《辭書研究》2001 年第 5 期。

鄧軍、李萍：《試論〈禮記〉鄭注與文化訓詁》，《黃山高等專科學校學報》2000 年第 3 期。

董曉萍：《俗語辭書〈土風錄〉》，《浙江學刊》1985 年第

2期。

段德森：《淺談義素分析在訓詁中的作用》，《殷都學刊》1986年第4期。

郭在貽：《俗語詞研究與古籍整理》，《社會科學戰綫》1983年第4期。

韓佳琦：《〈俚言解〉研究》，《文化學刊》2008年第4期。

胡士雲：《説"爺"和"爹"》，《語言研究》1994年第1期。

黄侃著；潘重規整理：《訓詁述略》，《制言》1935年第7期。

蔣紹愚：《詞義的發展和變化》，《語文研究》1985年第2期。

李登橋：《博戲用語"打"的來源》，《西南民族大學學報》（人文社會科學版）2011年第9期。

李登橋：《聊齋俚曲中的骨牌博戲探析》，《蒲松齡研究》2012年第1期。

李登橋：《〈明清俗語辭書集成〉方言詞語補證》，《銅仁學院學報》2013年第6期。

李登橋：《〈明清俗語辭書集成〉因聲求義例説》，《漢語史研究集刊》（第十六輯），成都：巴蜀書社，2013年。

李登橋：《明清俗語辭書對詞義演變途徑的探討》，雷漢卿、楊永龍、胡紹文主編：《語林傳薪：胡奇光教授八十華誕慶壽論文集》，成都：四川教育出版社，2014年。

李登橋：《聊齋博戲與明清之際山東博戲習俗探析》，《蒲松齡研究》2015年第2期。

李登橋：《明清俗語辭書對詞語形成途徑的探索》，《合肥師範學院學報》2016年第4期。

李登橋：《明清俗語辭書編纂體例探微——以〈明清俗語辭書集成〉所收諸書爲例》，《西華師範大學學報》（哲學社會科學版）2017 年第 3 期。

李明佳：《〈增訂雅俗稽言〉民俗語彙概論》，《文化學刊》2010 年第 2 期。

李建平：《春秋戰國時期齊國量制量詞的興替及動因——兼論上古時期的大小量制量詞系統》，《西南大學學報》2018 年第 4 期。

李建平：《"同生""同産"辨正》，《中國語文》2018 年第 6 期。

李陽：《〈常談考誤〉芻議——明代民俗語彙正本清源的一部重要專著》，《文化學刊》2006 年第 2 期；2007 年第 1 期。

劉家佶：《關於〈目前集〉的民俗語言學研究》，《文化學刊》2008 年第 4 期。

劉玉紅：《〈俚言解〉中的民俗》，《文史雜志》2010 年第 3 期。

劉玉紅：《明清俗語辭書在文獻書證方面的不足》，《圖書館工作與研究》2013 年第 2 期。

盧東琴：《〈通俗常言疏證〉中如皋方言俗語詞拾詁》，《語文學刊》2010 年第 2 期。

陸宗達、王寧：《古漢語詞義研究——關於古代書面漢語詞義引申的規律》，《辭書研究》1981 年第 2 期。

曲彥斌：《日本出版的〈明清俗語辭書集成〉》，《辭書研究》1984 年第 3 期。

唐作藩：《破讀音的處理問題》，《辭書研究》1979 年第 2 期。

萬久富：《孫錦標與〈通俗常言疏證〉》，《南通大學學報》（社會科學版）2009 年第 4 期。

王懷宜：《論經籍傳注與文化訓詁》，《江蘇教育學院學報》

(社會科學版) 2007 年第 4 期。

伍鐵平:《詞義的感染》,《語文研究》1984 年第 3 期。

解惠全:《談實詞的虛化》,《語言研究論叢》(第四輯),1987 年。

顏洽茂:《古漢語詞義劄記》,《紹興師專學報》1990 年第 2 期。

楊琳:《論文化求義法》,《漢語史研究集刊》(第十輯),成都:巴蜀書社,2007 年。

袁耀輝:《〈通俗常言疏證〉民俗語彙簡論》,《文化學刊》2009 年第 1 期。

俞理明:《漢語詞彙中的非理造詞》,《四川大學學報》(哲學社會科學版) 2003 年第 4 期。

曾昭聰:《談明清俗語辭書在當代大型語文辭書編纂方面的作用》,《貴州文史叢刊》2003 年第 1 期。

曾昭聰:《當代權威詞典應重視明清俗語辭書》,《語文建設通訊》(總 76) 2003 年。

曾昭聰:《讀明清俗語辭書劄記》,《古籍整理研究學刊》2003 年第 5 期。

曾昭聰:《明清俗語辭書研究的現狀與展望》,《中國俗文化研究》(第五輯),成都:巴蜀書社,2009 年。

曾昭聰:《明清俗語辭書研究的回顧與展望》,《辭書研究》2009 年第 4 期。

曾昭聰、劉玉紅:《明清俗語辭書的語料價值與闕失——以〈俚言解〉爲例》,《漢語史研究集刊》(第十三輯),成都:巴蜀書社,2010 年。

曾昭聰、李進敏:《〈談徵〉的作者》,《合肥師範學院學報》

2011 年第 5 期。

曾昭聰：《論明清俗語辭書的編纂目的》，《合肥師範學院學報》2011 年第 5 期。

曾昭聰：《論明清俗語辭書的釋詞特點》，《湛江師範學院學報》2011 年第 5 期。

曾昭聰：《論明清俗語辭書的編排方式》，《伊犁師範學院學報》（社會科學版）2012 年第 2 期。

曾昭聰：《明清俗語辭書與方言詞研究》，《賀州學院學報》2012 年第 3 期。

曾昭聰：《明清俗語辭書與同義詞研究》，《綿陽師範學院學報》2012 年第 12 期。

曾昭聰：《清代俗語辭書〈直語補證〉研究》，《古漢語研究》2013 年第 1 期。

曾昭聰：《長澤規矩也〈明清俗語辭書集成〉解題補正》，《圖書館理論與實踐》2013 年第 9 期。

曾昭聰：《明清俗語辭書所錄佛典詞語綜論》，《暨南學報》（哲學社會科學版）2016 年第 2 期。

曾昭聰、謝曉暉：《明清俗語辭書中詞的理據研究的特點、角度與不足》，《煙臺大學學報》（哲學社會科學版）2015 年第 1 期。

張殿典：《〈里語徵實〉的民俗語彙研究》，《文化學刊》2008 年第 5 期。

張涌泉：《俗語詞研究與古籍校勘》，《古漢語研究》1989 年第 3 期。

張永言：《關於詞的"內部形式"》，《語言研究》1981 年第 1 期。

章太炎：《與章行嚴論墨學第二書》，《華國月刊》，民國12年，第1卷，第4期。

鄭張尚芳：《"支那"的真正來源》，《胭脂與焉支——鄭張尚芳博客選》，上海：上海教育出版社，2019年。

周紹珩：《幾本關於語義學的新著》，《語言學動態》1978年第2期。

朱星：《試談新訓詁學》，《河北師範大學學報》1981年第1期。

後　記

　　本書是在本人博士論文的基礎上修改而成的。爲了更好地反映俗語辭書原貌，所引材料中的異體字、俗字等非現代規範字，一律按原文照錄。爲了行文簡潔流暢，文中提及的前輩時賢、諸位學者姓名之後皆未加尊稱"先生"二字，在此統一表示敬意。

　　一旦忙碌起來，總是感覺時間過得飛快。當我得以抽出空閑，坐下來回顧時，突然發現博士畢業已匆匆數年，撫今思昔，感慨良多！我非大器，故稱不上晚成，但出道過晚是我終生的遺憾。在社會游蕩十年有餘，纔真正踏上我深愛的中文學習和研究之路。2004年到川大讀碩士之時，我已過而立之年，雖然自己功底淺薄、天性愚鈍，但有幸蒙業師雷漢卿教授不棄，將我收入門下，學習上言傳身教，生活上關心照顧，讓我收穫良多、終生受益。碩士畢業工作兩年後，我深深地感覺到自己的知識不足，旋即考回川大繼續學習。這次我很榮幸地成了譚偉教授的第一個博士弟子，於是，在川大我就有了兩位導師。兩位老師都給了我這個老學生很多特別的關照，師恩没齒難忘。

　　我一直以爲，生活在這個時代我很幸福，因爲這個時代有了網絡，這讓我的學習和研究變得非常方便。在博士論文寫作和書稿的修改過程中，通過"古代漢語研究交流群"等QQ群，我在

《明淸俗語辭書集成》研究

網上結識了許多優秀的語言學同道，這些同仁都積極地在群中答疑解惑、提供資料援助，其中暨南大學的曾昭聰教授、合肥師範學院的曹小雲教授、山東理工大學的程志兵教授、山東師範大學的李建平教授和山東大學的劉祖國教授等給予我的幫助尤多。我要衷心地感謝以上各位老師和朋友。

自備考碩士之日起，我邊上班、邊帶娃、邊自學，逐漸養成了熬夜的壞習慣，碩博期間，身在成都這座不夜城，熬夜更是有增無減。隨着年齡的增長，熬夜給身體帶來的傷害逐漸顯現，近幾年失眠越來越嚴重，以至於影響了心臟，出現了胸悶、早搏等系列症狀，休養至今纔稍有好轉。蹉跎數年，在學術上了無建樹，思之不禁令人汗顏，時至今日博士論文出版事宜纔得以提上日程。在交稿之前，我又對全書內容進行了補充和修改，對其中所引文獻材料進行了仔細的校對，盡己所能減少錯訛。遺憾的是，雖然深知研究還遠未到位，但對原文稿的章節結構已經無暇做出較大的調整和補充。祇能期待今後另行申請課題，再起爐灶，以補此書的缺憾了。

由於本人學術不精，書中訛誤疏漏肯定不少，懇請方家正之。

李登橋
二〇二二年八月十五日于煙臺大學海濱居所